우울증 치료를 위한 교류분석
단계별 치료 매뉴얼

Mark Widdowson 지음 | 송희자, 이성구, 노병직, 김석기 옮김

KB084508

Σ 시그마프레스

우울증 치료를 위한 교류분석 단계별 치료 매뉴얼

발행일 | 2017년 3월 20일 1쇄 발행

저 자 | Mark Widdowson
역 자 | 송희자, 이성구, 노병직, 김석기
발행인 | 강학경
발행처 | ㈜ 시그마프레스
디자인 | 강경희
편 집 | 김성남

등록번호 | 제10-2642호
주소 | 서울특별시 영등포구 양평로 22길 21 선유도코오롱디지털타워 A401~403호
전자우편 | sigma@spress.co.kr
홈페이지 | http://www.sigmapress.co.kr
전화 | (02) 323-4845, (02) 2062-5184~8
팩스 | (02) 323-4197

ISBN | 978-89-6866-877-7

Transactional Analysis for Depression: A step-by-step treatment manual

* 책값은 뒤표지에 있습니다.
* 이 도서의 국립중앙도서관 출판예정도서목록(CIP)은 서지정보유통지원시스템 홈페이지(http://seoji.nl.go.kr)와 국가자료공동목록시스템(http://www.nl.go.kr/kolisnet)에서 이용하실 수 있습니다.(CIP제어번호 : CIP2017005617)

역자 서문

우리나라와 일본에서 교류분석으로 번역되어 소개된 *Transactional Analysis*는 Eric Berne에 의해 발표된 이래 약 60여 년의 역사와 함께 여러 분야의 전문가들의 관심의 대상이 되어 왔으며, 그에 상응하는 커다란 이론적 발전과 완성을 지향해 왔다. 여러 분야의 전문가에는 심리치료사, 심리상담사, 코치, 조직 구성원, 경영자와 조직 컨설턴트, 교육 전문가와 학생, 개인의 성장과 발달에 종사하는 트레이너 및 멘토 모두가 포함된다. 교류분석의 이론과 실제는 그동안 너무나도 광범위한 분야에서 전문적 수준 및 일반적 수준에서 친숙하게 사용되어 왔으며 그 유효성과 생산성을 발휘해 왔기 때문에, 역설적으로 혹자들에게는 교류분석이 그저 단순한 의사소통이나 성격에 관한 이론 정도로 오해받고 있기도 하다. 그러나 교류분석의 이론적 발달을 통한 가치는 위에 열거한 모든 영역의 전문가들로부터 매우 탁월하게 인정받아 왔으며, 미국, 영국, 프랑스, 유럽, 호주, 뉴질랜드, 일본, 중국, 한국, 인도, 남미 제국들에서 날로 확산되는 학회와 관련 협회의 증가와 인기는 교류분석의 우수성과 효율성을 입증하고 있다.

Mark Widdowson의 역저인 *TA for Depression*은 우울증에 관한 연구조사에 근거를 둔 우울증에 관한 소개, 치료계획(프로토타입)과 실행 매뉴얼이다. 우울증을 교류분석에 근거하여 이해하고, 개념화하고, 치료적 접근방법을 다룬 것은 매우 의미 있는 연구이며, 교류분석이 특정한 정신적 장애의 치료에서도 우수성이 입증된 생산적 치료법임을 제시한다.

우울증, 즉 우울장애는 의욕 저하와 우울감을 주요 증상으로 하여 다양한 인지,

정신, 신체적 증상을 유발하여 일상생활기능의 저하를 가져오는 질환이다.

우리나라 보건복지부에서 발표한 2011년 정신질환 역학조사에 따르면, 우리나라의 주요 우울장애의 평생 유병률은 6.7%, 1년 유병률은 3.1%로서, 미국, 유럽의 평생 유병률 12.8~16.6%에 비해 낮은 수준이라고 이해되고 있으나, 통계 조사상의 기준, 방법, 제약, 조사대상 장애자의 통계 노출 여부 등의 차이가 많기 때문에 단순 비교는 신중해야 된다고 사료된다.

우울증에서 가장 심각한 증상은 자살로서, 환자의 2/3가 자살을 생각하고 10~15%가 실제로 자살을 실행에 옮긴다. OECD의 발표에 따르면, 1990년 이후 2012년 기준으로 OECD 회원국의 자살률은 평균적으로 약 20% 이상 감소한 것으로 나타났는데, 유독 우리나라의 자살률은 2000년 이후부터 증가하여 2012년에는 100% 증가한 것으로 나타났다. 우리나라의 자살자 수는 인구 10만 명당 29.3명(2012년)으로 35개국 OECD 회원국 가운데 제일 높다. 이는 물론 우울증에 의한 자살만을 의미하는 것은 아니지만, 우울증에 의한 자살이 상당 부분 기여한다고 보아야 한다.

우울증은 단순한 극도의 슬픔이 아니다. 우울증은 뇌와 신체에 영향을 미치는 정신장애이며, 그 영향은 인지, 행동, 면역체계 그리고 말초신경계를 망라한다. 우울증은 직장생활, 학교생활, 가족·친구를 포함한 모든 인간관계에서 정상적 기능을 방해하기 때문에 장애로 다룬다.

이 책이 교류분석을 근간으로 하는 우울증의 임상치료사 및 심리상담 전문가들에게는 물론이고, 교류분석의 기초적 지식을 가진 일반 독자들에게도 많은 도움을 주어 인생에서의 생명력과 활력을 빼앗아 가는 우울증을 극복하여 진정한 인류의 한 구성원으로서의 당당한 회원권을 회복할 수 있기 바란다.

이 책을 선택하신 독자들에게 역자들을 대표하여 감사드린다.

역자 대표

송희자 Ph.D.

저자 서문

이 책은 연구논문을 기반으로 특정 심리장애에 초점을 맞춰 만들어진 최초의 TA 심리치료 안내서이며, 장기간의 임상 경험과 광범위한 문헌조사를 통해 개발되었다. 일반적으로 심리치료 분야에서는 오랫동안 이러한 치료 매뉴얼에 대해 이중적인 견해를 보여 왔다(Addis & Krasnow, 2000; Navajits, Weiss, Shaw & Dierberger, 2000). 어떤 특정한 치료 접근을 위한 세부규칙은 치료효과에 대한 연구증거를 수립하는 과정에 필수적이라고 할 수 있다. 여러 임상가, 특히 초보자의 경우는 내담자의 특정 사안에 대한 문제해결을 위해 책이나 저널 등의 자료를 철저하게 조사한다. 그럼에도 불구하고 많은 심리치료사들은 이렇게 매뉴얼화된 치료에 대해 의구심을 가지고 있으며, 내담자의 다양한 요구에 민감하게 그리고 창조적으로 대응하는 것을 제한할 수 있다는 점을 걱정하기도 한다. 이러한 걱정은 타당하며 이해할 만하다. 그러나 치료 매뉴얼을 사용한다고 해서 치료사의 다양한 레퍼토리를 제한할 필요는 없으며, 치료관계를 약화시키지도 않을뿐더러 치료사를 단지 치료기술자로 전락시키지도 않는다. 매뉴얼은 연구자들에 의해 자주 특정 치료의 효율성을 탐구하는 출발점으로 개발되기도 하는데, 이때 임상현장에서 그 매뉴얼이 현실적으로 적용 가능한지를 점검하게 된다.

이 치료 안내서는 보편적인 임상적 적용에 의한 심리치료 사례들을 관찰한 나의 조사연구를 통해 개발되었으며, 가장 도움이 되었던 연구참여자의 피드백을 통해 효과 및 우수성이 이미 입증된 것이다(Widdowson, 2013). 본 매뉴얼을 개발한 의도는 일상의 임상현장에서 각기 다른 내담자의 요구사항에 맞춰 융통성 있게 사용할 수 있도록 하기 위함이다. 지금까지 영국과 네덜란드에서 70명 이상의 치료사들이 이 매뉴얼 사용에 대해 연수를 받았으며, 그들로부터의 피드백 및 데이터에 의하면, 매뉴얼이 사용하기 용이하고 내담자의 요구 및 선호에 맞춰 창의성 있게 치료를 할 수 있는 등, 충분히 자유롭고 효과적으로 사용할 수 있다는 것이 입증되었다.

본 매뉴얼은 치료 매뉴얼의 설계 및 내용에 관한 추천사항을 활용하여 개발하였는데(Carroll & Rounsaville, 2008; Carroll & Nuro, 2002; Duncan, Nicol & Ager, 2004), 여러분의 임상현장에서 상황에 따라 적절하게 활용될 수 있기를 바란다. 또한 본 매뉴얼에서는 임상에 관련된 조사 자료들에 직접 접근하여, 임상현장에서 일어날 수 있는 실제 임상과 연구 자료 사이의 차이를 해결할 수 있도록 하였다 (Widdowson, 2012a).

연구는 내담자와의 치료적 관계의 질이 심리치료의 결과를 결정하는 가장 중요한 요소라는 것을 반복적으로 보여 준다(Horvath, Del Re, Flückiger & Symonds, 2011). 본 매뉴얼에서는 최초 회기부터 치료관계를 강화하는 방법에 대해 안내하고 있는데, 이것이 치료 성공률을 높이고 치료 중단율을 낮추어 최대의 치료효과를 가져올 수 있기를 기대한다.

∷ 이 책의 연구 배경

지난 몇 년간이 TA 연구의 르네상스 시기였다고 할 수 있다. 나의 개인적인 연구에서도 TA가 우울증과(Widdowson, 2012b, c, d) 불안과 우울의 혼합장애의 치료에 대해서(Widdowson, 2014a) 매우 유용하다는 입증 자료를 제공하고 있다. 특히 TA가 우울증과 불안장애의 단기치료에 효과적이며(van Rijn, Wild & Moran, 2011) 우울증과 불안의 치료에 통합상담 심리치료, 게슈탈트 치료, 인간중심 상담과 동일하게 효과적이라는 것을 보여 주었다(van Rijn & Wild, 2013). 또한 TA가 PTSD(posttraumatic stress disorder; Harford & Widdowson, 2014)와 구토공포증

(emetophobia; Kerr, 2013)의 치료에 대해 효과적이며, 장기간의 건강문제와 관련된 조건들의 개선에 유용하다는 것이 입증되었다(McLeod, 2013). 이 밖에도 많은 TA 연구가 진행 중인데, 향후 수년 내에 현존하는 많은 문제를 해결하는 데 있어 TA 의 효과를 입증하는 많은 자료를 보게 될 것으로 예상한다.

이미 언급한 바와 같이, 본 매뉴얼은 나의 박사학위 연구과정을 통해 개발된 것이다. 박사학위 논문은 레스터대학교의 리서치 보관소에서 소장하고 있으며 온라인(https://lra.le.ac.uk/handle/2381/28382)을 통해 열람할 수도 있다.

:: 이 책의 개요

이 책은 총 3부로 구성되어 있는데, 제1부에서는 TA 이론을 소개하고, 우울증에 대하여 확실한 이해를 하도록 구성되었다.

제1장에서는 TA 이론 및 역사와 TA 치료에서의 핵심 사항을 다룬다. 이 장은 독자들이 심리치료이론 및 TA의 개념에 대한 기본적인 이해를 가지고 있다는 가정하에 기술하였다. TA에 대해 전혀 지식이 없는 독자들은 부록 3을 읽어 보면 TA 이론에 어느 정도 친숙하게 될 것이다. 제2장에서는 우울증에 대한 구체적인 탐구가 시작되는데, 흔한 정신건강 문제가 되어 버린 우울증의 진단특성, 유병률에 대한 데이터 및 회복 과정과 회복 패턴 등에 대해 소개하였다.

제3장에서는 우울증의 발생에서 유지에 이르기까지 우울증을 일으키는 전 과정에 대한 광범위한 연구 결과물의 개요를 제공하는데, 이것이 우울증에 대한 통찰을 가져다주며, 우울증의 밑바닥에서 진행 중인 과정을 다룰 수 있는 치료적 개입을 제시한다. 일반적으로 심리치료에서는 내담자의 현재 상황을 개선하는 데 도움을 주기 위해서, 발달단계에 원인을 가진 내담자의 고통으로부터 야기되는 문제들의 해결에 노력을 기울이거나, 또는 지금-여기(here-and-now)의 행동에 대한 변화의 촉진을 모색한다. 이 책에서는 두 가지 접근방법을 동시에 사용하는 것을 제시하였으며, 내담자의 우울증이 지속되는 과정을 저지하는 것뿐만 아니라 밑바닥에

내재된 문제들을 다루는 것이 우울증 치료에 효과적이라는 것을 제시한다.

제4장에서는 TA 이론의 관점에서 우울증을 좀 더 심도 있게 분석하였으며, TA를 활용하여 어떻게 우울증을 이해할 것인가에 대해 탐구한다. 제5장에서는 TA 심리치료의 기본기술을 간략하게 소개한다. 제6장에서는 다음의 두 장에서 기술하는 바와 같이 TA의 정서중심적, 경험적 방식을 뒷받침하는 변화 메커니즘과 치료 과정을 몇 가지 제시한다.

제2부는 2개의 장으로 구성되어 있는데, 여기에서는 치료사들이 바로 사용할 수 있는 치료 프로토콜에 대한 구체적인 개요를 설명하였다.

제7장에서는 프로토콜의 사용법과 상담치료의 구조와 형식, 이에 대한 내담자 안내, 초기 상담회기의 진행, 리스크의 확인, 모니터링 및 관리 등을 소개한다. 제8장에서는 우울증 치료에서 경험적으로 얻어진 원칙에 따라 핵심 사안을 확인하고 다루는 주요 치료 업무를 소개한다. 또한 이 장에서는 치료 시 발생하는 문제의 관리 및 해결, 그리고 치료의 중단 및 종결에 대한 조치방안을 안내한다.

제3부에서는 우울증에 대한 신경과학(제9장) 그리고 약물치료(제10장)에 대해 소개하는데, 이것은 의학적으로 훈련받지 않은 독자들에게 이 부문에 대한 기초지식을 제공하고, 심리치료사가 의사들과 원활하게 소통할 수 있도록 하는 것을 목적으로 한다.

부록은 내담자를 위해 복사해서 사용할 수 있는 심리교육 자료들이다. 첫 번째 부록은 '치료에서 최대 효과 얻기'라고 불리는데, 내담자와의 첫 번째 만남에서 내담자에게 줄 수 있다. 내 경험상, 이것은 내담자에게 치료과제와 관련된 유용한 정보를 제공하며, 치료과정 중에 나타날 수 있는 강한 전이반응과 같이 내담자들이 어려워할 수 있는 국면을 잘 헤쳐 나갈 수 있도록 하고, 내담자가 본인의 고민에 대해 치료사에게 말할 수 있는 용기를 불어넣어 준다.

두 번째 부록은, 내담자들이 긍정적으로 삶을 변화시킴으로써 우울증의 회복과 웰빙을 강화하도록 용기를 불어넣어 주는 자가치료 안내인데, 제시한 모든 방안은 연구문헌들이 지지하는 것들이다. 내담자들이 처음 치료를 받으러 올 때는 대개 증상의 개선을 위해 그들이 스스로 할 수 있는 간단한 처방에 대해 안내받기를 원하는데, 여기서 그 방법을 알려 줄 것이다.

세 번째 부록은, TA의 기본 이론에 대한 것이다. 내가 박사학위 논문에서 발견한 주요 사항 중 하나는 내담자가 그들의 상황과 관련된 TA 이론에 대해 아는 것이 매우 유익하다는 것을 알게 되었다는 것이다(Widdowson, 2013). 내담자가 TA 이론을 알게 되면 본인이 왜 힘들고 고통스러운 경험을 하게 되는지를 이해하고 잘 헤쳐 나가게 되며, 자신이 그렇게 되는 과정을 이해하는 개념적 틀을 갖게 되고, 더욱이 그렇게 하는 것이 치료사와 내담자가 치료를 위한 언어와 틀을 공유하게 된다는 것이다. TA에 대해 초보자라고 한다면, 이 책을 읽기 전에 우선 세 번째 부록을 읽는 것이 도움이 될 것이다.

:: 이 책의 활용

여러분이 이 책에서 흥미 있는 것을 많이 발견하게 되기를 기대하며, 무엇보다도 여러분의 현장에서 실용적인 안내서로 사용될 수 있기를 기대한다. 또한 여러분이 '이 자료를 어떻게 활용할 수 있을까?'라고 자문해 보기 바라며, 아무쪼록 이 책이 여러분의 치료업무를 구속하지 않을 뿐 아니라 오히려 영감을 주고 실험적, 혁신적으로 사용될 수 있기를 바란다.

:: 연구에의 동참

본 매뉴얼은 내 연구의 정점이자, 심리치료 연구문헌들과 TA 이론의 통합일 뿐만 아니라, 아직도 진행 중인 작업이라고 할 수 있다. 나는 이 작업을 지속적으로 발전시키고 다듬어 나갈 것이며, 이 작업에 참여하도록 여러분을 초대할 것이다. 여러분의 피드백을 언제나 환영하고 적극적으로 권장한다. 여러분이 이 책의 자료들을 어떻게 활용하고 또 적용했는지에 대해 들려주기 바란다.

이렇게 진행 중인 연구에 참여하는 것에 많은 관심과 흥미를 가져 주기 바란다. 그렇게 함으로써 본 매뉴얼이 시험되고 다듬어질 것이며, 연구 프로젝트에 데이터를 제공하게 될 것이다. 여러분은 분명히 나와 의논하고 싶은 나름대로의 연구 아이디어가 있을 것이다. 우울증 치료에 대한 워크숍도 영국 샐퍼드대학교에서 개최하고 있다. 무슨 용건이든지 메일(m.widdowson@salford.ac.uk)을 보내면 나와 연락할 수 있다.

:: 감사의 말

본 매뉴얼의 초안에 대한 Alison Ayres의 통찰력 있는 지적 및 피드백에 감사드린다. Rob van Tol의 본 매뉴얼의 많은 도표의 서식에 대한 기술적인 지원에 또한 감사드리며, 우울증의 약물치료에 대한 정보의 정확성을 체크해 준 Per Svensson 박사에게도 감사드린다. 나의 박사학위 과정을 엄격하게 지도해 주신 Sue Wheeler 교수와 John McLeod 교수에게 특별히 감사드린다.

개인적으로는 Philip의 돌봄과 지원 그리고 Philip과 함께한 나의 친구들이 언제나 나를 즐겁게 해 주고 기운 차리게 해 주었던 것에 대해 감사드린다.

연구를 더 발전시킬 수 있도록 활기차고 창의적이며 열정이 넘치는 샐퍼드대학교의 동료들이 지속적으로 응원해 주고 격려해 준 것에 대해 감사드린다.

내가 심오한 TA 세계로의 여정을 시작한 이래, 언제나 격려를 아끼지 않은 TA 동료들, 특히 Ian Stewart와 Adrienne Lee에게 감사드린다. 나의 여정에서 도움을 아끼지 않은 많은 동료들이 있는데, 그들에게도 감사드린다. 이름은 밝히지 않지만, 그들은 알 것이다.

지난 몇 년간 내가 인도했던 우울증에 관한 각종 워크숍에 참석한 모든 분들, 그중에 특히 본 매뉴얼이 실제로 어떻게 적용되는지에 대한 매우 귀중한 피드백과 데이터를 보내 주신 심리치료사들에게 특별히 감사드린다.

그리고 마지막으로, 연구에 참여해 주신 모든 분들, 치료현장에서 그들의 내부

깊숙한 곳까지 나를 안내해 주었던 내담자와 치료사들, 그리고 과거와 현재까지도 매일 나에게 심리치료에 대해 가르침을 주고 있는 나의 내담자에게 무한한 감사를 드리고 싶다.

c o n t e n t s

차례

제 **1** 부 **TA 이론과 우울증**

제 1 장   **TA 심리치료의 이론과 실제** ·· 3

　　　TA의 역사와 개요　 3
　　　TA 심리치료 이론　 4
　　　TA 심리치료의 실제　 13

제 2 장   **우울증에 대한 이해** ··· 19

　　　유병률　 19
　　　우울증의 진단적 특성과 증상　 20
　　　우울증의 진행, 재발과 회복 패턴　 22

제 3 장   **우울증의 발생과정** ··· 27

　　　우울증의 발달과정과 우울취약성　 27
　　　우울증과 정서　 30
　　　우울증의 인지과정　 33
　　　우울증과 자기비판　 39
　　　우울증에서의 대인관계 과정　 42

제 4 장   TA 이론에 따른 우울증의 개념화 ·················· 51

TA 개념에 대한 용어 변경 제안   **51**
오염   **55**
준거틀   **60**
우울증과 인생각본   **61**
금지령   **62**
우울증에서 1차 감정과 2차 감정   **64**
프로토타입(치료계획)이 결합된 결합 네트워크/각본시스템   **69**

제 5 장   TA 치료의 기본 기법 ································· 73

치료지침   **74**
추가적 개입   **79**

제 6 장   치료의 과정과 변화 메커니즘 ····················· 83

경험과 변화의 영역   **83**
각본분석 : 이야기의 해체/분석   **85**
시스템적 반증경험의 원리   **87**
기억 시스템   **87**

제 2 부   치료 프로토콜

제 7 장   치료의 구조와 치료의 초기단계 ··················· 99

개요   **99**
실제 적용을 위한 일반적 포맷   **104**
전반적 회기의 구조화   **106**
시작단계   **114**
내담자를 장래의 회기에 준비시키기   **116**
결과 측정지를 사용한 검진, 평가 그리고 진척 모니터링하기   **118**

동기 122
치료관계의 확립 126
실수, 불협화 그리고 실연 131
능력, 허가 그리고 보호 133
사례 공식화 136

제 8 장 핵심 치료과정···139
우울증의 TA 치료에서의 핵심 과제 139
임상적용에 필요한 원칙 141
치료계획 145
완벽주의 해결하기 146
오염과정의 치료 149
오염의 제거 151
감정 작업하기 155
악순환 159
자살에 대한 생각과 자살 위험에 대한 논의 162
내부 자아상태 대화를 변화시키기 : 자기비판에서 자기양육으로 165
과제와 행동 계약하기 177
TA 문제해결 프로토콜 181
인간상호관계의 변화 도모하기 187
여러 가지 개입 190
특별한 증상에 대한 전략 193
종료 국면 198

제 3 부 우울증에 대한 신경과학 및 의학적 치료

제 9 장 뇌에 대한 기초지식과 우울증에 대한 신경과학··················205
소개 205
신경세포와 신경교세포 205
신경전달물질 206

좌뇌와 우뇌　208
뇌의 엽　209
뇌의 구조　209
우울증에 관한 이론　212
심리치료의 효과　214

제 10 장　우울증에 대한 의학적 치료·······················215
내담자에게 어떻게 약물치료를 권유할까?　217
의사와 협의하기　218
여타 의학적인 치료법　225

결론　231
부록　233

참고문헌　273
찾아보기　289

제 **1** 부

TA 이론과 우울증

제1장 TA 심리치료의 이론과 실제

제2장 우울증에 대한 이해

제3장 우울증의 발생과정

제4장 TA 이론에 따른 우울증의 개념화

제5장 TA 치료의 기본 기법

제6장 치료의 과정과 변화 메커니즘

1

TA 심리치료의 이론과 실제[1]

TA는 아마도 지금까지의 상담과 심리치료 분야에서 가장 종합적인 이론체계일 것이다(McLeod, 1998).

:: TA의 역사와 개요

TA의 창시자는 유태계 캐나다인이며 신경과 전문의인 Eric Berne인데, 그는 정신과 의사 수련을 받기 위해 1935년 미국으로 이주하였다. 1941년부터 1943년까지 Berne은 뉴욕에서 정신분석가 수련을 받기 시작하였는데, 이후 제2차 세계대전으로 인해 수련이 중단되었던 몇 년간 정신과 의사로서 군복무를 하였다. 전쟁 이후 그는 샌프란시스코 지역에서 정신분석 훈련을 계속하게 되었다.

Berne은 특별히 정신병리학에 흥미를 가지고 있었는데, 그의 집에서 매주 그 분야에 대한 세미나를 열었다. 1956년에 이르러 그의 이론의 기본 틀이 만들어졌으며, 그는 여기에 TA(Transactional Analysis, 교류분석)라는 이름을 붙였다. 1959년에는, 그의 샌프란시스코 정신분석가협회 회원자격 신청이 거절되기도 하였는데, 이것이 오히려 계기가 되어 그의 세미나에 참석하는 동료들과 함께 자신의 이론을 개발하는 데 야망을 불태우게 되었다. 샌프란시스코는 반문화 또는 문화파괴의 중심지로 잘 알려져 있으며, 이러한 반항정신이 그에게 영향을 주었다. 1961년에 TA에 관한 그의 첫 번째 저서가 출판되었으며 그의 이론이 인기를 얻기 시작하였다.

이후 수년간 TA는 성장과 발전을 거듭하여 국제적으로 많은 치료사들에게 알려지게 되었다. 유럽지역의 TA협회에도 최근 7,500명의 회원이 있으며 그중 1,500명 정도가 영국 국적의 회원이다.

:: TA 심리치료 이론

Berne은 심리치료 과정을 이해하기 쉽게 설명해 주고 내담자를 치료에 협력적인 파트너로 참석시키는 것을 중요하게 여겨 열정적으로 실천하였는데, 이러한 열정은 정신과 의사였던 그의 활동 초기에 더 뚜렷하였다. Berne은 병원에서의 사례연구회에 내담자를 초대하는 최초의 정신과 의사 중 한 사람이었으며, 내담자가 스스로 그들의 치료방안을 선택하도록 하는 것을 적극적으로 지지하였다(Berne, 1966). Berne이 강조하였던 신비성을 없애고 이해하기 쉽도록 만들어야 한다는 것을 보여 주는 예는, TA의 이론적 개념을 설명하는 데 있어 구어체의 일상생활언어의 사용을 고집하는 것이다. 이렇게 쉽게 접근할 수 있는 언어 및 개념을 사용하는 것이 한편으로는 TA의 대중화에 많은 공헌을 한 것은 사실이지만, 어떤 TA 전문가들은 TA 이론에 사용되는 구어체의 용어가 학문적으로 뒤떨어지는 것 같은, 또는 심지어 아마추어 같은 인상을 줄 수 있다고 주장하기도 한다. 그럼에도 불구하고 많은 사람들은 친숙한 언어를 사용하고, 개인 내면의 과정 그리고 대인관계의 과정을 도식화하는 것은 TA의 강점 중 하나라고 주장한다(McLeod, 2009; Stewart & Joines, 1987).

성격 이론 : 구조분석

> 부모자아상태(P: Parent), 어른자아상태(A: Adult) 그리고 어린이자아상태(C: Child)는 TA에 의해 체계적으로 연구되었는데, 이것이 TA의 주춧돌이며 상징이다. 무엇이든지 자아상태를 다룬다면 그것은 TA이며, 무엇이든지 그것을 간과한다면 그것은 TA가 아니다(Berne, 1972: 223).

Berne의 자아상태(ego states)에 대한 이론은 그의 분석가였던 Federn(1952)과, Weiss(1950) 및 Fairbairn(1952)의 이론을 토대로 개발된 것이다. Federn은 특별히 프로이트의 성격의 3중 구조(원초아, 자아, 초자아) 중 하나인 자아를 이해하는 데 흥미를 가졌다. Federn(1952)의 정의에 따르면, 자아상태란 어떤 순간에 있어서 개인의 주관적인 내적 경험 바로 그것이다.

Berne은 개인의 자아상태 변화는 외부관찰자(이 상황에서는 치료사)에 의해 직접 관찰될 수 있거나 개인의 행동 변화를 보면서 추론할 수 있다는 가정하에 Federn의 정의에 관찰가능성이라는 요소를 포함시켰다(Berne, 1961). Berne은 자아상태란 이전에 개인이 경험하였던 것을 지금-여기의 상황에서 반응하는 것 또는 개인이 받아들였거나 부모 또는 부모 역할을 하는 사람으로부터 내사(內射, introjected)된 자아상태를 포함한 어린아이 시절로의 퇴행을 재경험하는 것이라고 한 Federn의 이론을 발전시켜, Berne 자신의 (내적 경험이면서 직접 관찰이 가능한) 자아의 3중 구조 이론을 개발하게 되었다(Berne, 1961).

TA 이론에서 정의하는 성격(자아)은 3가지 **자아상태**로 표현될 수 있는데, Berne에 따르면 자아상태란 감정과 경험의 일관된 패턴이며 이에 대응하는 일관된 행동과 직접적으로 관련이 있다고 하였다(Berne, 1966: 364). 자아상태는 부모자아상태(P), 어른자아상태(A) 그리고 어린이자아상태(C)라고 하는 3개의 범주로 나뉜다. 부모자아상태(P)는 내사된 타인들의 저장소라고 할 수 있는데, 여기서 타인들이란, 주로 주 양육자를 말하며, 또한 유아가 성격발달 과정에서 내면화한 사회적·문화적 환경으로부터의 영향도 포함된다(Stewart & Joines, 1987). 이러한 내면화 과정은 양육자와의 관계의 질에 따라 형성되는데, 이것은 유아의 마음에 새겨지게 된다. 부모자아상태(P)는 개인의 행동과 내적 과정에 강력한 영향을 끼치는 것으로 믿어진다(그림 1.1). Berne은 부모자아상태(P)를 양육자와 유사한 감정, 태도 및 행동 패턴의 조합이라고 정의하였으며(Berne, 1961: 66), 후에 그는 타인으로부터 '빌려 온 자아상태'라는 관점을 포함하는 확장된 정의를 내렸다(Berne, 1966: 366).

어른자아상태(A)는 지금-여기에서의 현실로부터 나오는 것인데, Berne 표현에 의하면, '현실에 적응된 자율적인 감정, 태도 및 행동 패턴의 조합'을 말한다(Berne, 1961: 67).

어린이자아상태(C)는 그 사람의 생육사적 경험들로 구성되며, 경험의 정서적 요소들을 포함하는 주관적 기억시스템의 저장소에서 비롯하는 퇴행의 근원으로서 작용한다. Berne의 표현에 의하면, 개인의 어린 시절 유물인 감정, 태도 및 행동의 조

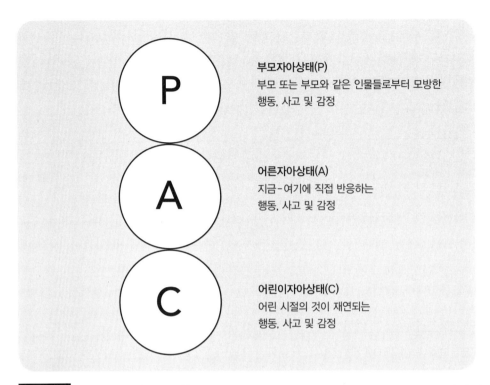

부모자아상태(P)
부모 또는 부모와 같은 인물들로부터 모방한
행동, 사고 및 감정

어른자아상태(A)
지금-여기에 직접 반응하는
행동, 사고 및 감정

어린이자아상태(C)
어린 시절의 것이 재연되는
행동, 사고 및 감정

그림 1.1 자아상태의 1차 구조모델(Berne, 1961; Stewart & Joines, 1987, reprinted with permission)

합을 말한다.

Fairbairn(1952)도 자아의 3중 구조 이론을 제시하였는데, Berne은 이 이론에 대해 '교류분석과 정신분석(psychoanalysis) 사이를 연결하는 가장 그럴듯한 교량 중하나'로 묘사하였다(Berne, 1972: 134). Fairbairn(1952)은 자아가, 관찰하는 '중심자아(central ego)', 대상을 추구하는 '리비도적 자아(libidinal ego)' 그리고 박해적 특성이 내면화되었다고 보는 '반리비도적 자아(antilibidinal ego)'로 구성되어 있다고 주장하였다. Fairbairn 이론과 Berne 이론의 주요 차이점은, Berne 이론에서는 부모자아상태(P) 범주에 비판적 기능 이외에 양육과 보호기능이 포함되었다는 것이다(Clarkson, 1992). 또한 Berne 이론에서는 자아상태가 단지 추상적이고 이론적인 구성물이 아니라 직접 관찰이 가능한 현상이라는 것이다(Stewart, 2010a).

TA 심리치료사는 각각의 자아상태들 간의 내용을 분석하고, 내적 대화(때로는 전의식 또는 무의식으로 간주되는)와 같은 자아상태들 간의 상호작용을 분석하는 데 상당히 집중한다(Berne, 1972).

의사소통 이론 : 교류의 분석

Berne은 사회심리학에 관심이 많아 개인치료에 대한 부가적 또는 대체방안으로서의 집단치료(group therapy)를 연구 · 개발하였는데, 그가 의사소통과 대인관계적 접근에 관련되는 수많은 TA 이론을 개발한 것은 그의 집단치료사로서의 경험에 기인한다. TA 이론에서 사람은 어떤 주어진 순간의 특별한 자아상태로부터 의사소통을 한다고 보며 이러한 대인관계 의사소통을 교류(transactions)라고 한다(Berne, 1961). 그리고 개인과 개인 또는 집단 사이의 교류 특성을 분석하는 것이다. 교류를 분석할 때, 기본적으로 〈그림 1.1〉과 같이 자아상태 다이어그램을 사용하면, 각각의 특정한 의사교류와 이어지는 반응으로 나타나는 개인 간의 의사소통을 발신자와 수신자 측면에서 도식화할 수 있다(그림 1.2). Berne의 교류분석 모델은 전이와 역전이 반응을 분석하는 데 사용될 수 있다(Berne, 1972; Erskine, 1991).

정신병리의 생성 기원과 관련된 인생각본 이론

인생각본은 '무의식적인 인생 계획'(Berne, 1966: 368) 또는 '어린 시절에 만들어지고, 부모에 의해 강화되며, 이후 일어나는 사건들에 의해 정당화되고, 선택의 과정으로 절정에 이르는 인생계획'(Berne, 1972: 445)이다. Erskine(1980: 102)은 각본을 '인생의 어떤 발달단계에서 문제의 해결 또는 대인관계에 있어서 자발성을 억제하거나 유연성을 제한하는 결정을 토대로 만들어진 인생계획'이라고 기술하였다. 각본은 개인이 세상, 타인과의 교류 및 환경을 어떻게 경험하고 해석하는지를 결정한다. Berne의 인생각본 이론은 Adler(1956)의 '생활양식(style of life)' 이론에서 영향을 받았는데, Adler는 이것을 무의식적으로 지속적으로 반복되는 삶의 패턴이라고 기술하였다(Ansbacher & Ansbacher, 1956).

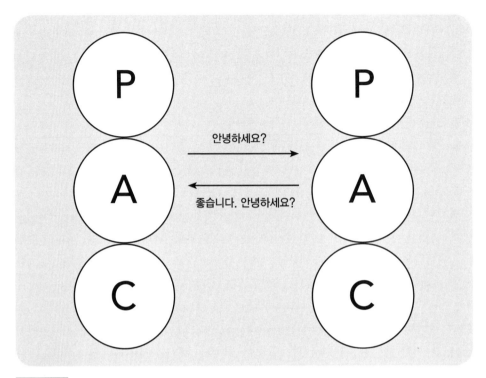

그림 1.2   교류의 분석(Adapted from Berne, 1961; Stewart & Joines, 1987)

또한 Berne은 수년간 함께 분석작업을 하였던 Erikson과 그의 '일생 동안의 심리
적 발달이론'에 영향을 받기도 하였다(Erikson, 1950, 1959). 인생각본 이론은, 한
개인이 자기 자신, 타인 그리고 세상을 어떻게 경험하는지를 결정하는 기본구조를
의미하는 인지-행동 치료이론에서의 스키마(schemas: 자동적 사고 틀)에 유사하다
(Beck, Rush, Emory & Shaw, 1979; Young, Klosko & Weishaar, 2003).

　TA 이론에서는 한 개인이 아주 어린 시기 양육자와의 교류에 대한 반응으로, 유
아가 개발하는 기본적 적응 방식인 인생태도(life position)를 선택한다고 가정하는데,
이것이 자신과 타인의 상대적 가치에 대한 지각을 형성하도록 만든다. 전형적인
TA 스타일로, 인생태도는 일상용어로 표현된다. 이상적이고 건강한 것은 'I'm OK
-You're OK'의 인생태도이다. 그러나 불행하게도 사람들은 종종 'I'm OK-You're

not OK', 'I'm not OK-You're OK' 또는 'I'm not OK-You're not OK'의 인생태
도를 발달시킨다(Berne, 1972). 이것은 각각 편집증, 우울증 및 정신분열증으로 구
분한 Klein(1975)의 개념과 관련성이 있다. 인생태도는 어느 정도 변할 수도 있지만
대개 일정하게 유지되고 일생 동안 강화된다. 인생태도는 애착패턴과도 유사성이
있다(Ainsworth & Bowlby, 1965; Bowlby, 1979, 1988; Hobbes, 1996, 1997; Holmes,
2001).

 프로토콜(protocol; Berne, 1972)은 아주 어린 시기의 의식적/무의식적 관계 청사진
과 관련이 있다. 이것은 개인이 아주 어린 시절 자신과 타인이 어떻게 교류하는가
에 대한 대인관계 경험으로부터 결정하는 '관계규칙(rules of engagement)'을 확정
짓는다. 이것은 또 Stern(1985)의 교류의 표상에 대한 개념 및 Luborsky(1984)의 핵
심적 갈등관계 테마와 매우 유사하다고 할 수 있다.

 TA 초창기(1960년대 후반)는 모두들 각본과 각본 분석 그리고 각본 형성에 많은
관심을 가졌던 시기였다. 그러나 최근 TA 치료사들은 프로토콜을 이해하고 작업하
는 데 더 많은 관심을 보이고 있다. 이렇게 관심의 초점이 바뀌고 있는 것은 최근
심리치료 이론에 영향을 미친 암묵적 기억(implicit memory)과, 초기 아동발달 이론
(Stern, 1985)에 대한 관심이 증가하고 있기 때문이다.

 인생태도, 프로토콜 그리고 각본은 구조기아(structure hunger, 아래 참조)를 만족
시킬 수 있다고 생각되며, 세상을 심리적으로 구성하려는 사람들이나 의미를 찾으
려고 하는 사람들에게는 하나의 타고난 성향으로 여겨질 수 있다. 인생각본 이론
(그리고 각본 이론의 하위그룹으로서의 인생태도 및 프로토콜)은 인간이 어떻게 관계
를 개발하고 유지함으로써 생존하는지를 잘 설명해 준다. 유아는 양육자에게 전적
으로 의존적인데 자기가 적절한 보호를 받기 위해 양육자의 요구에 재빠르게 순응
한다. '각본결단은 때로는 적대적이고 생명을 위협하기도 하는 험한 세상에서 살
아남기 위한 유아의 최선의 전략임을 보여 준다'(Stewart & Joines, 1987: 101-102).

 그러나 인생각본결단이 때로는 매우 비이성적이고 과잉일반화되는데, 이것은 어
린아이의 인지기술의 발달수준에 따른 결과이다. 어린아이는 힘이 약하고, 선택

의 자유가 적으며, 정보도 부족하고, 사고력도 미숙한 데다, 스트레스를 다루는 데
도 신경학적 능력이 결여되어 있으므로, 자신과 타인 그리고 세상에 대한 극단적인
결론에 쉽게 도달하게 하며, 지나치게 광범위한 일반화를 하도록 만든다고 가정한
다(Woollams & Brown, 1979). 이러한 각본결단은 어린이자아상태(C) 속에 차곡차
곡 저장이 되며 어린이의 삶의 방식, 그리고 타인과의 교류방식에 크게 영향을 주
게 된다. 자신의 각본신념과 불일치하는(인지부조화를 가져다주는) 경험은, 각본을
유지하기 위해, 그리고 양육자와의 애착에 대한 내면적 지각을 유지하기 위해 종종
디스카운트되기도 한다(Schiff et al., 1975).

라켓분석 : 각본의 심리내적 과정

교류분석가들은 개인의 각본신념이 라켓(racket)이라고 알려진, 자기강화 인지-정
서 시스템 안에서 정서적 경험과 행동 그리고 기억에 심리내적으로 연결된다고 믿
는다(Erskine & Zalcman, 1979)[2]. 각각의 라켓은 슬픔, 분노, 불안과 같은 그 나름대
로의 감정적 내용을 담고 있는데, 그것은 개인이 어린 시절에 느낄 수 있도록 허용
되었던 감정에 어떻게든 연결된다. 라켓감정은 억압된 감정의 내용을 숨기며 그것
은 종종 어떤 특정한 경험(주로 어린 시절의)과 관련이 있다고 믿어진다. 억압된 감
정을 다루고 해결하는 개념은 억압에 관한 정신분석 이론과 유사한데, TA에서나
정신분석에서나 치료의 목적은 내담자로 하여금 억압된 정서에 접근하고 표현하도
록 하는 데 있다. TA에서는 억압된 정서에 접촉하거나 표현하는 것을 혼란의 제거
(deconfusion)라고 한다(Berne, 1961, 1966; Hargaden & Sills, 2002). Berne은 그의 초
기 저서(1961)에서 혼란의 제거를 억압된 정서를 발견하고 표현하게 하는 하나의
정신분석 과정이라고 기술하였다.

  라켓감정은 자신과 타인 그리고 세상에 대한 일련의 믿음과 연결되어 있으며, 다
양한 내적 경험(또는 증상) 및 관찰 가능한 행동과도 연결될 것이다. 라켓감정은 또
한 수많은 관련 기억을 가지고 있는데, 이것은 모두 각본시스템이라고 알려진 네트
워크에서 상호 연결되어 있다(Erskine & Zalcman, 1979; Erskine, 2010). 인지-행동

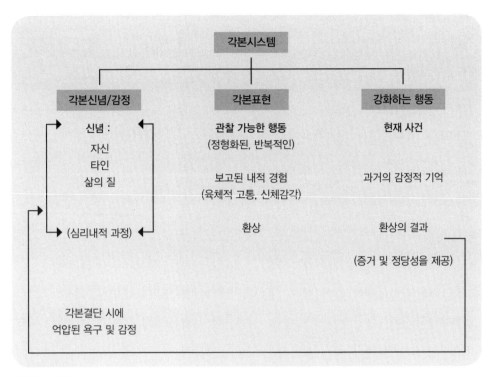

그림 1.3　각본시스템(Erskine, 2010; Erskine & Zalcman, 1979, reprinted with permission)

이론의 스키마(Young et al., 2003)와 각본시스템(그림 1.3)은 상응하는 유사성을 볼
수 있다.

'게임'에 관한 TA 이론 : 각본이 어떻게 펼쳐지는가

TA 이론에서는 사람들이 그들의 인생각본을 추진하기 위해 '게임을 연출한다'고
한다(Berne, 1964). 이 상황에서 게임은 한쪽 또는 양측에게 부정적 감정을 남기는,
반복적이며 예측 가능하고 부적응적인 대인관계 패턴이다(Stewart & Joines, 1987).
게임의 결과로 야기된 부정적인 생각과 감정은 각본을 강화시키며 그 사람의 각본
신념을 확인시켜 준다. 이와 같은 도움이 되지 않는 관계패턴은 개인의 인생초기
경험과 연결된다고 여겨지며, 개인의 삶의 역사에서 어떤 초기장면을 상징적으로

재연하는 것처럼 보일 수 있다.

이 이론은 병의 원인에 주로 대인관계적 요인이 있는 개인의 문제(알코올중독 같은)라고 여겨지는 패턴에 대해 설명하는데, 타인 및 환경과의 교류는 개인의 문제 행동을 강화시킨다.

Berne의 정신분석에 대한 배경과 프로이트(1914)의 반복강박 이론이 게임 이론에 영향을 미친 것은 확실하다. 이로부터 Berne은 직접관찰의 모델과 반복강박의 분석에 대한 모델을 개발하였다(Berne, 1972; Stewart, 1992).

동기 이론

Berne은 1950년대 말 실시된 감각박탈(sensory deprivation)에 대한 심리실험과 René Spitz(1946)의 고아원에서 비인간적 대우를 받으며 성장한 어린이들을 대상으로 한 성장장애에 대한 연구에 고무되었다. 여기에서 그는 심리적 기아이론(theory of the psychological hungers)을 개발하게 되었는데(Berne, 1964), 기아는 생물학과 세상살이를 심리학으로 연결해 주는 TA에 동기 이론을 제공한다(Erskine, 1998). 인간의 감각은 자극을 흡수하고, 장기간의 감각박탈은 극심한 정신적 고통을 가져다 주게 되는데, 심하면 정신병을 앓게 된다는 것에 주목한 Berne은 인간이 선천적으로 자극을 필요로 하며 따라서 자극기아(stimulus hunger)를 가지고 있다고 생각하였다. 그의 인정기아(recognition hunger)에 대한 이론과 함께, Berne은 인간이 선천적으로 관계를 추구한다는 사실을 강조하였다. 인정기아에 따라 타인과 교류하게 되고, 그렇게 함으로써 그는 자극욕구, 특별히 육체적 접촉과 애정에 관한 자극욕구를 충족하게 된다. Berne은 또한 인간이 선천적으로 그들의 세계를 구조화하거나 심리적으로 이해하려고 하는 욕구가 있다는 것에 주목하였다. 이러한 욕구는 사회적 위계질서를 세움으로써 시간과 환경을 구조화하려는 욕구로 확장되는데, Berne은 이러한 욕구를 구조기아(structure hunger)라고 하였다. 성인의 삶에서 관계기아(relationship hunger, 어느 정도는 자극기아도)는 스트로크(stroke)를 얻음으로써 충족이 되는데, 스트로크는 그 개념의 대인관계적 특성이 강조되면서 '인정단위(a unit of recognition)'라고 정의한다(Berne, 1972: 447). 스트로크 이론은 행동주의자들이 말하는 조작적 조건화의 개념(Skinner, 1937)과 유사한데, 교류분석가들은 스트로크가 행동을 강화한다고 생각한다. TA 치료사들은 '어떤 스트로크라도 전혀 없는 것보다는 낫다'는 원리에 따라, 부정적 스트로크도 행동을 강화하는 데 사용될 수 있다고 생각한다(Stewart & Joines, 1987). 인간은 선천적으로 관계를 추구한다는 점에서 TA 이론은 정신분석에서의 대상관계이론, 특히 Fairbairn(1952)의 이론과 연결된다. 따라서 TA의 핵심 동기 이론은 정신분석적 및 인지적 접근방법과 유사성이 있다고 할 수 있다.

이와 같은 이론의 핵심요소가 TA 치료사들이 심리내적 과정(구조분석 및 라켓분석)과 대인관계 과정(교류의 분석, 게임분석)을 이해하는 도구가 되며, 심리내적 과정과 대인관계 과정을 설명하는 통합 이론(각본분석)을 제공한다.

:: TA 심리치료의 실제

계약적 방법

Berne의 내담자와 치료사의 협력에 관한 믿음은 계약적 방법에 대한 그의 이론에 반영되었는데(Berne, 1966), 그의 이론에 따르면, 내담자는 분석가가 일방적 자의적으로 결정하도록 하는 막연한 목표를 가지고 치료를 받으러 오기보다는, 내담자 스스로가 그들 자신의 목표를 설정하도록 권유받게 된다. 이처럼 내담자가 진정으로 자기 자신의 욕구를 통찰하도록 하는 것은 TA의 인본주의적 가치와 일치하는 것이다. 내담자의 목표는 대개 어떤 관찰 가능한 방법으로 정하게 되는데, 그렇게 함으로써 치료사와 내담자가 목표가 이루어졌는지 아닌지를 손쉽게 알 수 있도록 한다(Berne, 1966; Goulding & Goulding, 1979; Steiner, 1974; Stewart, 2007). 내담자의 치료목표의 달성은 언제 치료를 종결할 것인가를 결정하는 데 사용된다. TA 치료의 전 과정은 계약에 의해 이루어지는데, 치료사와 내담자는 매 과정마다 협의를 하고 동의를 구하게 되며, 매 회기의 초점에 동의하고, 구체적인 기술을 사용하는 것에 동의(또는 고지에 입각한 동의)하며, 내담자의 향후 목표를 활성화하는 데 협조하게 된다(Stewart, 2007; Woollams & Brown, 1979). 치료계약은 고정적이지 않고, 치료의 전 과정을 통해 주기적으로 재협의를 할 수 있으며 실제로 그렇게 진행되고 있다.

TA 심리치료의 실제

전통적으로, TA 치료는 정형화된 치료 매뉴얼을 사용하지 않으며, 개별화된 치료적 접근방식을 선호한다. 그러나 몇몇 주요 교재는 TA 치료사가 치료에 접근하는 방식이나 치료개입을 선택하는 방식에 영향을 주고 있다(Hargaden & Sills, 2002; Lister-Ford, 2002; Stewart, 2007; Widdowson, 2010; Woollams & Brown, 1979). Berne의 의료수련의 영향과 흔적은 TA 곳곳에 남아 있다. 전통적인 의학용어가 TA에 자주 사용되는데, '진단', '치료계획', '치유'는 원래 의학용어이며, 인간과 심리치료에 의학적 모델 접근법을 제시한다(Tudor & Widdowson, 2008).

　Berne(1961, 1966)은 치유의 단계에 대한 개념을 발전시켰다. Berne의 이론에 의하면, 변화과정의 첫 번째 단계는 사회적 통제(social control)로, 그 사람은 타인과의 상호작용에 있어 자신의 행동의 통제를 발달시킨다. 다음 단계인 증세완화(symptomatic relief)의 단계에서는 개인이 불안과 같은 자신의 증세의 완화를 주관적으로 느끼는 것을 포함한다. Berne의 체계에서 다음 단계는 전이치유(transference cure)로, 내담자는 치료사를 하나의 내사물(introject)로서 '자신의 머리 속에' 보유함으로써 건강을 유지할 수 있게 된다(Clarkson, 1992; Stewart, 2007). 이와 같이 내담자는 중요한 심리적 내사물을 보유하는 동안 치유상태가 유지된다고 보는 것이다. Berne의 마지막 치유단계는 각본치유(script cure)로, 내담자는 그의 각본에서 완전히 벗어나 제한적 각본결단을 재결단하여, 자율적인 사람이 되는 것을 포함한다.

　많은 TA 치료사들은 '치유(cure)'의 개념에 대해 특별히 문제의식을 가지고 있는데, 때로는 치유에 대한 개념이 철학적으로 개인에 대한 인본주의적 접근과 불일치하는 것으로 보이기 때문이다(Tudor & Widdowson, 2008). 또한 치유의 개념은, 개인이 완벽하게 각본을 갖지 않는(script-free) 상태를 의미하며, 또한 질병모델(disease model)의 주장을 의미하는데, 이 견해에 대해 현대의 많은 TA 치료사들은 이의를 제기한다. 최근 견해들은 개인이 각본에서 완전히 벗어나기보다는 좀 더 유연한 각본으로 발전시켜 나간다고 본다(English, 2010; Newton, 2006).

TA의 치료목표

Berne(1972)은 TA 치료에 있어 2가지 주된 목표를 설정하였는데, 1) 자율성을 획득하는 것과, 2) 'I'm OK-You're OK'의 인생태도의 획득이었다. Berne(1964)은 자율성(autonomy)을 3가지 능력, 즉 자각(awareness), 자발성(spontaneity) 그리고 친밀감(intimacy)의 발현으로 특징지어지는 것이라고 정의하였다. 그것은 개인이 각본의 부정적이거나 제한적인 관점에 의해 제한받지 않으면서, 자신과 타인 그리고 환경에 적응하고 관계하는 상태를 의미한다(English, 2010).

TA에서 치료의 변화를 위한 전제조건

TA 치료사는 상담을 통해 내담자가 치료사의 온정과 인정을 경험할 수 있는 그런 관계를 만들려고 노력한다. 내담자는 이러한 경험을 통해 자기가 가치 있는 사람이라는 것을 느끼게 되고, 그러한 가운데 상호관계적인 감정을 갖게 되는 'I'm OK-You're OK'의 관계를 형성하게 된다(Berne, 1966; Stewart, 2007; Woollams & Brown, 1979). 'I'm OK-You're OK' 관계의 개발은, 널리 알려져 있고 임상적으로 지지를 받고 있는 '무조건적 긍정적 존중'(Mearns & Thorne, 2007; Rogers, 1951)의 인간중심(person-centred) 개념과 매우 유사한 점이 있다(Norcross, 2002). 인정하는 분위기의 치료적 관계를 개발하려면 내담자가 스스로 결정하는 분위기가 되도록 해야 하며, 치료사가 권위주의 태도를 취하는 대신 상호평등주의에 입각해 치료관계가 형성되도록 계약하는 것이 필요하다(Sills, 2006). 치료사는 또한 내담자가 안전하게 그의 각본에서 벗어나려는 시도를 할 수 있도록 보호(protection)와 허가(permission)의 치료 분위기를 형성해야 한다. 이와 더불어 치료사는 적절한 치료적 개입을 위하여 확고하고 끈질긴 **치료능력(potency)**을 갖추어야 한다(Steiner, 1968).

TA 심리치료의 핵심 변화과정

TA 치료의 과정은 3가지 핵심 변화과정으로 구성되어 있다고 볼 수 있으며, 치료사는 각각의 과정을 도모한다. 3가지 과정이란 오염의 제거(decontamination), 혼란의 제거(deconfusion) 및 재결단(redecision)을 말한다.

오염의 제거는 어른자아(A)와 함께 일하는 것에 초점이 맞추어진 과정이다(Berne, 1961, 1966; Stewart & Joines, 1987; Woollams & Brown, 1979). 그것은 비합리적인 신념에 도전하도록 고안된 절차를 포함하는데, 부정적인 자동적 사고(negative automatic thought)를 반박하는 인지행동치료 방법과 유사하며(Beck & Beck, 1995), 개인이 지금-여기에 존재할 수 있는 능력을 향상시키도록 고안된 절차이기도 하다. 실제적으로 이것은 인지과정의 경향이 있다.

혼란의 제거는 카타르시스 과정이라고 할 수 있는데, 그것으로 인해 이전에 어린이자아(C) 속에 감추어졌던 감정 또는 충족되지 않은 욕구가 표현이 되며, 과거의 의미를 이해하고, 과거와 화해를 하게 된다. 이것은 또한 내적 안정감을 발달시키는 것을 포함한다(Clarkson, 1992; Woollams & Brown, 1979). 혼란의 제거는 감정의 교류 및 전이/역전이 매트릭스의 분석에 의존하게 되는데(Hargaden & Sills, 2002), 주로 정서적 과정이라고 할 수 있다.

재결단은 어린이자아(C) 및 어른자아(A)와 관련이 있다(Goulding & Goulding, 1979; Stewart, 2007). 각본신념에서 벗어나 새로운 결단을 하고 이제부터 어떻게 살아갈 것인가에 대해 결단하게 되는데, 재결단의 과정은 인지과정과 정서과정을 조합한 것이다.

대부분의 TA 치료는 3가지 핵심 변화 과정 중 하나를 촉진하고 도모하도록 설계된다. 오염의 제거, 혼란의 제거 그리고 재결단은 대체로 선형의 형태로 순차적으로 일어난다고 생각되어 왔다. 즉 오염의 제거로 시작한 치료과정이 혼란의 제거로 이행하여 다음 재결단의 마지막 단계로 가고 그다음 통합과 종료로 끝맺는다는 것이다(Pulleyblank & McCormick, 1985; Woollams & Brown, 1979). 그러나 좀 더 최근의 TA 저자들(Hargaden & Sills, 2002)은 오염의 제거가 혼란의 제거 이전에 온다는 견해에 도전하고 있다. 그들은 혼란의 제거가 1회기부터 나타날 수도 있는데, 치료사의 공감적 반응이 내담자로 하여금 자신의 어린이자아상태(C)의 억압된 정서와 접촉하여 그 감정을 표현하도록 하기 때문이라고 주장한다. Clarkson(1992)과 Hargaden과 Sills(2002)도 때로는 치료관계를 공고히 하는 과정의 일부로, 오염의 제거가 효과적으로 진행되기 전에 혼란의 제거가 우선 진행될 필요가 있다고 주장한다. 그들은 일단 내담자가 효과적으로 기능하도록(그리고 억눌린 정서를 완화할수 있게 어린이자아상태(C)의 충분한 혼란의 제거를 경험하도록) 어른자아상태(A)의 오염을 충분히 제거한다면 개인은 자주 각본의 완화를 경험할 것이라고 주장한다. 이렇게 함으로써 자신의 각본결단을 평가할 수 있으며, 적절한 때에 재결단을 할수 있게 되는데, 이것이 역기능적인 각본신념을 점차 더 건강하고 적응 가능하도록변화시킬 것이다. 이렇게 되면 내담자가 삶에 있어서, 그리고 타인과의 관계에 있어서 선택의 폭을 넓힐 수 있게 되며, 따라서 이전에 지녔던 부정적 각본의 굴레에서 해방됨으로써 자율적인 삶을 살게 된다.

주

1. 이 장은 Widdowson, M. (2013). *The Process and Outcome of Transactional Analysis Psychotherapy for the Treatment of Depression: An Adjudicated Case Series*. Unpublished doctoral thesis, University of Leicester를 발췌한 것이다.
2. 최근에 '라켓시스템'을 '각본시스템'으로 용어를 변경하였다(O-Reilly-Knapp & Erksine, 2010). 이 책에서는 최근 용어인 '각본시스템'을 사용하기로 한다.

2

우울증에 대한 이해[1]

:::: **유병률**

1994년도에 발간된 미국정신의학회(American Psychiatric Association)의 정신장애진단 및 통계편람(DSM-IV)에 따르면, 미국 여성의 10~25%, 미국 남성의 5~10%가 일생에 주요우울장애(MDD)를 경험하게 될 것이라고 예상하였다. 영국의 2000년도 통계청 보고자료에 의하면, 영국 일반대중의 9.2%가 2000년도에 혼재성 불안 및 우울증(mixed anxiety and depression)을 경험하였으며, 2.8%가 우울 삽화(불안증세 없는)를 경험하였다. 이 보고에 따르면, 10명 중 1명의 영국인은 일생 중 어느 시기에 우울증을 경험하며, 6명 중 1명은 어느 시기에든 한 번 정신건강 문제를 경험하는 것으로 추정한다. 최근에는 항우울제 처방이 엄청나게 증가하고 있는데, 2011년에 4,760만 번, 2012년에 5,010만 번, 2013년에 5,330만 번의 항우울제 처방이 있었다. 여기에 소요된 약값만 2013년도 기준, 연간 약 2억 8,210만 파운드(한화로 약 3,400억 원 정도-역주)였다.

미국에서의 역학조사에 따르면, 연간 성인의 9% 정도가 주요우울장애(MDD)를 경험할 것이며, 16% 정도가 일생 동안 한 번은 MDD를 경험하게 될 것이라고 예상한다(Kassler et al., 2003). 전 세계적으로 볼 때, 2000년의 우울증으로 인한 '총장애보정 인생손실 연수(Disability Adjusted Life-Years, DALY)'가 4.46%를 기록하였으며, 우울증이 장애로 살아가는 총기간의 12%를 차지하는 것으로 기록되었다. 세계적으로 우울증이, 여성에게는 4번째, 남성에게는 7번째로 발생 가능한 질병의 가장 일반적인 이유가 되었다(Moussavi et al., 2007; Ustun, Ayuso-Mateos, Chatterji, Mathers & Murray, 2004).

우울증의 발병률과 유병률에 대해 사회적 계층이나 인종과 같은 인구통계 요소에 따라 뒤섞인 조사 결과들이 있긴 하지만, 사회경제적 지위가 낮은 사람들일수록 우울해질 확률이 높으며, 지속적인 우울증을 겪게 될 확률이 높은 것으로 나타났다(예 : Lorant et al., 2003).

MDD는 사망률이 매우 높은데, 자살하는 사람 중에서 MDD를 겪고 있는 사람의 사망률이 15%에 달한다(APA, 1994). 우울증의 유병률을 감안할 때, 우울증으로 인해 자살위험에 노출된 사람의 수를 보면 매우 걱정스럽다. 본 저자와 심리치료사 동료들 간의 비공식적인 대화에서 나온 개인적인 진술에 따르면, 우울증이 심리치료를 받으러 오는 가장 흔한 장애이다. 우울증은 모든 심리치료사가 임상실무에서 일상적으로 접하게 되는 중대한 정신건강 문제임이 명백하다.

∷ 우울증의 진단적 특성과 증상

우울증은 단순한 극도의 슬픔이 아니며, 그것은 인지, 행동, 면역체계 및 말초신경계를 포함해 뇌와 신체 모두에 영향을 주는 정신장애이다. 일시적인 슬픈 기분과는 달리 우울증은 직장생활, 학교생활 또는 인간관계에서 정상적인 기능을 방해하기 때문에 장애로 간주된다. 때때로 파도처럼 밀려오는 정상적인 슬픔과 달리 우울증은 지속적이며 강박적이다. 우울증은 또 슬픔을 당한 사람이 세상이 허무하다거나 나쁘다고 느끼는 정상적인 애도와 달리, 임상적으로 우울증을 경험하는 사람은 자기 자신 안에서 공허감과 혐오감을 찾는다(PDM Task Force, 2006: 109).

우울증의 증상은 그 강도가 경미한 것에서 극심한 정도까지, 그리고 증상의 범위는 미미한 것에서 심각한 장애를 일으킬 정도까지 다양하다. 미국정신의학회의 DSM-IV(1994)에서는 주요우울삽화(Major Depressive Episode, MDE)[2]에 대해 다음과 같은 진단기준을 제시한다.

주요우울장애(MDD)는 한 번 이상의 MDE를 경험하는 것으로 정의된다(즉 2주 이상 4개 이상의 추가 우울증상과 함께 우울한 기분이 지속되거나 흥미를 상실한다; APA, 1994: 317).

다음 중 5개 이상의 증상이 2주간 나타나며, 이전과 다른 기능의 변화가 나타난다. 증상 가운데 1) 우울한 기분 또는 2) 흥미나 즐거움의 상실 중 1개 이상이 포함되어 나타난다.

1. 하루의 대부분, 그리고 거의 매일 우울한 기분이 지속되는데, 이러한 우울한 기분은 주관적인 보고(슬프거나 공허하다고 느낀다), 또는 객관적인 관찰(울 것처럼 보인다)에서 드러난다.

2. 모든 또는 거의 모든 일상생활에서 흥미나 즐거움이 현저하게 저하되어 있다. 이러한 흥미와 즐거움의 저하는 하루의 대부분 그리고 거의 매일 나타나는데, 주관적인 설명이나 타인에 의한 관찰에서 드러난다.

3. 의도적으로 체중조절을 하고 있지 않은 상태에서 현저하게 체중이 줄거나 늘어나거나(1개월에 5% 이상의 체중 변화), 식욕의 감소나 증가가 거의 매일 나타난다.

4. 불면 또는 과다수면이 매일 나타난다.

5. 정신운동 초조증(psychomotor agitation)이나, 정신운동 지체(psychomotor retarda -tion)가 거의 매일 나타난다(타인에 의해 관찰될 수 있는데, 단순히 차분하지 못하다거나 행동이 느려진다는 주관적인 느낌과는 다른 것이다).

6. 거의 매일 피곤하거나 기운이 없다.

7. 거의 매일 무가치함 또는 과도하고 부적절한 죄책감을 느낀다(망상일 수도 있는데, 단지 병이 있다는 것에 대한 자책이나 죄책감이 아니다).

8. 거의 매일 사고력이나 집중력이 감소하고 우유부단함이 주관적인 호소나 객관적인 관찰에서 나타난다.

9. 반복되는 죽음에 대한 생각(단지 죽음에 대한 두려움이 아닌), 구체적 계획이 없이 반복되는 자살에 대한 생각 또는 자살시도나 자살수행에 대한 구체적 계획

을 가진다.

위의 기준은 미국정신의학협회(APA, 1994: 327) 요약에 의한 것이다.

증상의 형태

정서적 증상은 과거에 즐기던 활동 또는 삶 자체에 대한 기쁨이나 즐거움이 없어짐(쾌감 상실), 무가치감, 죄책감, 열등감, 무능력감, 무기력감, 슬픔, 절망감, 희망 없음 및 자기혐오에 압도당함을 포함한다.

인지적 증상은 집중력과 기억력의 저하, 우유부단함, 죄책감에 대한 합리화, 지속적이고 강도 높은 자기비판(우울한 사람에게 자살에 대한 생각은 강도가 강하거나 약할 뿐이지 매우 일반적이다)을 포함한다.

육체적 증상은 피로, 무기력, 수면장애(과다수면증 또는 불면증), 불안, 초조, 두통, 근육통, 요통, 체중감소 또는 증가(식욕의 변화와 연관하여) 및 성욕 상실(많은 경우, 심한 육체적 증상이 치료 저항성 우울증과 연관이 있다)을 포함한다(Papakostas et al., 2003).

∷ 우울증의 진행, 재발과 회복 패턴

우울증의 진행과정

느껴지는 증상이나 병원을 찾아 치료받는 것을 꺼리는 등의 이유로 인해 역학조사에서는 나타나지 않으면서도 많은 사람들이 우울증을 경험하는 경우가 많이 있을 수 있으므로 우울증의 진행과정을 일반화하는 것은 어려운 일이다. 우울증의 진행과정과 전조증상은 이전에 발생했던 삽화(episodes)의 형태 및 회수에 따라 많이 달라진다.

주요우울증(MDD)의 증상은 비록 임박한 우울 삽화(전구증상)의 조기신호가 DSM 기준에 일치하는 우울 삽화가 시작되기 몇 달 전, 일반적으로 수일에서 수주간 나타날 수 있다. 대부분의 경우 주요우울삽화(MDE)를 보이는 기간은

6개월에서 2년 정도이지만 경우에 따라 많이 달라질 수 있다. 5～10%의 사람들이 MDD 기준에 일치하는 증상을 2년 이상 지속한다. MDD의 진단기준에는 일치하지 않지만 많은 사람들이 장기간 우울증상을 경험할 수도 있다(APA, 1994). MDD 진단을 받은 지 1년 후에 40%의 사람들이 진단기준에 일치하는 증상을 보일 것이며, 20%의 사람들이 진단기준에는 완전히 미치지 않지만 약간의 증상을 보일 것이고(부분적 회복), 40%의 사람들은 전혀 기분장애를 보이지 않을 것이다. 심한 증상의 삽화가 우울증의 전조증상으로 처음 나타난 이후 좀 더 심한 삽화가 한동안 지속된다.

DSM-IV에서의 MDD 회복기준은 개인이 2개월 연속 우울증 진단기준(즉 우울한 기분, 흥미 및 기쁨의 상실에 추가하여 4개의 증상)에 일치하지 않아야 한다. 이 기간을 통해 개인은 수차례의 우울증상을 보일 수 있는데, 이것이 부분적 회복이라고 볼 수 있다.

재발률

Piccinelli와 Wilkinson(1994)의 추적연구에 따르면, MDD를 앓았던 사람의 75%가 10년 내에 한 번 이상의 우울 삽화를 보였으며, 10%의 환자가 10년간 만성적인 우울증을 지속적으로 경험한 것으로 나타났다. DSM-IV에 따르면, 한 번 MDE를 경험한 사람의 50～60% 정도가 두 번째 삽화를 보일 것이며, 두 번의 삽화를 보인 사람의 70%가 세 번째 삽화를, 세 번의 삽화를 보인 사람의 90%가 네 번째 삽화를 보일 것이라고 한다. 이것을 보면, 확실히 삽화의 횟수가 주요 우울증 삽화의 재발을 보일 전조라고 할 수 있으며, 부분적 회복(즉 약간의 증세를 지닌)의 경우, 또 다른 우울증 삽화를 보일 확률이 높아질 수 있다고 볼 수 있다. 한편 사회심리적인 스트레스 요인(인간관계 문제나 사별과 같은)은 자주 첫 번째 또는 두 번째 삽화와 관련이 있지만, 이것이 이어지는 삽화와는 크게 관련이 없는 것으로 나타났다.

기분부전증(dysthymia, 지속적인 낮은 정도의 우울증)을 앓고 있는 사람들은 결과적으로 MDE를 경험할 가능성이 높은데, 기분부전증으로 진단받은 사람 중에

79%가 일생 동안에 MDD로 진행된다. MDD를 경험한 사람 중에 현재 기분부전 장애를 지니고 있는 사람 역시 MDD가 재발될 가능성이 매우 높으며, 62%의 사람들이 2년 내에 MDE를 경험하는 것으로 나타났다(Keller, Lavori, Endicott, Coryell & Klerman, 1983).

심리치료에서 회복과 재발의 증상을 나타내는 패턴

Barkham 등(1996)이 212명의 우울증 환자를 대상으로 기간이 제한된 (인지행동 또는 대인관계) 심리치료에서 실시한 증상회복의 패턴에 대한 연구에 따르면, Beck의 우울증 척도(Beck, Ward, Mendelssohn & Erbaugh, 1961)를 이용하여 측정하였을 때, 16회기 내에 34~89%가 임상적으로 중요한 변화를 보였다. Kopta, Howard, Lowry와 Beutler(1994)는 증상 체크리스트(Symptom Checklist-90, SCL-90-R; Derogatis, 1983)를 이용하여, 현재 치료를 받고 있는 (기간에 제한 없이) 외래 심리치료환자 854명을 대상으로 증상회복의 패턴에 대해 조사하였으며, 이 조사에서 3개 증상의 카테고리를 확인하였는데, 급성증상, 만성증상 그리고 기질적 증상이 그것이다. 예상할 수 있는 바와 같이, 급성증상이 치료에 대해 가장 신속한 평균 반응률을 보였으며, 그다음이 만성증상, 그리고 기질적 증상 순이었다. 급성 증상의 경우, '유효량(effective dose)' 또는 임상적으로 중대한 변화를, 표본의 50%까지 달성하는 데 필요한 회기 수로 나타내는 평균 ED50이 5회기였으며, 만성증상의 경우 14회기, 그리고 기질적 증상의 경우 104회기였다. 급성증상의 범주 안에 있는 20개 증상의 목록 중에서 가장 큰 ED50의 변화를 보여 준 것이 '우울증'(5개 증상)이었으며, 그다음이 '신체화 증상(somatisation)'(4개 증상), 그리고 '강박신경증'(4개 증상) 순이었다. 만성증상의 범주 안에 있는 27개 증상 목록 중에서도 우울증이 가장 큰 ED50의 변화를 보여 주었으며(7개 증상), 그다음이 대인관계 민감성(5개 증상)이었다.

위의 두 연구에 의하면, 약 50% 정도의 환자가 16회기 이내의 심리치료에서 12~21개의 우울증상에 대해 임상적으로 중요한 증상의 완화를 보인 것인데, 이것은 단기 심리치료를 실시하고 있는 사람들에게는 매우 고무적인 결과이다. 그럼에도 불구하고 나머지 50%의 환자는 증상 완화를 위해 훨씬 더 많은 회기 동안 치료를 받아야 하며, (TA의 관점에서는 각본의 변화가 필요할 수도 있는) 기질적 증상의 경우는 최소한 2년 정도의 치료가 필요할 수도 있다.

　18개월의 추적조사에 따르면, 미국 정신건강치료국가협회의 우울증 공동연구 프로그램에 참여하였으며 단기 매뉴얼화 치료에 참여하였던 내담자의 78～88%가 재발하였거나 다른 치료를 받은 것으로 나타났다(Morrison, Bradley & Westen, 2003; Shea, Widiger & Klein, 1992). Westen과 Morrison(2001)도 단기간의 매뉴얼화 치료 후 2년간의 추적조사에서 우울증 환자의 27%만이 개선상태를 유지하였다는 것을 확인하였다. 이렇게 회복의 정도가 낮은 데 대한 가능성 있는 설명은, 조사에 사용된 매뉴얼화 치료들이 내담자가 호소하는 제한된 범위에 초점이 맞추어져 있으며, 내담자의 다른 문제들(중복이환: 2가지 만성질환을 동시에 앓는 것)을 반드시 치료하였다고 할 수 없었고, 기질적 문제에 대해서는 등한시하였으며, 이런 문제에 대해서는 충분한 치료기간을 제공하지 않았다는 것 등이다(Morrison et al., 2003).

중복이환, 우울증 치료의 회복과 표준기간

Morrison 등(2003)은 미국에서 치료사와 내담자가 모두 치료 결과에 만족하는 242명의 치료사 표본에 대해 연구하였다. 그들은 상당수의 내담자가 1개 이상의 심리적 장애 중복이환을 나타내며, 또한 상당수의 내담자가 중복이환적 성격장애를 나타낸다고 보는 치료사들의 믿음이 유효한가에 대해 조사하였다. 중복이환이 치료를 어렵게 만들며, 임상적으로 중요한 변화를 보일 정도로 내담자의 우울증이 회복되려면, 단일 우울증장애의 치료보다 치료기간이 길어진다는 것도 일반적으로 알려진 내용이다. 이들 표본 중에 47.9%의 우울증 환자가 또 다른 심리적 장애를 지닌 중복이환자였으며, 46.3%가 성격장애를 지닌 중복이환자였다. 기질적 문제가 있는 중복이환자(인격장애 진단기준에 일치하지 않음)는 전체 환자의 76.9%나 되었는데, 이것은 입증되지는 않았지만 많은 치료사들의 임상경험과 일치하는 것이다.

주

1. 위 내용의 일부는 Widdowson, M. (2011). Depression: a literature review on diagnosis, subtypes, patterns of recovery, and psychotherapeutic models. *Transactional Analysis Journal*, 41(4): 351-364에 발표된 것이다.
2. 최신의 진단 매뉴얼은 DSM-5이지만, 이 기준은 변경되지 않았다.

3

우울증의 발생과정

이 장에서는 우울증의 특성과 발생과정에 대한 다양한 연구 결과를 조사하게 될 것이다.

:: 우울증의 발달과정과 우울취약성

우울증의 원인을 발달요인과 관련하여 명확하게 규명하는 것은 매우 어려운 일이다. 지금까지의 연구들을 보면 사실상 발달과정 추적조사(longitudinal)나 회고적 연구(retrospective) 그리고 상관연구(correlational)에 의한 것이었는데, 우울증을 지닌 사람들의 어떤 발달요인과의 연관성이 보다 높은 유병률을 보이긴 하지만 이것이 반드시 명확한 요인이라고 말할 수는 없다. 우울증은 다른 심리적 장애와 마찬가지로 상호작용하는 수많은 요소를 포함한 매우 복잡한 원인을 가지고 있다. 오늘날 그러한 모든 요인이 밝혀지지는 않았지만, 성인의 삶에 우울취약성을 상당히 증가시키는 몇 가지 요인에 대한 광범위한 증거들이 알려져 있다.

엄마의 우울증이 아이의 우울증 위험을 상당히 증가시킨다는 것은 이미 입증된 사실이다. 특히 엄마가 심각한 산후 또는 만성적인 우울증을 경험한 경우는 이 위험이 더 증가된다(Bureau, Easterbrooks & Lyons-Ruth, 2009; Cote et al., 2009; Goodman & Gotlib, 1999; Sterba, Prinstein & Cox, 2007). 이렇게 관련성이 많음에도 불구하고, 우울한 엄마의 아이들이 모두 우울한 삶을 사는 것은 아니다. 부적절한 양육, 가난 그리고 가족 간의 심한 갈등 또한 우울증 위험의 증가와 관련이 있다 (Gilliom & Shaw, 2004; Spence, Najman, Bor, O'Callagnhan & Williams, 2002).

엄마의 우울증이 왜 그렇게 심각하게 아이의 우울증 위험을 증가시키는가에 대해서 Goodman과 Gotlib(1999)은 4가지 이유를 설명한다.

1. **우울증의 유전 가능성** : 우울증이 유전 가능성이 있다고 가정하는데, 이 이론은 최근 세로토닌 운반유전자의 역할이 우울증 위험에 영향을 준다는 연구에 의해 뒷받침되고 있으며, 또 우울증의 위험을 증가시키는 부정적 정서와 기질적인 요소가 유전이 되는 경향이 있다고 볼 수 있다는 것이다. 이러한 유전적 소인에도 불구하고, 우울증의 발병 또는 기타 내재화 장애(internalizing disorder)의 발현은 환경의 영향에 의해 상당히 완화될 수 있다(Hicks, DiRago, Iacono & McGue, 2009).

2. **신경조절 메커니즘의 선천적 장애** : 이 이론은 우울증 위험을 증가시키는 신경생물학적 기질이 되는 유전적 특성, 태아의 발달 및 유아의 발달요소 사이에 상호작용이 있을 수 있다는 것이다.

3. **엄마의 부정적 인지, 행동 및 정서** : 엄마의 부정적 인지, 행동, 정서 및 대인관계 스타일이 어린아이의 심리발달에 강력한 영향을 미친다는 이론이며, 이것은 가정환경에서 모델링 및 사회적 학습과정을 통해 이루어지는데, 어린아이는 내면화된 이러한 스타일을 어떻게 사용할 것인가를 습득하게 되고, 우울해지며, 우울인자를 지닌 인지, 정서, 행동 및 대인관계 패턴을 선택하게 되고, 지속적으로 강화시킨다는 것이다. 우울한 엄마일수록 아이들에게 비판적이고, 벌을 많이 주며, 거부감을 보이는가 하면, 감정을 잘 드러내지 않거나 부정적이며, 아이의 정서적·사회적 발달 욕구를 충족시키지 못한다는 것이 입증되었다. 또한 우울한 엄마일수록 아이들에게 느리게 반응하며, 활기차게 상호작용을 하지 못하는 등, 감정적 조율을 잘 못한다는 것이 입증되었다.

4. **어린아이의 스트레스 생활환경** : 가족 중에 누군가가 우울증을 앓는 사람이 있거나, 가족 간의 갈등(특히 부부간의 갈등) 수준이 높은 가정일수록 어린아이의 우울증 위험률은 높아진다.

이와 같이 엄마의 우울증과 관련된 이유에도 불구하고, 다른 많은 요소에 의해 영향이 달라질 수 있다. 아버지가 없거나 아버지가 높은 수준의 정신병을 앓고 있

는 경우 어린아이의 우울증 위험률은 높아지며, 반대로, 지지적이고 보호적인 아
버지의 경우는 어린아이의 우울증 위험률을 낮춘다. 또한 지적 수준이 보통 이상
이고, 사회활동 수준이 높은 가정의 경우, 어린아이들의 우울증 위험을 낮춘다. 어
린아이와 엄마 그리고 가족 간에 우울증을 지속시키는 상호작용 패턴이 형성될 수
있는데, 예를 들면, 만일 어린아이가 문제행동을 보이면, 부모는 스트레스를 받게
되어 우울증이 악화되고, 이것이 또다시 어린아이의 문제행동을 악화시키게 된다
(Goodman & Gotlib, 1999).

　엄마의 우울증과 우울증 위험률 증가 사이의 연관성에도 불구하고, 부모가 어린
아이의 우울취약성을 높이는 역할을 한다는 것이 입증되었는데, 이 이론을 지지하
는 아래와 같은 자료가 있다.

> 어린아이는 중요한 타인, 특히 부모를 관찰하고 모델링함으로써 그들의 인지 유형을
> 어느 정도 배울 수 있으며, 부모가 부정적인 사건의 원인과 결과에 대해 어떻게 추론하
> 는가를 보고, 그 부모의 피드백에 따라 자신의 추론 스타일을 발전시켜 나간다(Alloy et
> al., 2001: 398-399).

　또한 온정과 사랑이 없고 매사에 비판적으로 대하는 부모의 부정적 행동이 우울
증의 위험을 높인다. 냉정하고 가혹한 환경은 좋지 않은 자아상을 발달시키게 되
는데, 이것이 어떻게 지속적으로 자기 비판적인 내적 대화, 그리고 죄책감이나 수
치심 같은 부정적 감정에 젖어 들게 하는지 쉽게 알 수 있다.

　불안정한 애착 역시 우울취약성의 증가와 관련이 있다.

> 안정적이고 안전한 애착표상을 가진 사람들은 주 애착대상으로부터 좀 더 일관되게
> 반응적이고 민감한 보살핌을 받을 가능성이 있다. 그들의 위로, 지지 및 탐험에 대한
> 욕구는 대개 존중을 받았으며, 중요한 타인이 필요할 때면 언제나 그곳에 있었고, 접
> 근할 수 있었으며, 지지받을 수 있다는 믿음을 갖게 했다. 그들은 자신이 지속적으로
> 지지를 받을 만큼 소중하고, 사랑스러우며, 가치가 있다는 상보적 모델도 개발한다.
> 반대로, 불안한 애착표상을 가진 사람들은 일관성 없는 보살핌을 받게 되는데, 그나
> 마 그러한 지지와 애정도 대개는 주 양육자 자신의 이기적인 욕망에 의해 주어지는
> 것뿐이다. 이와 같은 어린 시절의 경험을 통해 타인의 행동은 단지 그들의 필요에 따

라 달라지며, 결국은 자기가 처한 환경을 통제할 수 없음을 느끼게 되고, 자신의 유
능감을 개발하지 못하며, 중요한 타인의 요구에 부합하기 위해 자신의 욕구와 소망
은 포기하게 되고, 그들 자신의 효능과 가치에 대해 의심하게 된다(Morley & Moran,
2011: 1074).

또한 불안정한 애착 스타일의 사람들은 어려운 일을 당할 때 타인은 매정하며,
무용지물이라는 인지모델을 형성하는데, 그들은 애착대상을 찾지 못하고, 격해진
감정을 자기 자신이 처리해야만 하는 상황을 맞이하게 된다(Morley & Moran, 2011:
1074).

우울한 사람들이 모두 어린 시절에 학대받은 것은 아니지만, 누구나 생각할
수 있듯이 학대받은 아동은 우울 위험성이 상당히 높아지게 된다(Toth, Manly &
Cicchetti, 1992). 학대가 자신과 타인에 대한 부정적인 내적 표상을 지니게 한다. 우
울한 사람들 대부분이 어린 시절에 비난과 꾸중을 많이 들었고, 부모에게 관심을
받지 못했으며, 칭찬을 거의 듣지 못했다고 회상한다(Hammen, 1992). 실제로, 적
절한 양육을 받았느냐 못 받았느냐가 우울증 발생의 이해를 돕는 통합적 틀을 제
공한다(Toth et al., 1992: 98). 우울한 사람들은 전반적으로 예측 불가능하고, 남의
잘못을 잘 지적하며, 비난을 잘하는 보호자 밑에서 성장했을 가능성이 높다. 어린
시절, 그들은 가정에서 잠재력을 개발하고 성취할 수 있도록 적절하게 온정적이며,
안정적인 양육을 받지 못했다(Watson, Goldman & Greenberg, 2007: 184).

∷ 우울증과 정서

우울증은 긍정적 정서의 결핍(쾌감상실 : anhedonia)을 동반한, 장기간의 심각한 부
정적 정서(불쾌감 : dysphoria)를 특징으로 하는 정서조절장애이다.

정서의 조절은 다양한 과정을 통해 이루어지는데, 이러한 과정을 통해 감정의 유형,
주기, 기간 등을 조절할 수 있다. 감정조절 이론은 감정조절을 통해 개인의 감정을
고조시키거나 저조하게 만들고 유지시키기도 하며(Gross, 1998; Parrott, 1993), 특별

한 감정을 만들어 내기도 한다는 것이다. 감정조절은 의식적 과정일 수도 있으며, 무의식적 과정일 수도 있다. 또한 노력이 필요할 수도 있고, 필요하지 않을 수도 있다(Gross & Thompson, 2007). 감정조절은 개인내적으로(본질적 조절: intrinsic regulation) 일어날 수도 있으며, 대인관계를(외적 조절: extrinsic regulation)(Gross & Thompson, 2007) 통해서도 일어날 수 있다(Carl, Soskin, Kerns & Barlow, 2013: 345).

상황에 따라 감정을 상향조절(자극: stimulate)하는 능력과 하향조절(진정: dampen) 할 수 있는 능력은 적절한 심리적 기능 및 대인관계 기능을 위해 중요한 능력이다.

정서조절 능력이 떨어지는 것이 우울증 증가요인이 된다는 명백한 증거가 있는데(Ehring, Fischer, Schnulle, Bosterling & Tuschen-Caffier, 2008), 이것은 Fehlinger, Stumpenhorst, Stenzel과 Rief(2012)의 연구 결과가 뒷받침하며, 그들에 의해 정서조절 능력이 우울증상을 개선하는 데 효과가 있다는 것이 밝혀졌다. 정서조절장애의 관리는 우울증, 기분장애 및 불안장애의 치료에 중요한 역할을 하며(Aldao, Nolen-Hoeksema & Schweizer, 2010), 그 외에도 광범위한 심리적 장애의 성공적 치료를 위해 중요한 요소라고 할 수 있다. 마찬가지로, 정서장애의 치료에 있어서 정서적 기능의 최적화가 급성증상을 감소시킬 뿐 아니라 장기회복을 향상시키며, 탄력성을 증가시키게 된다(Carl et al., 2013: 344). 향상된 긍정적 정서상태로 인한 좌측 전두엽피질의 활성화, 상승된 도파민 방출, 편도체 활동의 감소 등, 신경생물학적 및 생리학적 효과에 대한 문헌 증거는 쉽게 확인할 수 있는데, 이것들이 모두 우울증 치료의 목표이다. 긍정적 정서는 즐거운 일만이 아니라 목표의 달성과도 관련이 있으며, 이것들이 다시 우울증과 관련이 되는 것이다(Carl et al., 2013).

약해진 긍정적 정서는 우울증에 있어서 행동에 중대한 영향을 미친다. 감소된 긍정적 정서와 증가된 부정적 정서로 인해 즐거운 일을 회피하거나 축소하며, 그것으로 인해 다시 부정적인 느낌이 증가하게 되고, 자기강화 정서시스템에서 긍정적 정서가 더 줄어들게 된다. 우울한 사람들은 즐거운 일을 상상하기가 힘들다(Carl et al., 2013). 우울증에서 긍정적 정서의 약화는 일관되고 예측 가능한 세계관을 유지한다(Feldman, Joorman & Johnson, 2008). 그러나 긍정심리학이나 세심한 배려가 바탕이 되는 개입은, 불유쾌한 정서를 줄이고 긍정적인 감정을 늘리는 데 효과적이라는 여러 증거가 있다(Garland et al., 2010; Seligman, Rashid & Parks, 2006; Seligman, Steen, Park & Peterson, 2005).

프로이트(1917/1958) 시대 이후 분노, 특히 내부로 향한 분노가 우울증과 연관이 있다고 여겨져 왔다. 이 이론에 지지를 보내는 사람들도 다소 있기는 하지만, 단순한 분노의 분출은 우울증 치료에 효과가 없다. 사실상 많은 우울한 사람들이 분노와 적개심을 과도하게 표출하는 것이 문제가 되고 있으며, 그렇게 표출하는 것이 효과가 있다는 근거 또한 없다. 그럼에도 불구하고 프로이트 이론에 핵심적 진리가 있는 듯하다. 우울한 사람일수록 분노와 적개심을 더 많이 느끼며, 더 많이 분노를 억압하는 것으로 보인다(Riley, Treiber & Woods, 1989).

우울증을 앓고 있는 많은 사람들이 자신의 인지적 전략에 따라 감정조절을 위해 반추(rumination)를 이용한다. 메타분석 연구(meta-analytic study)에 의하면, 회피나 억제 그리고 반추와 같은 부적응적(maladaptive) 감정조절 전략은 정신병의 증강과 관련이 있고, 적응적(adaptive) 감정조절 전략은 정신병의 경감과 관련이 있는데, 특히 반추와 회피는 우울증과 깊은 관련이 있는 것으로 나타났다(Aldao et al., 2010). 부정적 감정의 억압은 우울증과 관련이 있을 뿐 아니라(Campbell-Sills, Barlow, Brown & Hofmann, 2006), 우울한 사람들은 긍정적 감정을 억압한다는 증거도 있다(Beblo et al., 2012). 우울한 사람들이 긍정적 감정을 억압하는 것은 감정을 느끼는 것에 대한 두려움, 또는 본인은 긍정적인 감정을 느낄 자격이 없다는 믿음과 연결되어 있는 것으로 보인다.

결국 전체적으로 볼 때, 부정적 감정을 다루는 데 있어서 억압은 효과적이지 않으며, 감정의 표출은 줄어들지만, 정신적 고통은 줄어들지 않고 오히려 악화되며 우울증상을 지속시킬 수 있다(Ehring, Tuschen-Caffier, Schnulle, Fischer & Gross, 2010). 정서조절장애는 우울증의 위험요소이며, 때로는 지속적으로 나타나는 특성이 되기도 하여, 우울증 재발의 위험성을 높이는 것으로 보인다(Ehring et al., 2008). 부정적 정서상태가 긍정적 정서를 하향조절하는 데 영향을 미치며, 또 긍정적 정서는 부정적 정서를 억제하는 데 영향을 미친다(Carl et al., 2013).

통제력 상실감과 더불어 함정에 빠진 듯한 감정이 우울증과 관련이 있다(Gilbert, 2007; Kendler, Hettema, Butera, Gardner & Prescott, 2003). 함정에 빠진 듯한 감정에서 출구를 찾는 것이 우울한 반추의 주안점이 될 수 있으며, 함정에서 탈출하고 싶다는 욕망이 자살의 위험성을 높인다는 것이 이론화되었다(Gilbert, 2007). 좀 더 미약한 형태의 함정에 빠진 듯한 감정의 경우는 우울한 사람을 다양한 형태의 회피행동으로 이끌 수도 있으며 탈출하고 싶은 욕망을 유발할 수 있다.

어떤 사람들(특히 만성우울증의 사람들)은 원통해할 수 있는데, 그것은 그들이 경험했던 상처와 분노에 사로잡혀 있으며, 어떤 특정한 불공정한 일(사실이든 느낌이든)에 연연해 있기 때문이다(Gilbert, 2007).

:: 우울증의 인지과정

우울증은 조절장애를 갖는 부정적 정서가 특징이지만, 그 외에도 여러 가지 인지적 특성을 지니고 있다(Everaert, Koster & Derakshan, 2012; Gottlib & Joorman, 2010). 우울증에 대한 인지적 취약성 그리고 우울한 사람들이 경험하는 인지과정에 대한 탐색을 실행한 많은 이론들이 개발되었다. 이러한 이론들은 경험, 기대, 기억의 왜곡, 관심 및 태도를 부정적으로 해석하는 등, 우울증을 유발하는 일련의 인지과정을 제시하는데, 이러한 모든 요소가 우울취약성을 증가시키거나 우울증을 지속시키는 역할을 한다(Everaert et al., 2012; Gottlib & Joorman, 2010; Mathews & MacLeod, 2005).

부정적 자아상과 해석의 틀

Beck, Rush, Emery와 Straw(1979)는 우울한 사람들의 자아상(self-image, self-schema)에서 중심이 되는 주제는 부적절함, 실패, 무가치함이라는 이론을 제시하는데, 이러한 주제들은 개인이 어떤 사건을 해석하는 데 영향을 미치며, 또한 자신,

세상 및 미래를 인식하는 데 영향을 미친다. 무망감(hopelessness) 이론(Abramson, Metalsky & Alloy, 1989)에서는, 스트레스를 받는 상황에서 사람들은 희망이 없다는 입장을 발전시키며, 따라서 이 일은 변화가 불가하다고 생각하고, 어떻게 해서든 그들 자신의 무능함과 연결시켜 자신들은 본질적으로 결점 투성이고, 무가치하다고 지각하게 된다고 확신한다. TA 관점에서 본다면, 그 사람의 부정적 각본신념(그리고 이를 지원하는 메커니즘, 즉 디스카운팅, 준거틀, 오염된 자아 등)이 자신이 부적절하고 가치 없는 존재라고 하는 관점을 지지하는 것으로 여겨질 수 있다. Alloy 등 (1999)은 이러한 이론들에 대해 유효성과 예측력을 조사하였는데, 이 조사에서 우울증발생 신념(depressogenic beliefs)이 이어지는 우울증 삽화의 시작을 알리는 강한 전조로 나타났다. 이와 같은 결론이 주는 하나의 암시는, 이러한 인지 스타일을 변형시키는 예방치료가 우울 삽화의 미래 위험을 현저하게 줄일 가능성이 있다는 것이다.

'우울한 사람들이 더 부정적인 자기관(self-views)을 가지고 있으며, 부정적 사건에 있어서 타인보다는 자기 자신을 질책하고, 비관적이며, 우울하지 않은 사람들보다 더 자기반성으로 인해 악영향을 받는다는 광범위한 증거가 있다'(Wisco, 2009: 382). 종합적으로 볼 때, 우울한 사람들이 자기 자신의 미래에 대해 비관적인 데 반해 타인의 미래에 대해서는 그렇지 않으며, 우울한 사람들이 부정적 정보에 대해 더 오랫동안, 더 마음에 담아 두는 것으로 보인다(Wisco, 2009). 더욱이 우울한 사람들은 불명확한 사안에 대해 더 부정적으로 해석한다는 증거를 제시하기도 한다 (Gottlib & Joorman, 2010; Mathews & MacLeod, 2005; Wisco, 2009). 이것은 우울한 사람들의 준거틀이 우울증의 준거틀을 지속시키는 것을 지지하는 방식으로 정보를 해석한다는 것을 말해 준다. 불안장애에서도 유사한 과정이 발생한다. 확실함이 결여되어 있는 상황에서 많은 사람들은 그들의 각본을 투사함으로써 그 간극을 보완한다.

불명확한 사안에 대한 부정적 해석과 유사점을 가지며, 우울증, 불안장애 및 강박장애와 관련이 깊은 또 다른 과정은 모호함에 대한 불인정이다(Gentes & Ruscio,

2011). 불확실한 상황에 대한 불관용으로 인해 개인은 미래의 불확실성을 위협으로 느끼게 된다. 불확실한 것을 견디는 능력을 키우는 것이 그러한 장애를 치료하는 효과적인 전략이 될 수 있다고 본다(Gentes & Ruscio, 2011).

우울한 사람들은 부정적 귀인과정(attribution process)이 강한 경향이 있다. 즉 일이 잘못되어 가고 있을 때 그들은 '이것은 내 잘못이야'라고 생각하는 경향이 있는데, 이것은 우울한 사람들은 타인에 대해서는 훨씬 덜 부정적인 귀인을 하는 데 반해, 자기 자신에 대해서는 부정적으로 귀인하는 경향이 있다. 실제로 우울한 사람들은 이중잣대를 가지는 경향이 있는데, 이 경우 이것은 그들에게 부정적으로 불리하게 작용한다(Schlenker & Britt, 1996). 이것은 또한 그들의 긍정적인 특성과 그들이 성공한 것은 대단치 않게 생각하며, 그들의 부정적 특성과 실패한 것, 실수한 것은 과잉일반화하는 경향과도 관련이 있는데, 여기서 디스카운팅(discounting)과 과장(grandiosity)의 메커니즘이 분명하게 드러난다.

주의편향

우울증에서는 주의와 지각 또한 심하게 편향되어 있다. 우울증을 앓는 사람들은 부정적 자극을 더 의식하며, 긍정적 자극에 주의를 덜 집중하는 것으로 보인다. 다시 말해서, 그들은 부정적인 정보는 재빠르게 알아차리고, 어느 정도까지는 확인하려고도 하는 데 반해 긍정적인 정보는 걸러 낸다. 우울한 사람이 어떤 부정적인 정보를 인식하게 되면, 그것에서 빠져나오는 데 매우 애를 먹게 된다는 확실한 증거도 있다(Gottlib & Joorman, 2010). 이러한 일련의 인지과정은 정서조절에 크게 영향을 주는데, 우울증이 지속적인 감정조절장애로 특징지어지는 것과 같이, 이러한 인지과정들이 우울증을 지속시키거나 회복시키는 데 영향을 준다는 것은 확실하다.

Bower(1981)의 '결합 네트워크(associative networks)' 이론에 의하면, 기억, 기분 그리고 생각은 함께 저장된다고 한다. 시스템의 어느 한 부분이 활성화되면 다른 부분들이 따라서 활성화되며, 어느 시점에서는 전체 시스템이 활성화되도록 자극한다는 것이다. 이 네트워크가 활성화될 때마다 그것은 강화되고 추가되며, 그래서 그다음에는 더 쉽게 재활성화된다. 이것은 각본시스템과 매우 흡사하다(이후 본 매뉴얼에서는 '결합 네트워크'란 용어를 '각본시스템'이라는 용어와 호환적으로 사용할 것이다). 우울한 사람들은 공통적으로 기억과 집중에 문제를 보일 뿐만 아니라(Burt, Zembar & Niederehe, 1995), 부정적인 생각과 감정에 더 쉽게 초점을 맞추며, (기분과 일치하는)부정적 기억에 더 쉽게 접근한다(Mathews & MacLeod, 2005). 이것은 치료와 밀접한 관계가 있는데, 내담자는 치료 회기에서의 모든 것을 기억하려고 노력할 것이며, 긍정적 기억을 상기하도록 치료사에게 도움을 요청할 수도 있다. 다행히 부정적인 반추를 막는 충분한 체계가 갖추어진 상태라면 우울한 사람들이 이러한 기분 불일치상태, 부정적으로 편향된 기억 상태에서 빠져나올 수 있다는 여러 가지 증거가 있다(Hertel, 2004).

우울증을 앓고 있는 사람들 중에 부정적 기억편향이 있다는 것과 관련한 확실한 증거가 있다. 즉 우울한 사람들은 부정적 기억을 더 많이 회상하며, 긍정적 기억은 덜 회상한다(Matt, Vasquez & Campbell, 1992; Wisco, 2009). 부정적 감정이 우울증에 좀 더 쉽게 연결되며, 이것이 또 우울한 사람들이 경험하는 회피와 혐오에 영향을 줄 수 있다. 그 연결은 의식적일 수도 있지만, 긍정적 회상과 부정적 회상이 균형을 이루는 기억시스템을 지닌 사람보다 훨씬 더 심한 정도의 회피를 조장하는 부정적 기억의 암묵적 소환일 수도 있다.

긍정적 기억에 의도적으로 접근하는 것이 기분에 좋은 영향을 주며, 부정적 감정 상태를 감소시킨다는 증거도 있는데(Joorman & Siemer, 2004), 이것은 잠재적인 기분조절 전략을 제시할 뿐 아니라, 치료를 위한 흥미 있는 의미를 갖는데, 이것이 부정적 기억을 회상하는 데 초점이 맞춰지는 경향이 있다는 것이다. 아마도 충분한 시간을 가지고 내담자의 관심이 긍정적 기억의 회상을 지향하도록 안내하는 치료가 효과적일 것이다. 우울증에서 감정조절에 긍정적 영향을 줄 수 있는 또 한 가지 다른 방법이 인지적 재평가(cognitive reappraisal)인데, 그것은 상황 또는 사건을 재평가하고 재해석하는 하향식의 합리적인 과정을 활용함으로써 기분을 변화시키는 것이다.

반추

Nolen-Hoeksema, Wisco와 Lyubomorisky(2008)는 우울증에 있어서 반추가 가장 중요한 인지과정이라는 것을 입증하였다. 반추는, 그 용어가 암시하는 바와 같이, 지속적으로 반복되는 생각을 거의 강박적인 방식으로 신중하게 곱씹는 것인데, 단어에서 풍기는 어감과는 대조적으로, 우울증에서 말하는 반추의 과정은 전형적으로 부정적으로 여겨진다.

> 반추는 정신적 고통에 반응하는 하나의 양식이며, 고통의 증상, 가능한 원인, 증상의 결과에 대해 집요하게 반복적으로 파고드는 것이다. 그러나 반추는 고통의 증상과 관련된 환경을 전혀 적극적으로 변화시키지 못한다. 대신에 그 문제에 파묻혀 아무런 조치도 취하지 못하고 우울한 감정에서 헤어나지 못하게 된다(Nolen-Hoeksema et al., 2008).

장기간에 걸친 부정적 성향과 우울증을 유발하는 반추로 인해 무망감과 허무감이 증가하게 되며, 따라서 문제해결 능력이 떨어지고, 비관적인 생각을 더 많이 하게 된다. 반추의 부정적 경향이 지속적으로 자기비판을 하게 하며, 이것이 다시 우울증을 강화하고 지속시킨다.

반추는 우울증의 주요 위험요소가 될 뿐만 아니라 보다 악화된 수준의 우울증상을 예측하게 한다(Nolen-Hoeksema, Stice, Wade & Bohon, 2007). 반추는 또한 불안을 포함해 수많은 다른 장애와도 관련이 있다. 반추는 부정적 해석, 부정적 기억편향, 집중력 결핍 등 우울증에 포함되는 다양한 기타 인지과정을 증폭시키기도 하고 유지시키기도 한다. 예를 들면, 일단 부정적 기억이 떠오르게 되면, 이것으로 인해 기분이 나빠지게 되며, 이것이 더욱 부정적인 해석을 하게 하고, 다시 부정적 기억에 접촉하게 하며, 긍정적인 기억에 접촉하는 것을 방해하게 된다. 따라서 반추가 우울증을 지속시키는 악순환을 가속적으로 악화시킨다. 건강하고 적응 가능한 자기성찰(self-reflection)과 반추(rumination)를 구분하는 것이 중요하다. 주요한 차이는 효과와 결과로 나타나는데, 자기성찰은 긍정적이며, 문제를 해결하는 효과가 있는 데 반해 반추의 효과는 부정적이다. 더욱이 자기성찰이 중립적인 데 반해 반추는 부정적이며 평가적인 경향이 있다.

우울한 사람들은 반추가 우울증으로부터 벗어나는 동기부여 수단이 되거나 그들이 문제를 해결하는 데 도움이 된다고 생각하는데, 그러나 슬프게도 반대의 효과만이 있다. 또한 반추가 부분적으로 확실성과 설명을 제공하려고 하는데, 그러나 그것은 우울한 사람들이 알고 있는 대단치 않은 실수에 대해서까지도 부정적 결론을 내도록 만들며, 결국은 우울증을 유발하는 각본신념을 강화하는 결과를 가져온다. 따라서 우울증의 치료에서 반추적인 사고를 못하도록 하는 것이 주요 치료목표이다. 단기치료에서는 긍정적인 기분전환이나 주의전환이 도움이 될 수 있으나, 장기치료에서는 이렇게 하는 것이 내담자가 회피행동을 하도록 만드는 결과가 될 수 있다. 사람들과 어울리기, 운동, 마음챙김, 문제해결, 합리적 분석 및 경험적 개입 등, 긍정적이고 생산적이며 문제를 해결하는 활동이 반추를 하는 사람들에게 유용하다고 알려져 있다(Nolen-Hoeksema et al., 2008).

요약

우울한 사람들이 부정적으로 편향된 인지, 주의, 기억 및 해석을 한다는 많은 증거가 있다(Gottlib & Joorman, 2010; Mathews & MacLeod, 2005). 우울증은 일련의 부정적으로 편향된 인지과정의 특성을 보이는데, 부정적 자극에 더 많은 주의를 집중하고, 긍정적 자극에는 덜 초점을 맞추며, 부정적으로 편향된 기억 및 해석을 하고, 부정적인 사건이나 반추에서 헤어 나오지 못하는 특성이 있다(Everaert et al., 2012; Gottlib & Joorman, 2010). 우울증에서 암묵적 과정(implicit processes)을 다루는 치료가 도움이 되는 것으로 보인다(Philips, Hine & Thorsteinsson, 2010).

가장 효과적인 우울증 치료는 여기에서 논의된 인지과정을 다루고, 잘못된 부분을 수정하는 것이라고 본다. 특히 주의전환(attentional shifting)과, 부정적 해석을 재검토하는 것, 그리고 반추를 다루는 도전적인 치료가 매우 유효한 전략이 될 것으로 본다.

:: 우울증과 자기비판

우울증과 자기비판의 관계에 대해서는 여러 문헌에 잘 나타나 있는데, 자기비판이 우울증의 중요 특성으로 잘 알려져 있다(Bagby et al., 1992). 사회불안(social anxiety)과 자기비판의 연관성을 지지하는 문헌자료들도 많이 있는데(Cox et al., 2000; Cox, Fleet & Stein, 2004), 자료에 따르면, 우울증을 앓는 사람은 비판에 매우 민감하며, 낮은 자존감과 열등감을 가지고 있는 것으로 나타났다. 두 가지 장애를 동시에 앓을 때 병리의 내사과정의 경로가 동일한 것으로 보이는데(Blatt, 1991), Blatt(1974: 117)의 우울증에 대한 내사 이론에 따르면, 개인은 비난하는 '타인'을 내사하는데, 이때 자기비난이 증폭되고 내적으로 반복되며, 강한 죄책감과 무가치감을 갖게 된다. 그의 모델에 따르면, 자기비난은 또한 자기가 기대하는 삶에 실패했고, 거절당하고 비난받을 것이라는 감정을 갖게 되는 특징이 있다.

  Cox 등(2000, 2004)의 연구에 의하면, 심하게 자기비판을 하는 사람들에게서 격렬한 사회불안이 예견되며, 특히 우울합병증을 앓는 사람들에게서 심하게 나타나는 것을 보여 주면서 자기비판이 이러한 장애의 주요 특징이라는 것을 제시하는데, Blatt(1991)의 내사적 병인학 가설을 뒷받침하는 연구자료이다. 이 가설을 지지하는 Sachs-Ericsson, Verona, Joiner와 Preacher(2006)의 연구도 있다. 그들의 연구에 따르면, 부모가 어린아이에게 하는 비난이나 비판의 말(예를 들면, "너는 바보야, 너는 쓸모없는 놈이야" 같은 말)이 어린아이의 자아상에 내면화되며, 실패감, 무가치감, 열등감, 자기불신감에 사로잡히게 한다는 것을 발견하였는데, 이런 것들이 우울증의 취약성을 나타내는 속성이며, 이것은 사회불안 및 우울증과 같은 내면화된 장애에 더 큰 취약성을 보이는 것과 관련이 있었다. 그들은 자기비판을 다루는 치료가 내면화된 장애를 치료하는 데 유효할 것이라고 가정한다. 또한 강한 자기비판이 심리치료에 나쁜 결과를 초래하며, 이 부분을 다루는 것이 중요하다는 것을 강조하는 증거자료도 많이 있다(Marshall, Zuroff, McBride & Bagby, 2008; Rector, Bagby, Segal, Joffe & Levitt, 2000).

  Marshall 등(2008)은 높은 수준의 자기비판이 우울증에 대한 대인관계치료에서 낮은 반응을 보이는 것과 관련이 있다는 것을 발견하였는데, 이것은 대인관계치료가 직접 내부 인지처리 과정을 다루지 않고 대인관계의 어려움 처리에 초점이 맞추어져 있기 때문이라고 제시하고 싶다. 일련의 사례에서 이 프로토콜이 개발되었는데(Widdowson, 2013), 모든 내담자가 자기비판에 대한 높은 수준의 사전 치료를 경험하였으며 이것이 치료에서 반복적으로 초점이 되었다. 치료 결과가 우수한 모든 경우에서 내담자의 자기비판이 감소되었고, 우울증 증상에 임상적으로 중대한 변화를 경험하였다고 보고되었다. 치료 초기에 높은 수준의 자기비판을 보인다고 하더라도 그것은 TA 치료 결과에 부정적 영향을 주지는 않는 것으로 나타났는데, 자기 내면과의 대화를 변화시키는 것에 초점이 맞추어진 TA 치료가 자기비판을 줄이는 데 탁월한 효과가 있으며, 이것이 치료 결과에 영향을 미칠 수 있다는 것을 보여 주는 것이라고 생각한다.

하나의 케이스(톰의 케이스 : Widdowson, 2012c 참조)로, 치료의 개입으로서 자기 자신이 재양육하는 것을 긍정적으로 사용하는 것도 Wissink(1994)에 의해 실시된 연구를 지지하는데, 그는 TA를 기본으로 한 6주간의 자기 재양육 그룹에서 참석자들이 괄목할 만하게 자존감 증가를 보이는 것을 확인하였다. 통제집단에서는 같은 기간에 자존감 증가를 보이지 않은 것을 보면, 자기 재양육(self-reparenting) 방식이 자존감 증가, 그리고 자기효능감 및 자아실현에 효과가 있었다는 것을 보여 준다. 이것은 자기 재양육 방식이 하나의 치료 방법으로서 적용가능성이 있으며, 치료 결과에 대해 충분히 추가 연구를 해 볼 만한 것이라고 여겨진다.

톰은 여러 치료과정에서 두 의자 기법을 광범위하게 사용해 왔는데, 이것은 여러 가지 중대한 전환점을 만들어 내는 의미 있는 개입이라는 것이 많은 사람들에 의해 강조되었다. 이것은 자기비판을 하는 내담자를 대상으로 두 의자 기법을 사용한 것이 자기연민(self-compassion)을 상당히 향상시키고, 자기비판, 우울증상 및 불안증상을 상당히 감소시킨 것과 관련이 있었다고 결론을 내린 Shahar 등(2011)의 연구 결과를 지지한다. 이 연구는 특히 TA 치료사들과 관련이 있는데, 왜냐하면 그것은 인간중심 치료와 게슈탈트 치료, 그리고 두 의자 기법을 광범위하게 사용하는 치료를 통합시킨, 경험적으로 지지를 받고 있는 정서중심 치료의 사용에 대한 조사였기 때문이다. 정서중심 치료방법의 치료사들은 자기비판을 여러 가지 심리장애의 핵심요소로 보며, 자아의 두 측면 사이의 대립분열로 개념화하는데, 자아의 한 부분이 좀 더 유순한 또 다른 부분을 거칠게 비난, 판단, 평가하고 다른 부분의 경험과 건전한 요구를 차단한다(p. 763). 그들은 다음과 같은 방법을 사용한다.

> 두 의자 개입에서 내담자는 두 의자를 사용하여 자기 내면의 비평가와 경험하는 자기의 역할 사이에서 대화(dialogue)를 연기하도록 요구받는다. 내담자는 한편의 의자에 앉아 내면의 비평가가 되어 경험하는 자기에게 이야기를 한다. 그러고 나서 다른 한편의 의자에 앉아 경험하는 자기를 연기하는데, 자기비판의 공격에 대응을 하는 것이다. 이 과정에서 내담자는 역할이 바뀔 때마다 의자를 바꿔 앉는데, 이때 치료사로부터 공감적인 친절한 안내 및 정서 코칭을 받아 가면서 마음껏 자기를 탐사하고, 정서 및 자아의 각 측면과 관련된 욕구를 표현하기 위한 공간을 제공받는다(Shahar et al., 2011: 763).

이 방법은 TA에서의 재결단 치료 방법과 유사한 방법이며, 특히 부모면담(Parent Interview; McNeel, 1976)과 임패스 해결(Impasse Resolution; Goulding & Goulding, 1979)과 거의 유사한 방법이다. 이것은 TA 사용의 결과, 특히 자기비판 문제의 치료에 있어서 재결단 방법 사용에 대한 성과를 조사하는 후속연구가 광범위한 장애의 치료에 효과적이라는 것을 입증할 수 있음을 암시하는 것이다.

자기비난을 하는 사람이나 완벽주의자는 상대의 사소한 실수나 문제에 대해 과잉반응을 하고, 타인도 자기를 판단하고 비난한다고 인식하면서, 지속적으로 불쾌감 속에 지내며 대인관계를 멀리하게 된다(Dunkley, Zuroff & Blankstein, 2003). 누군가 자기비난을 많이 하는 사람은 타인도 자기를 비난할 것이라고 보며(Gilbert, 2007), 적대적이고 비난을 잘하는 환경에서 성장한 것이 자기비난의 근원이라고 하는 것도 이해할 만하다. 자기비난을 하는 사람들은 타인이 자기를 비난하는 것에 대해, 그럴 수 있으며 그것은 피할 수 없는 것이라고 느낄 수 있다. 그 누구도 그들이 자신에게 할 수 있는 것보다 더 나쁘게 그들에게 할 수는 없는 것이다.

자기비난은 혹독하며 잔인하기까지 하다. 그리고 그것은 내적 과정이기 때문에 그 고통에서 벗어나기가 거의 불가능할 정도다. TA의 관점에서 보면, 이러한 내적 자기비판은 내면에서 진행 중인, 부모자아(P)가 어린이자아(C)를 향한 내면의 대화라고 할 수 있다. Gilbert, Clarke, Kempel, Miles와 Irons(2004)는 자기비판에 대한 두 가지 주요 기능을 발견하였는데, 첫째로, 비록 자기비판이 자기가 원하는 것을 충족시켜 주지 못하고, 결국엔 그것으로 인해 지쳐 버리게 되는 만족스럽지 않은 대처방안이긴 하지만 개선을 위해 노력하려는 의도였다는 것이다. 두 번째 기능은, 자기 자신의 어떤 부분을 제거하기 원하여 발생하는 자기혐오 및 자기증오로 인해 자신에게 상처를 입힌다는 것이다(Gilbert, 2007: 137). Gilbert는 치료사의 역할 중 하나가, 내담자에게 자기비판의 본질과 심각성에 대해서 주의를 환기시키고, 자기비판의 목적과 자기비판을 하게 되는 원인 등을 이해시키며, 자기비판의 자세를 좀 더 자기 자신을 이해하고 수용하는 자기대화의 자세로 대체하게 하는 것이라고 말한다.

:: 우울증에서의 대인관계 과정

심리치료에 참가하는 많은 내담자들은 상담에서 대인관계 문제를 다루기 원한다. 대인관계 문제는 여러 가지 심리장애에서 공통된 특징이며, 각 심리장애와 관련된 특유의 구체적인 대인관계 어려움이 있다. 우울증 및 우울증 관련 공존이환을 앓고 있는 대부분의 사람들은 대인관계 문제를 경험한다. 우울증은 개인의 사회적 기능과 대인관계 기능을 심각하게 손상시킬 수 있는데, 자기가 무가치하다는 생각(가치감의 결핍), 죄책감 그리고 부적절하다는 느낌(부적응감)은 우울한 사람들의 대인관계에 영향을 미칠 수 있으며, 사회적 위축 및 사회적 격리와 같은 증상은 우울증을 악화시키거나 지속시킬 수 있다(Hames, Hagan & Joiner, 2013). 우울 삽화의 평균기간은 약 8개월 정도이지만, 가장 일반적인 패턴은 어느 정도 회복이 된 다음 상당기간 준임상적 증상이 지속되는데, 이때 우울증이 재발될 가능성이 매우 높다. 치료는 완전한 회복상태로 진행되어야 할 필요가 있으며, 향후 삽화의 발생도 예방될 수 있도록 진행되어야 한다. 이것을 위해 내담자에게 우울증을 발생시키는 대인관계 과정을 소개하고 해결하는 것이 중요하다.

상실감, 위기감, 함정에 빠진 듯한 느낌 또는 굴욕감 등은 우울한 사람들이 일상적으로 겪는 감정이며, 우울증을 시작하는 촉발요인으로 보인다(Brown, Harris & Hepworth, 1995; Kendler et al., 2003).

회피, 폐쇄, 부끄러워하는 것 등을 포함한, 대인관계 회피도 우울증과 깊은 관련이 있다는 것이 입증되었으며(Alfano, Joiner, Perry & Metalsky, 1994; Hames et al., 2013), 이러한 행동들이 우울증을 지속시킬 뿐만 아니라 우울한 사람들이 공통적으로 보이는 고독감과 고립감을 야기하기도 한다. 고독과 고립은 우울증의 위험요소로 알려져 있다(Cacioppo, Hughes, Waite, Hawkley & Thisted, 2006; Perlman & Peplau, 1984; Segrin, 1998; Weeks, Michela, Peplau & Bragg, 1980). '긍정적으로 생각하라'는 격려의 말이, 의도는 좋지만 우울한 사람들의 고립감을 부채질하는 경우가 있으므로 유의해야 한다(Vearnals & Asen, 1998).

대인관계 원형이론(Interpersonal Circumplex)에 의한 연구를 바탕으로 한 연구에서 Kiesler(1996)는, TA 분석가들은 모두 이미 알고 있는 대인관계 의사소통은 상호보완의 반응을 이끌어 낸다는 것을 입증하였다. 예를 들면, 다정하고 우호적인 것은 다정함과 친절함을 이끌어 내며, 냉담함은 냉담함과 인간관계에 있어서 거리감을 느끼게 한다는 것이다. Ravitz, Maunder와 McBride(2008)는 대인관계 문제는 다음과 같은 것들로 인해서 발생한다는 것을 발견하였다.

스스로 지속되는 관계패턴으로 인한 부적응적 교류, 사회적 지원을 받아들이지 않는 경향이 있는 전형적 우울증 환자, 상보적이며 호혜적 대인관계의 성향은 모든 대인관계 상호작용에 본질적인 것이다. 이러한 틀은 우리에게 대인관계 문제를, 결국에는 그들은 친밀감을 얻거나 지지받는 데 실패하며, 오히려 역설적으로, 필요할 때 타인에 대한 흥미를 잃게 되기 때문에 실망하게 되는, 반복적인 상호작용 또는 행동으로 이해하게 한다. 우울증에 있어서 대인관계 과정은, 그 과정 속에서 부적응적인 대인교류가 우울증의 발생 가능성을 더욱 증폭시키는 하나의 악순환이라 할 수 있다. 우울증을 앓게 되면 환자는 점점 더 사회생활을 기피하게 되고, 행위자 의식 또는 존경을 잃게 되며, 이런 것들이 좌절과 고립을 지속시킨다(p. 13).

TA에서 교류의 분석과 관계의 개선에 대해 상당히 강조하는 것을 보면, TA 치료가 우울증을 유발하는 관계 스타일을 변화시키는 데 큰 효과가 있을 것이라고 예상할 만하다.

Quilty, Mainland, McBride와 Bagby(2013)는 융통성이 없고, 위압적인 대인관계 스타일의 내담자인 경우, 치료 결과가 좋지 않다는 것을 발견했다. 반대로, 친절한 대인관계 스타일의 내담자인 경우, 치료 결과가 더 좋았는데, 이것은 아마도 치료적 동맹의 영향 때문일 것이라고 추정하였다. McCullough(2000)는 만성 우울증 환자는 사람들을 멀리하고, 복종하며, 적대감을 가지는 대인관계 스타일의 사람들이라고 주장한다. 대인관계의 상보성 이론들(theories of interpersonal complementarity)에 따르면, 이러한 관계 스타일의 만성우울증 환자는 치료사와 대화할 때, 멀리하려 하고, 적대감을 가지고 반응하려 한다. 이 이론은 Constantino 등(2008)의 연구에 의해 지지를 받았는데, 그도 역시 만성 우울증 환자의 경우 치료 중의 소통 스타일에서 적대적 순종이 줄어들고, 호의와 친절함의 수준이 향상되었다는 것을 발견하였다.

대인관계 문제 목록(Inventory of Interpersonal Problems; Horowitz, Rosenberg, Baer, Ureño & Villaseñor, 1988)을 이용하여, Barrett과 Barber(2007)는 주요우울장애(MDD) 환자가 비임상 샘플보다 더 많은 대인관계 문제를 경험한다는 것을 확인하였으며, 다음과 같은 특이사항을 보고하였다.

> 그들은 사회적 고립, 사회적 환경으로부터의 회피, 단호하게 자기주장을 내세우지 못함, 냉담해지거나 멀어짐 등의 사회적으로 회피하는 인간관계 스타일을 나타내면서 더 많은 문제점을 드러낸다. 흥미 있는 것은, MDD 환자는 지나치게 양육적이 될 가능성에 대해서는 표준샘플 그룹보다 훨씬 더 적은 문제점을 보고하였는데, 아마도 이것은 우울증 환자의 고유한 특성인 폐쇄와 고립이 반영된 결과라고 생각된다(Barrett & Barber, 2007: 259).

공존이환 주요우울증(comorbid MDD)과 범불안장애(Generalised Anxiety Disorder,

GAD)의 관계에서, 그들은 또 GAD가 함께 발생하는 MDD 환자들이 그렇지 않은 환자들보다 대인관계 문제로 더 많이 스트레스를 받는데, 일반적으로 냉담하고 거리를 두며 용서하지 않는 대인관계 스타일이라는 것을 발견하였다(p. 260). 그들의 연구에 따르면, 축 II 병리가 없는 MDD 환자보다 성격장애(Personality Disorder, PD)가 있는 우울증 환자가 용서하지 않고, 앙심을 품으며, 냉담하고, 회피하고, 단호하게 자기주장을 내세우지 못하는 등의 훨씬 더 심각한 문제점을 지니고 있다(p. 261). Barrett과 Barber의 공존이환 주요우울증과 우울적 성격장애(Depressive Personality Disorder, DPD)의 대인관계 패턴에 대한 후속 연구에 따르면,

> 공존이환 환자의 경우, 축 II 다른 환자들보다 대인관계에서 더 보복적(vindictive)이고 침범적(intrusive)이었으나 사회적 회피현상은 비슷한 수준이었다. 우울적 성격장애(DPD) 환자가 더 적대적·통제적 대인관계 패턴을 보인다는 우리의 발견은 자기비난, 소극주의, 염세주의를 보이는 DPD 환자의 특성과 일치하는 것이다. 예를 들면, 소극주의와 염세주의는 매우 다양한 대인관계를 보임으로써 타인으로부터 상처를 받고 거절을 당하여 결국은 적대적·통제적 대인관계 스타일의 경우와 동일한 수준의 회피 또는 분노로 이어진다. 회피적이든지, 보복적이든지 그러한 반응은 우울 취약성을 증가시킬 가능성이 높다(p. 261).

사회적 지지가 부족한 것이 우울증 위험과 깊은 관련이 있으며, 반대로, 높은 수준의 사회적 지지는 우울증 회복의 징후가 될 수 있다(Marroquin, 2011). 높은 수준의 긍정적인 사회적 지지는 또 우울증 위험이 높은 사람에게 보호 메커니즘으로 작용하는 것으로 보인다(Joiner, 1997). Marroquin(2011)은 사회적 지지가 정서조절의 역할을 함으로써 우울증에 영향을 준다고 주장한다. 대인관계에 있어서의 정서조절 기능이 저절로 생길 수 있다. 부정적이지 않은 교류라 하더라도 우울한 사람들이 반추 및 기타 정신내적 과정의 문제로부터 초점을 변경하도록 어느 정도의 주의가 요구된다. 다른 하나의 대체 메커니즘은, 긍정적 자극과 긍정적 스트로크에 굶주리게 만드는 우울증 발생의 회피과정을 차단하는 즐거운 경험을 하게 하는 것이다. 친구나 가족 또한 우울증을 앓는 사람이 어떤 것을 나쁘게 받아들일 때, 그 상황을 덜 부정적인 것으로 평가하면서 관점의 전환을 도모할 수 있으며, 그렇게 하

는 것이 그의 기분에 긍정적 영향을 줄 수 있다.

Lewinsohn(1974)의 우울증 치료에 있어서 유효성이 입증된 행동활성화 치료의 특성 중 하나는, 우울한 사람들은 사회적 접촉을 기피해서 긍정적 경험의 기회 및 긍정적 강화의 기회를 잃어버리는 경향이 있다는 것이다. Lewinsohn이 행동치료 모델을 사용하고 있지만, 이 개념은 TA의 스트로크 모델의 중요성을 더욱 강조하는 것에 불과하다. Lewinsohn 모델의 또 다른 특징은 우울 삽화 기간 동안 사회적 기술부족 현상을 보인다는 견해이다. 여러 연구에서 이것을 조사하였는데, 우울증을 앓고 있는 많은 사람들이 목소리의 빠르기, 크기, 음색 등에 문제가 있으며, 눈 맞춤을 하지 않으려 하고, 생기가 없는 얼굴표정을 하는데(Kazdin, Sherick, Esveldt-Dawson & Rancurello, 1985), 원래 대부분 우울증을 앓고 있는 사람들은 수시로 우울해 보이고 우울한 목소리를 들려준다. 더욱이 우울증을 앓고 있는 사람들은 대화할 때 수시로 부정적인 것을 강조하는 경향이 있다(Segrin, 2000). 상보성 원리(principle of complementarity)로 본다면, 우울한 사람과 대화할 때, 수시로 우울한 태도를 강화하는 것으로 끝나는 것을 쉽게 볼 수 있다. 또 다른 경우는, 타인이 자기들에게 영향이 있을 것을 우려해 우울한 사람들과의 대화를 기피하게 되고, 따라서 고립감과 거절감이 강화되게 된다. 또 우울한 사람들은 종종 타인을 밀어내며, 사회망(social network)을 구축하거나 유지하는 데 어려움을 겪는다. 이러한 모든 것이 우울한 사람들의 대인관계 스타일인데, 다행히 쉽게 변화시킬 수 있는 것들이다. 자아상태의 행동 및 사회적 진단에 관한 TA 원리, 기능모델 및 교류를 이용한 심리교육과 코칭은 모두 이러한 패턴을 변화시키는 데 유용하게 사용될 수 있다.

Joiner(2000)는 우울증의 지속, 만성화, 재발에 공헌하는 수많은 대인관계 과정에 대해서 논의하였다. 이러한 과정들을 TA 친화적 용어로 쉽게 표현할 수가 있는데, Joiner가 확인한 과정들은 **부정적 피드백의 추구, 과잉 재확인(reassurance)의 추구, 대인관계 갈등회피 및 지속적 비난**이다. 부정적 피드백을 추구하는 것, 또는 TA 용어로 말하면, 누군가 우울한 사람이 부정적 스트로크를 추구하는 것은 그들의 각본신념을 확인하기 위한 것이며(예를 들면, 자신에 대한 가치관, 또는 타인이 자신을 어떻게 대할 것인가에 대한 기대), 그렇게 함으로써 그들의 우울증을 강화하게 된다. 그들의 각본 신념에 부합되지 않는 스트로크는 디스카운팅한다. 과잉 재확인의 추구와 관련해서는, 우울한 사람들은 반복적으로 재확인을 추구한다는 것이다.

> 자신이 가치 있고 사랑받을 자격이 있는지에 대해, 그러한 확인은 이미 주어진 것임에도 불구하고…… 우울증 경향이 있는 사람들은 부정적인 정서 또는 부정적인 생활사건에 대한 반응으로, 과도하게 재확인을 추구한다. 타인으로부터 재확인을 받더라도, 그것의 진실성에 대해 의심하면서 다시 재확인을 갈구하게 된다. 이러한 반복적인 패턴으로 인해 자신에게 좌절하게 되고, 짜증을 느끼며, 심하면 우울증에 이를 뿐 아니라 타인들로 하여금 자신을 거절하게 만들고, 대인관계의 축소 또는 붕괴를 촉진하며, 이것이 다시 우울증의 증상을 악화시키고 지속시킨다(Joiner, 2000: 206-207).

TA 이론의 관점으로 보면, 긍정적 스크로크에 대한 강한 욕구가 있음에도 불구하고, 그것을 필터링하고, 디스카운팅하는 것이다. 사실 우울증을 앓는 사람들은 보통, 타인들은 단지 불쌍히 여겨서 또는 의무감으로 친절하게 대하는 것뿐이라고 생각하면서(Hames et al., 2013), 스트로크를 디스카운팅할 뿐만 아니라 재확인을 해 주는 사람들의 말에 대한 진실성도 디스카운팅하는 것이다. 이러한 패턴은 마찰이 일어날 때까지 반복되며, 하나의 게임으로 이해될 수 있다. 이와 같이 우울증을 앓는 사람들의 게임 결말은 자기 자신의 자아에 대한 각본신념을 강화하는 것이며, 타인의 진실성에 대한, 또는 타인이 믿을 만한 것인지 아니면 거절해야 하는 것인지에 대한 각본신념을 강화하는 것이다. Joiner, Alfano와 Metalsky(1993)는 과잉 재확인 추구와 부정적 피드백 추구에 대한 명백한 모순을 주목한다. 그들은 인지-정서 모순모델(cognitive-affective crossfire model)을 주장한다. 여기에서 그 사람은 재확인을 추구하여 정서적 만족은 얻지만, 이것은 자아상과 불일치함으로써 인지부조화를 가져온다. 그 사람은 균형을 회복하기 위해 자신의 부정적 자아상을 확인하지만, 정서적으로는 만족할 수 없는, 부정적 피드백을 추구한다.

Joiner에 의해 강조된 세 번째 과정은 갈등회피이다. 우울증을 앓는 사람들은 대개 회피의 경향이 있지만, Joiner가 지적하는 갈등회피는, 우울증 경향이 있는 사람들은 타인으로부터 받을 굴욕감 또는 기타 부정적 반응에 대한 두려움 때문에 자기 표현을 하지 않는다는 것이다. TA의 관점에서 생각해 보면, 이 과정은 분노의 라켓감정을 갖게 하고, 'I'm not OK'의 생활태도를 갖게 만든다. 지속적 비난에 대해 Joiner는, 우울증을 일으키기 쉬운 사람들은 부정적인 자아상(self-image)을 가지고 있을 뿐만 아니라, 주위 사람들 또한 우울증을 앓는 동안 그 사람에 대한 부정적 이미지를 발달시킬 수 있는데, 이것은 그의 우울증이 회복된 이후에도 지속될 수 있다고 주장한다.

TA의 관점에서 이것은 회복되었음을 디스카운팅하는 타인의 마음에 새겨진 우울증 경향이 있는 사람들에 대한 고정된 이마고(imago)를 의미하는데, 이것은 비판적 부모자아(Critical Parent), 또는 박해하는 교류를 유발하며, 이것이 대인관계에 있어 스트레스로 작용하게 된다. 이러한 경우, 우울증을 앓는 사람들에 대해 스트로크 패턴을 바꿔야 한다는 것을 확실히 알 수 있다. 우울증 치료를 하는 TA 치료사들은 내담자들과의 관계맺기에서 이와 같은 4가지 부정적인 대인관계의 작용에 대해 경계해야 하며, 가능한 한 이런 작용들을 저지하고, 좀 더 건강한 방식의 관계맺기를 모색하여야 한다.

매우 비판적인(실제로 그렇든, 그렇게 느끼든) 가족과 사는 것은 우울증 재발의 위험성을 상당히 높인다(Hooley & Teasdale, 1989; Vearnals & Asen, 1998). 배우자나 가족이 우울증을 앓는 사람을 비난하거나, 적대감을 표시하는 경우가 비일비재할 것이다. 왜냐하면 그들은 우울증을 앓는 사람들의 행동 또는 분위기에 수시로 지치고 짜증이 나게 되기 때문이다. 이러한 상황이 일련의 자기강화 순환고리를 만들 수 있는데, 그럼으로써 우울증을 앓는 사람들은 기분이 더 상하게 되며(이것이 어쩌면 '관심을 끄는' 또는 '회복할 맘이 없는' 것으로 비칠 수도 있다), 이것을 따지다 보면, 배우자나 가족의 적개심에 불을 지르는 것이 될 수 있다(왜냐하면 그가 자기들의 말을 듣지 않는다고 느낄 수 있기 때문이다). 우울증 환자가 있는 가정에서는 일반적으로 배우자나 가족이 돌봐 주는 역할을 맡게 되는데, 이것이 갑자기 중단되면 적개심이나 갈등으로 발전할 수도 있다.

　　TA 관점에서 이러한 행동들은 드라마 삼각형에서 하나의 역동을 나타낸다고 볼 수 있는데(Karpman, 1968), 그러한 역동이 나타날 때, 부부치료를 몇 차례 받는 것이 이러한 문제가 있는 관계패턴을 치료하는 데 효과적일 수 있다(Vearnals & Asen, 1998). 어떤 경우에는, 우울증 환자 자신이 회복되는 것을 두려워하는 경우가 있는데, 이는 그들의 배우자나 가족이 감당할 수 없는 정도의 것을 그들에게 요구할지도 모른다고 느끼기 때문이다(Vearnals & Asen, 1998).

　　애착 스타일 또한 우울증과 관련이 있다는 것이 확인되었는데, 불안한 애착의 사람들이 우울증을 앓게 될 위험이 높다(Eberhart & Hammen, 2006; Hankin, Kassel & Abela, 2005). Jan Conradi와 de Jonge(2009)에 따르면, 불안한 애착 스타일이 안정된 애착의 경우보다 더 긴 우울 삽화를 보이는 경향이 있으며, 병의 차도에 있어 더 많은 잔류증상을 보이고, 더 좋지 않은 사회기능을 보이며, 항우울제의 사용기간도 더 긴 것으로 나타났는데, 이것은 특별히 대인관계 갈등에서 오는 스트레스가 우울증을 촉발하는 요인이었던 경우에 더 해당된다(Hames et al., 2013).

4

TA 이론에 따른 우울증의 개념화[1]

:: TA 개념에 대한 용어 변경 제안

본 프로토콜은 몇 가지 TA 개념에 대해 그 용어를 변경할 것을 제안한다. 초창기부터 TA는 치료과정을 이해하기 쉽게 해 주며, 접근하기 쉽고, 공유된 이론적 용어를 공동으로 사용하는 것을 강조해 왔다. 심리교육 방법을 적극적으로 사용하는 것과 연계되어 있는 공유된 용어의 사용은 TA의 독특하고 탁월한 특성이다. 이렇게 교유한 특성을 사용하는 데 있어, TA 심리치료사로서 우리가 직면하는 어려운 점은, 많은 TA 개념들이 1960년대에 캘리포니아에서 만들어진 용어라는 것이다. 따라서 사용되고 있는 어떤 용어는 약간 구시대의 것이며, 21세기를 사는 내담자에게 동일한 문화적 의미를 부여할 수가 없다. 아래에 열거하는 몇 가지 TA 개념들에 대해 그 용어를 변경할 것을 제안한다.

예를 들면, TA에서 '상품교환권(trading stamp)'에 대해 얘기하는데, 35세 이하의 대부분의 사람들은 상품교환권에 대한 기억은 없을 것이며, 따라서 문화적 또는 역사적으로 정확한 의미를 찾아내기도 어려울 것이다. 그러나 대부분의 사람들이 고객포인트카드에 대해서는 친숙할 것이다.

저자는 '게임(game)'이라는 단어가 특별히 사람들에게 문제 있는 연상을 하게 한다는 것을 발견하였다. 게임의 개념에 대한 미묘함을 놓치고, 수시로 '의식적 조작(conscious manipulation)'의 의미로 해석되고 있기 때문이다(Widdowson, 2010 참조).

'라켓'이라는 단어도 유사한데, '라켓'이라는 단어의 현대문화적 의미는 없다(적어도 영국 내에서는 확실히 그렇다).

'진실 감정(authentic feeling)'이라는 단어는 은연중에 어떤 감정은 진실하지 않다는 메시지를 전달하게 되는데, 이것은 내담자의 주관적인 경험과 일치하지 않는다. 본 매뉴얼에서 '진실 감정'은 '1차 감정(primary emotion)'으로, '라켓감정'은 '2차 감정(secondary emotion)'으로 기술할 것이다.

'라켓시스템(racket system)'은 살아 활동 중인 인생각본을 표현하기 위해 최근에 '각본시스템(script system)'으로 개명하였다(Erskine, 2010). 본 저자는 '라켓(각본)시스템'을 '결합 네트워크(associative network)'[또는 상담 회기에 사용이 용이하도록 '감정회로(emotional circuit)'라고]로 용어를 바꾸는 것이 의미를 더 정확하게 전달할 수 있을 것이라고 본다. 이렇게 하는 것이 또한 기타 정신건강 전문가들이 그 개념에 쉽게 접근하고 이해하게 된다고 믿는다. TA 이론은 많은 강력한 개념을 가지고 있다. 그러나 꼭 알아 두어야 할 것은, 그것들에 한계점이 있다는 것이다. 현존하는 어떤 치료모델도 인간의 복잡함을 완벽하게 파악해 낼 수는 없으며 모자라는 점이 있을 수밖에 없다. 그럼에도 불구하고 이 치료모델들은 치료사나 내담자에게 모두 가치가 있으며 임상적으로 유용하게 사용될 수 있다. 위에서 제안한 개념의 용어 변경이 임상적 유용성을 증진시킬 수 있기를 바란다.

인생태도

교류분석가들이 우울증을 이해하는 데 있어서 Berne(1972)과 Ernst(1971)에 의한 인생태도 이론이 자주 출발점이 된다. Berne은 인생태도 이론을 개발하는 데 Klein(1975)의 우울적 태도(depressive position) 이론의 도움을 받았는데, 우울적 태도를 'I'm not OK-You're OK'와 연결시켰다. 우울한 사람들은 OK라고 생각되는 타인에 비해 열등하며, 자기는 'not OK'라는 인식이 몸에 배어 있는데, 이러한 인식이 강하게 되면, 여하튼 자기는 태생적으로 '나쁜 사람이다'라고 단정짓게 된다.

스트로크

Steiner(1974)는 우울증은 스트로크 결핍과 관련이 있다고 주장한다. 그의 주장에 의하면, 우울증을 앓는 사람은 긍정적 스트로크를 구하거나 경험하는 것을 제한하는 강력한 '스트로크 경제법칙'을 가지고 있다. 그런 사람은 제한적이거나 불만족스러운 인간관계로 인해 긍정적 스트로크를 얻을 수 없거나, 자기 자신이 긍정적 스트로크를 디스카운팅하는 대인관계 속에서 낮은 자존감과 자신이 무가치하다는 생각을 하면서 살고 있는 것으로 보여진다. 부정적 스트로킹의 패턴은 그 사람의 부모자아(P) 속으로 내면화되는데, 자기는 태생적으로 '나쁜 사람'이라는 자기비판과 자아의식을 강화하는 내부자아 대화를 통해 부정적 스트로크가 재생되게 된다. 그런 사람에게는 부정적이고 비판적인 스트로크의 문제뿐만이 아니라, 긍정적이고 양육적인 스트로크가 결핍되어 있다는 문제가 있으며, 이로 인해 내면의 양육적 부모자아(NP)가 활성화되지 못하게 된다. Steiner(1974)는 이렇게 내면화된 스트로킹 패턴을 사랑받지 못하는, 또는 사랑스럽지 못하다는 중심감정을 지닌 '사랑이 없는 각본(loveless script)'이라고 보았다.

금지령

Goulding 부부는 대부분의 각본신념은 개인의 삶을 제한하고, 때로는 금지하기도 하는 강력한 그리고 구속하는 메시지로 개념화할 수 있다고 주장하며, 금지령(injunctions)이라고 이름 지었다. 만일 어떤 사람이 자신의 금지령을 따르지 않는다면, 그는 내면의 갈등과 정신적 고통을 경험하게 될 것이라고 본다. 그들은 또한 우울증은 그가 '존재하지 마라(Don't exist)'라는 금지령을 가지고 있는가, 그리고 자살 각본결단을 가지고 있는가와 관련이 있다고 보았다(Goulding & Goulding, 1979). 우울증 환자는 '존재하지 마라'라는 금지령과 무가치함의 문제에서 임패스(경색국면)라고 알려진, 부모자아(P)와 어린이자아(C) 사이의 정신내적 갈등을 가지고 있는 것으로 보인다(Goulding & Goulding, 1979; Mellor, 1980). 그들은 또 우울증을 앓고 있는 사람들은 충분히 내면의 양육적 부모자아(NP)를 지니지 못하고 있다는 Steiner의 견해를 지지하였다(Goulding & Goulding, 1979).

자아상태 대화

많은 우울증상과 과정이 TA의 구조분석 개념으로 이해될 수 있다고 하지만, 몇몇 TA 저자는 우울증을 앓는 사람들의 과정을 이해하기 위해 기능모델을 사용해 왔다. 의식적이거나, 자각하지 못하거나 또는 무의식의 레벨에서 우울증 환자의 내면의 대화를 지배하는 우울증의 주요 특징 중 하나인 냉혹하고 자기비판적인 과정은 냉혹하고 비판적 부모자아(CP)와 관련이 있다고 생각된다(Kapur, 1987; Maggiora, 1987). 이 과정은 Kapur와 Maggiora에 의해서 기능분석용어로 기술되었는데, 지나치게 강해지고 과도하게 성장한 비판적 부모자아(CP)가 내면적으로 순응적 어린이자아(AC)와 교류할 때, 순응적 어린이자아(AC)는 죄책감, 부끄러움, 절망 그리고 무가치하다는 생각으로 반응한다. 또한 이때 우울증을 앓는 사람들의 내면의 양육적 부모자아(NP)는 상대적으로 연약하여 긍정적 자존감을 유지할 수가 없다(Kapur, 1987; Maggiora, 1987). 우울증을 앓는 사람들에게, 부모자아(P)가 주도하는 자기비판적 대화와 '나는 나쁜 사람이다'라는 어린이자아(C)의 반응이 진실로 받아들여지는데, 자기 자신과 타인, 그리고 세상에 대한 부정적 신념은 어른자아(A)의 오염으로 볼 수 있다.

구조적으로, 이와 같이 부정적인 내면의 부모자아(P)-어린이자아(C)의 대화도 어린이자아(C)의 내면의 대화에서 자아상태 2차 구조에서의 C 속의 P(P_1)와 C 속의 C(C_1) 사이의 거칠고 공격적인 내면의 대화로 개념화할 수도 있다. 만약 3차 구조의 수준으로 생각한다면, 가장 초기의 부모자아(P_0)는 자기 위로 기능에서 부적절하다고 보여지며, 반면 가장 초기의 어린이자아(C_0)는 그가 감당할 수 없는 강렬하고 압도적인 정서로 보여진다.

교류와 드라마 삼각형

우울증을 앓는 사람들은 대인관계에서 자기가 나쁜 사람이라는 생각으로 대응하

고, 타인으로부터 거절당하는 것을 막기 위해, 자신의 양육적 부모자아(NP)로 교
류하면서 타인이 더 가치 있는 것처럼(I'm not OK-You're OK) 또는 그들을 구원하
는 것처럼 대하게 된다(Karpman, 1968; Maggiora, 1987). 일반적으로 무력감을 경험
하는 우울증 환자들은 치료사나 타인들에게 구원을 구하며, 희생자의 태도를 보일
수 있다(Kapur, 1987). 또한 우울증 환자들은 부정적 교류패턴을 보이는데, 그것은
I'm not OK-You're not OK 인생태도에서 기인한 것일 수 있다. 이렇게 절망적인
우울적 태도에서, 내담자는 역전이의 형태로 치료사(또는 타인)와 그들의 무망감을
함께 나누려 할 수 있다.

결합 모델

TA 이론을 이용하여 개인의 우울증에 대해 세밀하게 이해하기 위해서는 치료사의
치료적 접근에 정보를 제공해 주는 다양한 이론적 개념이 포함되어야 한다. 이렇게
함으로써 우울증 환자가 심리내적으로 또 대인관계에서 우울증을 어떻게 경험하는
지, 그리고 병인학과 우울증에 대한 역동을 이해하는 데 있어서 민감하고 개인화된
방법을 치료사에게 제공할 수 있게 된다. 위에서 논의한 바와 같이 우울증은 단순
하지 않기 때문에, 독특한 내담자의 경험을 이해하기 위해 통합적인 치료경험과 다
양한 이론이 적절하게 사용될 수 있어야 한다. 이러한 각각의 이론들(또는 사실상
어떤 다른 TA 이론)의 이용이, 내담자의 우울증 경험을 이해하고, 개념화에 도움이
될 것인지, 또는 어떤 이론은 치료에 사용하기 적절하지 않기 때문에 제외할 것인
지를 숙고하여, 내담자의 필요에 맞는 치료계획을 세울 것을 권고한다.[2]

:: 오염

오염이란, 부모자아(P) 또는 어린이자아(C) 내용의 어느 부분이 어른자아(A)의 내
용으로 잘못 인식되는 것이다(Berne, 1961; Stewart & Joines, 1987, 2012). 이것은 자
신과 타인, 그리고 세상에 대한 부정확하고, 부적응적인 규칙, 신념 또는 기대이

다. 일반적 경험의 법칙에 따르면, 환경으로부터 습득한 것은 부모자아(P)의 오염
이며, 내면에서 발생되어 개인의 발달과정에 근거한 것들은 어린이자아(C)의 오염
일 가능성이 높다. 오염은 어른자아(A)로 오인되므로, 당사자는 대개 아무런 의심
없이 그것이 진실하고 유효한 것으로 받아들인다. 치료상황에서도 내담자의 대화
에서 명확하게 오염인 것이 나타난다. 어떤 것은 명확하지 않은 것도 있지만, 내담
자의 기대 또는 삶의 규칙에 관한 슬로건을 통해 나타날 수 있다. 오염은 또 내담
자의 대화에서 풍기는 것이나 추론을 통해서도 알 수 있다.

　몇 가지 오염의 예를 들어 보면

　‘언제나 최악의 상태를 기대해, 그러면 실망하지 않을 거야.’
　‘나보다 다른 사람을 먼저 생각해야 해.’
　‘모든 사람들이 나를 좋아해야 해.’
　‘내가 실수하면, 나를 하찮게 보겠지.’

　오염은 어른자아(A)의 기능에 영향을 주고, 그 사람으로 하여금 진실이라고 경험
하게 하기 때문에 현실을 거르는 필터 역할을 한다. 결과적으로, 사람들은 오염의
증거가 있고 확인이 되는 정보임에도 이를 주장하고 또 진실한 정보를 디스카운팅
한다.

　임상적으로 이중오염도 수시로 나타난다(그림 4.1). 이중오염에서는 부모자아(P)
와 어린이자아(C)가 서로 동의를 하거나, 어떤 방식으로든 상호지지적이다. 예를
들면

　　부모자아(P)의 오염 : ‘뚱뚱한 사람은 사랑스럽지 않아’, ‘남자들은 믿을 수 없
　　　　　　　　　　　어’, ‘여자들은 항상 비논리적이야.’
　　어린이자아(C)의 오염 : ‘그래 난 뚱뚱해…. 그래서 난 사랑스럽지 않아.’

오염의 근원 찾기

내담자의 부정적 신념 또는 내면대화의 근원이 특정한 부정적 내사(introjection)에

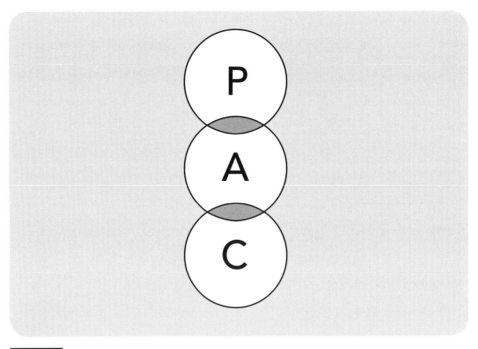

그림 4.1 이중오염

있다는 것을 감지한 TA 치료사는 내담자에게 '누가 그렇게 말했나요?'라고 질문하고 싶은 유혹을 받는다. 그러나 불행하게도, 그 질문에 대한 대답은 '아무도 없어요'이다. 이러한 내담자의 반응은 치료사에게는 당황스럽다. 따라서 그렇게 질문하는 대신 개방형 질문을 하는 것이 훨씬 생산적이다. '그런 생각을 어떻게 하게 되었나요?', '그렇게 생각하도록 만든 무슨 일이 있었나요?' 또한 내담자의 경험이나, 어린 시절의 이야기 또는 가족 이야기 등에서 오염의 근원에 대한 단서를 찾을 수 있을 것이다.

왜곡된 어른자아(A)의 사고

1970년대 초 캘리포니아 오크랜드에 위치한, 카텍시스 연구소(Cathexis Institute)의 치료사들은 여러 심리적 문제의 공통된 특징이 일련의 '사고장애(thought disorder)'

였다는 것을 확인하였으며, 이것이 어른자아(A) 및 준거틀(frame of reference)과 관련된 문제라는 것을 확인하였다(Schiff et al., 1975). Schiff가 확인한 사고장애에는 '디스카운팅(discounting)'과 '과장(grandiosity)'이 포함된다(Schiff et al., 1975). Schiff가 이 이론을 개발할 무렵, 인지치료사들도 '왜곡된 사고패턴(distorted thinking pattern)'에 대해 연구하고 있었다(Beck, 1975). 그리하여 TA 치료와 인지치료는 사건을 부정적 시각으로 해석하게 되는 부정적이고, 문제해결에 도움이 되지 않는, 왜곡된 사고에 대한 개념을 공유하게 되었다. 사람들이 우울해질수록 이러한 인지적 왜곡은 심해지는데, 이것은 어른자아(A)가 효과적으로 기능을 발휘하고, 현실검증하는 것을 간섭하는 비적응적 준거틀을 나타내는 것이다. 이러한 왜곡은 그 사람을 제한하는 자신과 타인 또는 세상에 대한 각본신념 및 각본시스템/결합 네트워크에 근거하는 것이다. 이러한 왜곡을 지원하는 메커니즘은 '디스카운팅'과 '과장' 그리고 '어른자아(A)의 오염'이다. 어른자아(A) 안에서의 이러한 왜곡들이 우울증을 지원하는 것이므로, 치료 시 이러한 내용을 소개하는 것이 도움이 될 수 있다. 그러나 모든 개입이 그렇지만, 내담자에게 이러한 것을 설명할 때 내담자가 자신을 비하하는 또 다른 이유가 되지 않도록 세심한 배려가 필요하다. 내담자의 왜곡된 사고패턴이 어디에서 기인하는지 내담자와 함께 그의 발달과정을 탐구해 보는 것이 유용할 수 있다. 다음에 열거하는 것은 Schiff의 설명을 인지치료 측면에서 통합한 것이다(Beck, 1975; Burns, 1980).

왜곡된 어른자아(A) 사고의 예

흑백논리

이런 사람들은, 애매하거나 불분명한 것 없이 확실하게 구분하고, 절대적으로 생각하는데, 모든 것을 선과 악으로 분명하게 구분한다. 예를 들면, 누군가가 한 가지 실수를 하면 그 사람을 실패자로 본다.

재앙으로 생각하기

이런 사람들은, 실수나 문제 또는 실패를 볼 때 디스카운팅과 과장을 많이 사용하

는데, 실제보다 상황을 훨씬 더 나쁜 쪽으로 과장하며, 그 상황을 처리하고 극복할
수 있는 그들의 능력을 디스카운팅한다.

예언하기

이런 사람들은, 미래에 대해 불행한 결과를 예상한다(Maggiora, 1987). 그들은 수시
로 미래에 또는 어떤 상황에서 무슨 일이 일어날 것인지에 대해 일련의 부정적 시
나리오를 만들어 낸다.

독심술

이런 사람들은, 타인의 생각과 동기에 대해 부정적인 가정을 한다. 예를 들면, '그
들은 나를 좋아하지 않아' 또는 '그들이 그렇게 한 것은 일부러 나를 속상하게 하
려고 한 거야'. 독심술을 가진 사람들은 또 타인이 주는 스트로크에 대해 진실성을
의심하거나, 그 스트로크는 자신을 비꼬는 것이었다고 생각하면서 상대방의 긍정
적 스트로크를 디스카운팅할 수 있다.

개인화

이런 사람들은, 어떤 사건이나 타인의 행위를 개인적인 것으로 받아들이는데, 자신
과 전혀 관계가 없는 일에 화를 내며 속상해한다. 예를 들면, 어떤 친구가 거리를
지나다가 자기를 못 볼 수도 있는 것인데, 내담자는 그것을 그 친구가 고의로 자기
를 무시하는 것이라고 해석한다.

과잉 일반화

이런 사람들은, '항상' 또는 '결코' 같은 단어를 많이 사용한다. 예를 들면, '모든
일이 항상 잘못돼' 또는 '나는 결코 잘하는 게 아무것도 없어'.

과잉 세부화

이러한 사람들은, 지나치게 세세한 부분까지 과도하게 또 불필요하게 신경을 쓰기
때문에 전체적인 것을 보지 못하고 자기 스스로 압도당하며 고집스럽게 설명하려
고 한다.

터널 시각

터널을 통해 보듯, 부정적인 것에 선택적으로 집중하며, 긍정적인 것을 디스카운팅한다.

:: 준거틀

준거틀은 개인이 자기의 내면적 그리고 대인관계적 경험들과 자기를 둘러싸고 있는 주변세계를 어떻게 경험하고, 인지하며, 개념화하고 또 의미를 부여하는지에 지속적으로 영향을 주는 기본 틀이며(Schiff et al., 1975), 각본과 오염을 개념적으로 연결해 주는 연결고리이다. 우울증을 앓는 사람들의 준거틀은 우울한 시각으로 이 세상을 인지하도록 왜곡되어 있다. 따라서 모든 자극은 (부정적)각본신념을 강화시키고, 다시 이것이 우울증을 유발하는 준거틀을 강화하는 순환고리를 만들게 된다. 일상생활에서 매일 일어나는 사소한 일이나 평범한 일상이 부정적 시각의 정당화가 될 수 있다.

　　예 : '그것 봐, 항상 이렇게 실망하게 되니까 희망을 가질 게 없잖아.'
　　　　'기분 나쁘고 벌 받을 텐데, 기뻐할 일이 뭐 있겠어.'

　이러한 믿음을 가지고 있으면, 그는 부정적 자극에 집중하게 되고, 그것으로 인해 실망 또는 좌절하게 되며, 자기충족적 예언(self-fulfilling prophecy)을 하게 된다. 치료 시에 우울증을 유발하는 준거틀에 대해 반복적으로 설명할 필요가 있는데, 우울증을 유발하는 준거틀은 지속적인 치료 대상이 되어야 하며, 특히 탈오염 및 재결단에 의해 영향을 받는다. 불안한 사람들의 준거틀은 세상과 타인에 대해 왠지 위험하다고 지각하는 경향이 있으며, 자신은 그것들에 대처하지 못한다고 경험한다.

∷ 우울증과 인생각본

우울증은 특별히 강력하고 부정적으로 치우친 인생각본이 활성화되는 것 또는 영향력을 행사하는 것이라고 개념화할 수 있다. 누군가가 우울하다면, 그는 특성상 자신, 타인, 세상 그리고 미래에 대해 일련의 부정적 각본신념을 가지고 있을 것이다. 아래에 열거한 것들은 우울증 환자는 누구나 지니고 있을 것이라고 생각되는 전형적인 각본신념들이다. 이것이 전부는 아니지만 우울증의 대부분 주요 테마를 담고 있으며, 충분히 그럴 가능성이 있다고 볼 수 있는데, 치료사에게 내담자 각자의 각본신념을 확인할 것을 권고하며, 아래 열거한 것들이 그 출발점으로 사용될 수 있기를 바란다.

자신에 대한 부정적 각본신념

나는… 약하다/실패작이다/쓸모없는 존재다/부적절하다/사랑스럽지 못하다/매력적이지 않다/결점이 많다.

타인에 대한 부정적 각본신념

다른 사람들은… 이해하지 못한다/관심이 없다/배려심이 없다 또는 이기적이다/나를 거절할 것이다/못마땅해하고 비난할 것이다/공정하지 않다/믿을 수 없거나 정직하지 않다/날 멀리하고 냉정하다/타인을 돕지 않을 것이다/벌을 줄 것이다/경쟁적이다/믿을 수가 없다/무책임하다/통제적이거나, 지배적이거나, 공격적이다/나약하고 복종적이다/너무 궁상맞다/너무 감정적이다/나보다 우월하다/나보다 더 지적이다.

미래에 대한 부정적 각본신념

나는… 거절당할 거야/버려질 거야/혼자가 되겠지/실망하게 될 거야.
미래는… 끔찍할 거야/실망스러울 거야.
나는… 원하는 것을 결코 이루지 못할 거야.

나는… 언제나 이런 기분이겠지.

각본신념 : 언제 만들어지는가?

전통적인 TA의 관점에서는, 각본신념은 어린 시절에 만들어지며 대체로 고착된다고 본다. 그러나 본 매뉴얼에서 개발된 모델에서는 누구라도 인생의 어느 시점에서나 부정적 각본신념을 변화시킬 수 있다고 본다(Erskine, 1980, 2010; Newton, 2006; Widdowson, 2010).

각본신념의 치료

치료사는 내담자의 핵심 각본신념을 찾아내기 위해 그의 인생에서의 사건들을 이용할 기회를 찾아야 한다. 비록 내담자가 자신의 각본신념을 완벽하게는 수정하지 못한다고 하더라도, 자신의 부정적 신념의 객관성에 대해 의심을 갖게 되는 것만으로도 큰 효과가 있는 것이며, 변화의 시작이라고 할 수 있다. 뿌리 깊은 각본신념은 변화되기가 어렵다는 것을 염두에 두는 것이 매우 중요하다고 본다.

:: 금지령

본 매뉴얼에 등장하는 일련의 사례에서 내담자에게 공통적으로 나타나는 금지령은 다음과 같다.

> 존재하지 마라, 가까워지지 마라, 너이지 마라(너는 그다지 좋은 사람이 아니야), 성공하지 마라, 느끼지 마라(욕구를 갖지 마라), 소속되지 마라, 중요해지지 마라(너의 욕구는 중요하지 않아).

Goulding 부부가 최초에 소개한 금지령 외에도, 내담자가 공통적으로 보이는 일련의 사례에서 많은 금지령을 발견할 수 있다. 예를 들면 다음과 같다.

> 원하지 마라(너는 자격이 없으니까), 성공적이라고 느끼지 마라(부적절함, 열등감), 즐기지 마라(쾌락 불감증, 인생을 즐길 권리가 있음에 대한 인식부족) (McNeel, 2010).

각본시스템과 각본신념

TA 이론에서 우울증은 반복적이고 부적응적인 대응전략으로 보일 수 있다. 우울 증상을 지닌 사람들은 일반적으로 스트레스 상황에서 우울, 슬픔, 자존감의 상실, 압도당하고 대항할 수 없는 느낌으로 반응하는 것을 볼 수 있다(Goulding & Goulding, 1979: 182). 우울증이 반복적이고 부적응적인 대응전략이라는 것에 대해서는 각본시스템 이론에서도 동일한 견해를 보인다(Erskine & Zalcman, 1979). 각본시스템은 많은 TA 치료사들에 의해 그 사람의 우울증에 대한 내부적 역동을 진단하는 데 사용된다.

우울증을 앓는 사람들이 경험하는 각본신념에는 다음과 같은 것들이 포함될 수 있다.

1. 자신에 대한 각본신념 : '나는 태생적으로 나쁘고, 무가치하며, 사랑스럽지도 않고, 부적절하며, 열등해, 만일 일이 잘못된다면 그것은 내 잘못이야, 어차피 해 봐야 망칠 테니까 일을 시작하지 않을래, 나는 실패자야' 그리고 '나는 어쩔 수 없는 인간이야'.

2. 타인에 대한 각본신념 : '다른 사람들은 나보다 나아', '다른 사람들은 나를 거절할 거야'.

3. 세상에 대한 각본신념 : '세상은 잔인하며, 정의롭지 못하고, 불공평해' 그리고 '인생은 가치 없고, 의미도 없으며, 희망도 없어'.

우울증을 앓는 사람들의 각본시스템에서 보고된 내적 경험에는 수많은 우울 증상들이 포함되며, 관찰 가능한 행동에는 폐쇄(withdrawal)와 회피(avoidance of activities)가 포함된다. 그런 사람들은 그들의 각본신념이 옳다는 것을 입증하는 많은 기억을 가지고 있을 것이다. 각본시스템을 분석하고 이해하는 데 중요한 것이 억압된 감정의 확인, 이해 그리고 그것을 표현하는 것이다. 우울증에서 억압된 감정은 대부분 분노와 슬픔이다.

:: 우울증에서 1차 감정과 2차 감정

앞에서 언급한 바와 같이, 우울증은 주로 정서조절장애이며 기분장애 카테고리에 속한다. 본 매뉴얼에서는 진실 감정(authentic feeling)을 1차 감정, 라켓감정(racket feeling)을 2차 감정으로 기술한다. 1차 감정은 상황에 따라 적절히 나타나는 자동적이고 적응적인 반응이다. 사람들이 이런 상황을 경험할 때 적절히 표현하고 또 반응을 하면 그 상황은 자연스럽게 흘러간다. 이에 반해 2차 감정은 감정에 대한 감정 또는 대체감정과 같이 2차 반응을 포함한 것이며(English, 1971 참조), 어린 시절에 습득되고 격려되어 온 감정이다. 2차 감정은 부적응적인데, 이런 감정의 표현이나 반응은 문제해결에 도움이 되지 않으며, 답답한 느낌을 남긴다(Greenberg & Watson, 2006). 결과적으로, 2차 감정은 그 사람의 각본을 강화하고 유지하는 역할을 한다. 우울증과 관련된 주요 감정적 경험들은 대개 2차 감정인 것으로 가정하는데, 우울적인 결합 네트워크를 통해 그 사람의 각본과 연결되어 있다. 이것은 '나는 나쁘다/나는 게으르다/나는 좋지 않다/나는 해낼 수 없다/나는 실패자다/나는 부적절하다/나는 사랑스럽지 않다/나는 그것을 잃을 것이다/나는 스스로 생존할 수 없다/그건 모두 내 잘못이다'와 같은 광범위한 각본신념과 연결되어 있다.

TA에서는 전통적으로, 1차 감정으로 분노, 슬픔, 두려움 그리고 기쁨의 4가지 감정만을 고려하였다. 그러나 만약 Ekman(2003)과 같은 학자들의 연구에 의한 최근의 정서 이론을 수용한다면, 1차 감정의 범위가 확대될 수 있다고 본다. 즉 놀라움, 혐오감, 경멸, 즐거움, 안락함, 당혹감, 흥분, 죄책감, 성취에 따른 자부심, 안도감, 만족감, 감각적 즐거움, 수치심 등을 1차 감정에 포함시킬 수 있을 것이다.

어떤 내담자들은 자신의 감정을 확인하고, 이름을 붙이고, 이해하고 표현하는 것이 학습되어 있지 않기 때문에 자신의 1차 감정을 확인하는 데 어려움을 겪는다. 예를 들면, 불안과 분노를 혼동하는 경우가 여기에 속한다. 또 다른 내담자의 경우는 자신의 감정을 표현하는 것을 두려워하기도 한다. 따라서 그런 내담자에게는 어린이자아(C)의 혼란제거의 일환으로 체계적인 둔감화(desensitisation)기법과 노출(exposure)기법 등을 통해 감정 경험 및 감정을 효율적으로 조절하는 방법을 가르쳐

줄 필요가 있다.

우울증에 있어서 2차 감정은 본인이 사랑스럽지 못하고, 무기력하고, 희망이 없으며, 절망적인 상황에 따른 극심한 외로움, 수치심, 슬픔, 거절, 무가치함, 부적절함, 자기혐오감 등을 포함하는데, 이러한 감정들은 효과적인 문제해결에 도움이 될 만한 아무런 정보나 행동에 대한 적절한 안내를 제공하지 못하며, 대신 우울증을 지속시킬 뿐이다.

모든 감정은 또한 그 사람의 핵심 각본신념과 관계가 있는데, 만일 어떤 사람의 각본신념 중심에 버려짐(abandonment)에 대한 것이 있다면 버려짐에 대한 극심한 공포가 핵심 각본신념이 된다. 이러한 핵심 각본감정은 엄밀히 말해 2차 감정이 아니라고 보며, '각본 중심감정'으로 구분하는 것이 좋을 것 같다. 확실히 이런 각본감정은 과거의 것이며 그 사람의 어린 시절 경험과 관계된 것으로, 치료에서 드러내고 재평가해야 하며 변화되어야 한다.

우울증에서의 정서적 주제

Greenberg와 Watson(2006)은 우울증 환자에게서 공통적으로 나타나며, 우울증을 지속시키는 요인으로 보이는 4가지 주요 부적응적인 정서적 주제를 확인하였는데, 이것은 수치심과 죄의식, 두려움과 불안감, 슬픔, 그리고 분노이며, 이 감정들은 모두 2차 감정으로 개념화할 수 있다. 그 감정들은 우울증을 앓는 사람들의 연결 네트워크에서 중추적인 정서적 경험을 하고, 효과적인 개입과 치료적 접근 방안의 길을 제시하는 것이므로 이러한 정서적 주제를 이해하는 것은 매우 유용하다.

수치심과 죄의식은 대부분의 우울증 환자가 지니고 있는 감정으로 매우 파괴적이다. 죄의식의 근원은 아마도 수용 가능한 행동에 대해 사회적 기대를 충족시킴으로써 자신의 사회적 관계와 애착을 유지하려는 동기로부터 시작되었을 것으로 추정된다. 수치심은 남의 시선을 의식하는 감정으로 정의되며, 열등감 및 사회적으로 거절당하는 것과 관련이 있다(Gilbert, 2007: 124). 수치심은 또 자기가 꿈꾸었던 이상적 삶을 사는 데 실패했으며, 지금은 자신이 싫어하던 모습의 자기가 되어 버렸다고 여기는 것으로 정의될 수 있다. 더 나아가 수치심은 자기가 다른 사람들의 마음속에 있는 부정적 감정(경멸, 조롱, 혐오감 또는 무관심)을 자극하였다고 느끼며, 그래서 그들이 자기와 좋은 관계를 갖기 원하지 않을 것이라는 생각에 자신을 격리시키고, 자신을 수용하지 않으며, 심지어 자신을 공격하기도 한다(Gilbert, 2007: 125). 그래서 수치심에는 내적 요소(나는 열등하다/나쁘다/결점이 많다/부적절하다)와 사회적 요소(타인은 나를 열등하고/나쁘고/결점이 많고/부적절하다고 본다) 둘 다 있다고 본다.

내담자가 치료사의 수용을 거부할 수 있기 때문에, 치료에 있어서 수치심을 다루는 것이 매우 어려울 수 있다. 내담자는 '만일 치료사가 내가 과거에 어떠했는지를 알게 되면, 나를 그렇게 좋아할 수 없을 거야'라고 굳게 믿는다. 결국 이러한 내담자는 치료 시 모든 것을 개방하기를 극도로 주저하게 된다(Greenberg & Watson, 2006). 죄책감이나 수치심 모두 우울증 환자의 정신에 역동적으로 연결된 것으로 보인다.

두려움과 불안은 우울증상을 가진 사람들에게 자주 나타나는 감정이다. Greenberg와 Watson(2006)은 두려움을 5가지 카테고리로 구분하였다.

1. 거절, 비판, 유기(버려짐)에 대한 두려움
2. 사악하고 위험한 세상과 연결되는 것에 대한 두려움
3. 과거의 정서적 경험을 반복하는 것에 대한 두려움(전이반복)
4. 변화에 대한 두려움
5. 느낌에 대한 두려움

우울증에서 슬픔에 대한 경험은 1) 충족되지 못한 욕구에 대한 실망, 2) 자신의 행동에 대한 후회(죄의식과 함께), 3) 현재의 희망, 이상, 지위 또는 관계의 상실, 4) 과거의 상실(특히 사별)로 인한 미해결된 비애와 연관이 있다(Greenberg & Watson, 2006).

우울증에 있어서 2차 감정으로서의 분노는 1차 감정으로서의 분노와 분위기가

다르다. 2차 감정의 분노는 과거에 대한 분개나 비통함의 형태 또는 분노를 비난하는 형태로 나타나며, 그것은 결국 타인을 비난하거나, 자신을 향한 분노의 형태인 강한 자기비난이 될 수 있다. 대인관계 수준에서 라켓분노를 경험하는 우울증 환자들은 짜증을 잘 내며, 화를 잘 내고, 불평을 잘하며, 분노가 자신을 향하면 순종적이 되고 자기주장을 잘 못하게 될 수도 있다.

치료사는 이러한 부적응적인 2차 감정, 신념, 그리고 그들의 결합 네트워크를 확인하고 도전하며 재평가하여 변화시킬 필요가 있다.

결합 네트워크에 개입하기

결합 네트워크도 내담자를 일시적으로 다른 감정과 연관된 기억에 접근시킴으로써 중단시킬 수 있다. 이와 같은 상태-의존적 기억(state-dependent memory)의 과정이 기분의 변화를 가져올 수 있으며, 정서 그 자체가 최초의 상태를 어느 정도 변화시키기도 한다(Greenberg & Watson, 2006; Parrott & Sabini, 1990). 또한 지속적인 부정적 감정을 약화시키는 효과를 가져다주는 신경계 시스템을 활성화시킬 수도 있다(Levenson, 1992). 유사하게, 어떤 특정한 정서와 관련된 물리적 표현 또는 태도를 받아들이는 것이 그것들을 강화(만약 기분-일치 상태라면), 또는 약화(만약 기분-불일치 상태라면)시킬 수 있다는 것을 제시하는 증거자료도 있다. 부정적이며 부적응적인 정서상태를 완화시키는 데 정서를 사용한다는 발상이 정서중심치료(Emotion-Focused Therapy; Greenberg & Watson, 2006) 및 경험적 역동 증강치료(Accelerated Experiential Dynamic Therapy, AEDT; Fosha, 2000, AEDT)에서 활용되고 있다.

금지된 감정

TA 이론에서는 억압되었거나 거절된 감정은 각본시스템의 결합 네트워크 저변에 존재하는 강력한 추진력으로 간주되며, 자아의 혼란제거 과정에서 확인되고 드러난다. 이러한 감정들은 그 사람이 살아오는 동안 명시적 또는 암시적으로 금지된 감정들이며, 너무나 기분 나쁘고 피하고 싶었으나 암시적인 회피방법밖에는 알지 못했던 것들이다. 이러한 감정의 억압이나 거절의 패턴은 시간이 지날수록 확고하게 자리를 잡게 되는데, 금지된 감정을 느끼기 시작하거나, 그런 감정이 촉발될 것 같은 상황에 처할 때마다 조기경보신호가 울리며(아마도 편도체의 활성화를 통해), 그 감정에 대해 거의 병적 공포수준의 반응을 보이게 된다(McCullough Vaillant, 1997). 이것이 결과적으로 어떤 활동이나 생각 또는 상황을 회피하면서까지 금지된 감정을 경험하지 못하게 만드는 것이다. 이러한 공포-추동시스템(fear-driven system) 및 지속적인 정서의 억압이 우울증을 발생시키고 지속시키는 중요한 메커니즘이며, 이것을 치료에서 다루어야 한다. 내담자에게 도움이 될 수 있는 다음과 같은 내용을 치료사에게 권하고 싶다.

- 내담자가 암시적으로 금지하고 있다고 믿는 감정과 경험을 확인한다.
- 이렇게 암시적으로 금지된 감정 및 경험과 함께하는 (암시적인)마술적 어린이 자아(C)의 신념을 확인한다.
- 내담자의 신념에 도전하여 내담자가 금지된 감정을 느끼도록 격려하고, 느끼고 경험하는 것에 대한 어린이자아(C)의 공포를 둔감화시킨다.

우울증상을 지닌 사람들은 자기 자신에 대해 좋게 느끼는 것, 자기 자신을 돌보기, 자부심 등의 긍정적인 감정을 금지된 감정으로 느낄 수 있다(제8장 참조). 이것은 우울증을 지속시키는 요인일 뿐 아니라 우울취약성에 대한 중요한 위험요소가 될 수 있다.

우울증상을 지닌 많은 사람들이 어려워하는 또 다른 영역은 자기 자신을 돌보는 것과 자신의 욕구를 우선시하는 것에 대한 것인데, 그렇게 하는 것이 어쩐지 이기적인 것이라고 생각하며, 그들이 특히 어린 시절에 이기적인 것은 바람직하지 않은 것이라는 말을 들었고, 스스로를 돌보고 자신의 욕구를 우선시하는 것은 이기적인 것이라고 배운 경험을 가지고 있다. 치료 시 그러한 자신을 돌보는 것에 대한 두려움에 대해서 치료사는 다음과 같은 말을 반복적으로 들려주어야 한다.

자신을 돌보는 것은 이기적인 것이 아니다. 자신을 돌본다는 것이 비록 당신이 그들이 원하는 것을 못해 줄 경우라고 하더라도, 그것이 다른 사람을 나쁘게 대하는 것을 의미하지 않는다. 그렇게 하는 것이 그들을 좀 화나게 하고, 그들이 원하는 것을 해 주지 않는다며 당신을 이기적이라고 할 수도 있다. 그런 상황에서 당신은 이렇게 자문해 볼 수 있다. '실제적으로 여기서 누가 이기적인가?' 또는 '나 자신을 돌보는 나를 어떻게 이기적이라고 할 수 있는가?'

모든 사람은 각자의 삶에서 자신의 행복과 성취에 대해 책임이 있다. 다른 사람에게 맞추느라 나 자신의 행복을 무시하는 것은 미덕이 아니다.

:: 프로토타입(치료계획)이 결합된 결합 네트워크/각본시스템

TA 치료에서 치료사는 내담자 특유의 인생경험을 감안하여, 내담자별로 결합 네트워크/각본시스템을 작성한다. 그러나 진단특성 카테고리를 공유하는 내담자의 결합 네트워크에서는 일련의 유사점을 확인할 수 있다. 〈표 4.1〉에 보면, 우울증상을 지닌 사람들의 공통 주제를 나타내도록 작성되었는데, 이것이 치료사에게 치료의 시발점이 되며, 시간의 절약은 물론 초기개입 조치에 대한 효과적인 방법 제공과 진단자료를 구성하는 데 도움이 될 것이다. 치료사에 따라서는 질문자료로 사용하기 위해 내담자의 최초 회기 전에 참고할 수도 있다.

그러나 이것을 반드시 사용하라는 것은 아니며, 치료사가 목록 중에 어떤 항목이 내담자의 결합 네트워크에 나타나는지를 점검하기 위해 첫 회기 이후에 이 목록을 검토해 볼 것을 권한다. 이때 내담자별로 모든 정보가 포함될 수 있도록 세밀하게 작성하는 것이 중요하다.

표 4.1 치료계획을 포함하는 결합 네트워크

각본신념 (정신 내부시스템)	각본적 표현 (연결행동)	강화기억 (대인관계 시스템)
자기	**관찰 가능한**	**어린 시절**
난 결코 잘될 수 없어(4) 난 부적절해(4) 내가 잘못했어/그건 모두 내 잘못이야(3) 난 욕구를 가지면 안 돼/원하는 걸 갖지 못해(3) 다른 사람을 나보다 우선시해야 해(2) 난 중요하지 않아(2) 난 거절을 못해(2) 난 힘이 없어(2)	행동의 회피/폐쇄(5) 눈에 띄지 않게 하기(4) 수동성(4) 조용하고 감정을 드러내지 않음/감정 표현 부족(2)	폭행과 학대(3) 사랑하는 사람의 죽음/상실(3) 칭찬이 없음(3) 반복적인 비난(3) 너무 큰 책임감이 주어짐(2) 트라우마(2)
타인	**내면**	**성인 시기**
이기적이고 무정해(4) 나보다 잘났어/나를 거절할 거야(3) 내 감정을 나타내거나 독자적 결정을 하면, 비난하거나 거절할 거야(2) 의지할 수 없고 믿지 못하겠어(2)	절망(5) 강한 자기질책(5) 에너지 부족/감정 고갈/흥미 상실(4) 긴장(3) 집중력 저하/기억력 저하(3) 반추(3) 죄책감(2) 낮은 자신감(2)	실직(3) 관계가 끝남(2) 갈등(2) 사랑하는 사람의 죽음(1)
세상	**상상/기대**	**사회적/환경적**
인생은 의미가 없어(2) 세상은 냉혹하고 불공평해(2) 인생 엿 같아 그리고 죽는 거지 뭐(2) 인생은 혼란스러워(1) 인생은 피해 가며 사는 거야(1) 인생은 고달파(1)	편집증적으로 비난/공격/거절을 기대함(5) 격리되어 외톨이가 됨(5) 나의 미래는 암울하고 희망이 없다(2) 아무도 내 말을 안 듣고, 진지하게 대해 주지도 않으며 존중해 주지도 않아(1) 누군가 날 구원해 주길 바라(1)	격리(3) 직장에서의 스트레스(2) 직장 또는 가정에서 이용당함(2) 현재의 가정환경이 비판적임(2)
억압된 감정과 욕구		
자기에 대한 긍정적 감정(5) 분노(4) 자기주장(3) 원통함(2)		

출처 : Erskine & Zalcman(1979) 및 Erskine(2010), Widdowson(2013)의 자료 추가.

주 : 각 항목 뒤 괄호 안 숫자는 항목에 해당하는 내담자 수이다.

주

1. Widdowson, M. (2011). Depression: a literature review on diagnosis, subtypes, patterns of recovery, and psychotherapeutic models. *Transactional Analysis Journal,* 41(4): 351-364에 실린 내용의 일부이다.

2. Widdowson(2011)의 저서에서 발췌한 자료의 끝

5

TA 치료의 기본 기법

이 책에서는 TA 치료의 기본 기법에 대한 전반적인 것을 세밀한 부분까지 다루지는 않는다. TA 심리치료에 사용되는 기법에 대해서 더 많은 것을 학습하기 원하는 독자들은 다음의 책자를 참고하기 바란다.

Lister-Ford, C. (2002). *Skills in Transactional Analysis Counselling and Psychotherapy*. London: Sage.
Stewart, I. (2014) *Transactional Analysis Counselling in Action*. London: Sage.

두 의자 기법 또는 빈 의자 기법을 이용해 좀 더 심오한 통찰을 얻기 원하는 독자들은 다음과 같은 유용한 책자를 참고하기 바란다.

Goulding, M.M. & Goulding, R.L. (1979). *Changing Lives Through Redecision Therapy*. New York: Grove Press.

TA 이론 및 방법에 대한 기초가 확고하지만, 좀 더 깊이 있는 이해를 원하는 독자들은 다음과 같은 책자를 참고하기 바란다.

Widdowson, M. (2010). *Transactional Analysis: 100 key points and techniques*. Hove: Routledge.

:: 치료지침

Berne(1966)의 치료지침은 TA 치료사들에게 TA 치료의 기초가 되는 다양한 개입방법을 제공한다. 이 치료지침은 매우 융통성이 있어서 치료사가 모든 내담자에게 적용 가능한 여러 가지 기법이 담겨 있는 훌륭한 도구함을 제공한다. Berne이 제안한 주요 개입기법들은 대략 8가지로 요약될 수 있다. 최근에 Hargaden과 Sills(2002)가 '공감적 교류(empathic transactions)'라는 제목으로 현대적 용어 및 개념으로 재구성하였는데, 치료사로 하여금 내담자와의 지속적인 공감적 대화의 중요성을 상기시킨다.

질문

질문에는 2가지 형태가 있다. 하나는 정보를 얻기 위한 단순하고 직접적인 질문이다. 예를 들면, '얼마나 오랫동안 그렇게 느꼈습니까?' 다른 한 가지는 내담자의 현상학적 경험에 대한 자각을 이끌어 내기 위한 질문이다. 예를 들면, '그것을 말할 때 어떤 느낌이었습니까?' 이것은 상대의 기분을 헤아리며, 진실되게, 그리고 호기심을 가지고 질문할 때 가장 효과적이다.

명세화

명세화는, 내담자가 두서없이 하는 이야기를 모아 확인하고, 범주화하고, 명확화하여, 가닥을 잡아 내담자에게 요약설명을 해 주는 것이라고 할 수 있다. 여기에는 반복되는 패턴을 강조하는 것도 포함될 수 있는데, 예를 들면, '당신은 사라가 친구들 앞에서 당신에게 얼마나 무례하게 행동했는지를 말하는데, 그 말을 들으니 전에도 비슷한 얘기를 했던 게 기억나는군요. 이런 일이 자주 일어나는 것 같은데, 그런가요?'

명세화는 또 내담자가 표현하지 않은 어떤 미묘한 것이나 암시적 의미를 확인하는 것이며, 일종의 정확한 공감이라고 할 수 있는, 내담자 의식의 표면 바로 밑에 살짝 숨어 있는 그것을 내담자에게 들려주는 한층 더 세련된 공감이라고 할 수 있다(Hargaden & Sills, 2002: 120).

내담자에게 우리가 이해한 것이 맞는지를 조심스럽게 건네는 말이 특별히 유익하다(예를 들면, '그것은 …인 것 같은데, 그것이 맞나요?'). 명세화를 자주 사용하는 것이, 우리가 내담자를 잘 이해하는지 어떤지를 확인하고, 치료사가 이해하고 있는 것이 정확하지 않을 때 내담자가 그것을 고쳐 줄 수 있는 기회가 된다.

직면

'직면'이라는 용어는 매우 부담스러울 수 있으며, 심하게 간섭한다는 느낌을 줄 수 있다. TA에서는 좀 더 폭넓은 의미로 사용되는데, 내담자로 하여금 '지금-여기의 현실에 반하는 각본신념을 확인하도록 유도하는 치료사의 모든 시도'를 의미한다. Hargaden과 Sills(2002)는 직면 시에는 내담자가 수치심을 느끼지 않고 오히려 지지받는다고 느낄 수 있도록 내담자 입장에 대한 공감과 이해가 중요하다는 것을 강조한다.

직면에서 또 하나 유념할 것은, 내담자가 자신의 부모자아(P) 또는 어린이자아(C)로 치료사와 교류할 때, 내담자가 어른자아(A) 상태로 돌아오게 해야 할 때는 치료사가 의도적으로 교차교류를 사용할 수도 있는데, 이렇게 하여 치료사는 내담자와 확실한 어른자아(A) 대 어른자아(A)의 교류가 되도록 할 필요가 있다. 예를 들면, 내담자가 본인은 무력하다고 믿으며 어린이자아(C) 상태로 얘기할 때, '당신은 변화에 필요한 모든 자원과 능력을 이미 가지고 있다'라고 반응할 수 있다.

Berne(1966)은 그의 저서, **집단치료의 원리**(*Principles of Group Treatment*)에서, '내담자가 일관성 없는 것을 지적하여, 그의 어른자아(A)가 그것을 알아차리게 하고, 해결하게 하는 것'이 직면이라고 설명하였다. 직면은 조심스럽게 해야 하는데, 직면을 당하는 내담자는 비난받는 것 같고, 궁지에 몰린 것 같은 느낌을 받을 가능성이 높으며, 이로 인해 치료사의 개입에 대해 방어적이고 수용력이 떨어지게 되기 때문이다. Berne은 또 효과적이고 세심하게 직면을 하면 내담자는 자신이 보여 준 불합리했던 행동에 대해 자연스럽게, 자유롭게 미소 짓게 된다고 하였다.

대부분의 내담자는 치료사가 그들에게 민감하게 그리고 적절하게 직면해 주기를 원하지만, 자기비판의 수준이 높은 내담자, 또는 비판적인 가정 분위기에서 성장한 내담자의 경우는 직면을 받아들이기 어려워하며 부정적으로 받아들일 수 있다. 직면을 한 다음에는 반드시 내담자를 살펴보기를 바란다(예를 들면, '내가 그렇게 말했을 때 어떻게 느꼈어요?'). 또 직면을 하기 전에라도, '당신이 듣기 좀 거북한 얘기일 수 있는데, 한번 들어 보시겠어요?'라고 물어볼 수도 있다.

설명

설명은 내담자로 하여금 깊이 생각하게 하거나 정보를 제공함으로써 내담자의 어른자아(A)를 강화하는 데 도움을 주고자 하는 것이다. 설명은 내담자가 자신의 심리내적 또는 대인관계에서의 부적응 패턴을 이해시키며, 동시에 내담자의 현재 상황과 과거와의 관계의 의미를 찾도록 하여 깨달음을 높이고 새로운 의미를 만들도록 돕는다. 설명의 궁극적인 목표는, 이렇게 향상된 통찰력으로 인해 내담자가 각본으로부터 탈출할 수 있도록 돕는 것이다. 가장 효과적인 설명은 개인별로 심리교육을 하는 것이라고 할 수 있는데, TA 또는 내담자의 고유증상과 관계되는 더 많은 심리교육 자료를 활용할 수도 있다(부록으로 실린 심리교육 자료 참조).

TA 치료사들은 내담자들이 자신의 과정을 잘 이해할 수 있도록 설명을 훌륭하게 하며 광범위한 TA 이론과 개념을 잘 활용한다. 이렇게 하는 것이 치료사와 내담자 모두에게 의미 있는 치료를 하게 하고 개념화할 수 있는 공통의 언어를 제공하게 된다. 이러한 TA 치료의 특성은 본 매뉴얼의 개발 시 연구조사에서 모든 내담자에 의해 매우 유용한 요소라고 이구동성으로 언급되었던 것들이다(Widdowson, 2013).

내담자에게 이론을 설명하려면, 상담 회기 중에 논의되는 바로 그 사안에 대한 이론을 설명하는 것이 가장 효과적이다. 이렇게 함으로써 치료사가 소개하는 하나하나를 내담자가 잘 이해하고 개념을 통합할 수 있으며, 상담이 강의로 발전하는 것을 피할 수 있다.

예시

예시에는 이야기, 은유, 비유, 이미지 등을 사용하는 것이 포함된다.

> 예시는 상상력을 동원하게 하고, 은유와 비유의 힘을 키우는 수단이 될 수 있으며,
> 정확하고 세련된 공감의 형태인 명세화로도 사용될 수 있다. 예시는 또 힘들게 명세
> 화하고 설명하는 데 시간을 소모하는 것보다 일화를 소개하거나, 익살스러운 재미있
> 는 말로 직면을 함으로써 시간을 절약할 수 있게 한다(Hargaden & Sills, 2002: 126).

위에서 인용한 바와 같이, 적재적소에 사용되는 예시는 효과적으로 사안의 정곡을 찌르게 되고, 깊은 이해를 가능하게 하며, 내담자의 도전을 유도할 수 있고, 새로운 의미를 발견할 수 있도록 격려할 수 있게 한다. 때로는 내담자가 문제해결 또는 해결하려고 노력하는 어떤 측면을 강조할 때 외로움을 느끼게 되는데, 이때도 이들에게 도움이 될 수 있다.

확인

확인은 중요한 점을 다시 강조하거나 주의를 환기시키는 것을 포함한다. 확인은 일종의 개입으로, 확인의 목표는 변화의 과정을 지지하고 강화하는 것이며, 각본의 어떤 측면이나 도움이 되지 않는 패턴으로 회귀하는 것을 방지하기 위해 사용된다. 그것은 내담자의 변화 과정을 지지하기 위해 변화를 스트로크함으로써 가능하며, 내담자의 어른자아(A)를 강화하기 위한 개입에 의해서도 가능하다. 그것은 '반짝' 하는 아이디어로 될 수 있는 게 아니며, 경험상으로 부끄러움을 잘 타는 내담자에게 치료사가 재치 있게, 그리고 동정 어린 마음으로 도움을 줄 수 있도록 전달해야 한다. 내담자가 이미 통찰을 얻은 경우에는 아는 것을 자꾸만 반복 설명할 수도 있다는 문제가 있기는 하지만, 내담자가 오랫동안 기억할 수 있도록 확실한 통찰을 보장하는 것은 가치 있는 일이다.

해석

치료사는 내담자의 어린이자아(C)의 목소리에 귀를 기울여야 한다. 그것은 그와의

교류에서 암호를 풀고, 해독작업을 시도하는 것과 같은 일이다. 해석은 단순히 치료사와 내담자 사이에 알려진 것을 조직화하는 것이 아니고, 내담자가 말로 표현하지 못하는 어떤 부분에 대해서도 말할 수 있도록 하는 것이며, 그렇게 함으로써 그의 어른자아(A)가 깊이 있게 이해할 수 있도록 만드는 것이다(Hargaden & Sills, 2002: 125).

훌륭한 해석이란, 내담자가 어떤 감정적 해방 또는 통합과 연계된 통찰이나 향상된 지각을 경험함으로써 결국은 인지적 · 정서적 변화를 가져오게 하는 것이다 (Gilbert & Orlans, 2011).

어린이자아상태(C)의 혼란의 제거(deconfusion)를 위해 해석을 사용하는 것이 특별히 강력한 효과가 있다. 혼란의 제거는 내담자가 지금까지 마음속에 담아 두었던 억눌린 감정에 접근해서 그것을 인지하고 표현하여 해결하는 필수 과정이다.

명료화

명료화는 내담자의 태도를 요약설명하는 것인데, 변화의 방향에 있어 지금 그가 할 수 있고, 적극적인 노력을 유도할 수 있는 선택을 강조한다. 그것은 어떤 중대한 변화에 선행될 수도 있으며 뒤따를 수도 있는 결정적인 개입이다. 그 변화는 사회적 통제 변화일 수도 있으나, 이상적으로는 내담자의 각본에서 어떤 종류의 변화를 반영하는, 또는 각본의 변화가능성을 반영하는 좀 더 심오한 변화이다. 명료화는 또 각본신념 또는 자기를 소외시키는 바람직하지 않은 행동을 자아-이질화(ego -dystonic)[1]시킴으로써 내담자의 변화에 대한 동기를 향상시킬 수 있게 한다.

명료화 개입은 다른 치료과정보다는 자주 사용되지 않으나, 변화를 위한 체계적 강화 과정에서, 다른 형태의 치료과정을 거친 후의 교류분석적 순서로 결론적 정점을 찍는 과정이 되는 경향이 있다. 예를 들면, '만일 당신이 X를 한다면(또는 하지 않는다면), 당신은 존재할 수 없다는 것이 아직도 사실입니까?' 사실상 이와 같은 진술은 원래의 각본신념(나는 X를 하면 안 된다. 아니면 나는 존재할 수 없다)을 명료화하며, 또한 내담자가 지금-여기의 현실에 각본신념을 시험하도록 만든다. 위의 예에서, 만일 내담자가 '아니요, 그건 사실이 아닙니다. 나는 X를 할 수 있고, 아직 존재합니다'라고 긍정적으로 대답을 한다면, 이를 지지하고 인정하는 반응을 보여 주어야 한다. 이렇게 하는 것이 내담자로 하여금 각본으로부터 빠져나오는 움직임을 생각하도록 유도한다. 이럴 때 치료사는 '그래요, 그건 사실입니다. 당신은 존재할 것입니다. 그런데 만일 존재하지 못할 것 같은 두려움이 다시 찾아온다면 당신은 어떻게 하시겠습니까? 당신 자신에게 뭐라고 말하겠습니까?'라고 반응을 보일 수 있다. 위의 예에서 우리는 '비상사태 관리기법(contingency management technique)'이 사용되는 것을 볼 수 있다. 즉 미래의 장애물을 예측하고 내담자로 하여금 그 장애물에 어떻게 대처할 것인가를 찾아내도록 유도하는 것이다.

명료화는 시기 적절하게 사용되어야 하는데, 절대로 서두르지 말아야 한다. 내담자가 받아들일 준비가 되어 있고, 개입을 진행할 수 있을 정도로 충분한 어른자아(A)의 사고와 정서적 지원이 있을 때 최대의 효과를 발휘하게 된다. 본 매뉴얼의 제6장에 명료화에 관한 기억 재통합과정이 소개되어 있는데, 개입을 의도하거나 시행하고 있는 치료사들에게 도움이 될 것이다.

∷ 추가적 개입

증폭

증폭은 치료사가 내담자의 특정한 정서를 유도하여 고조시킴으로써 내담자의 경험수준을 자극하고 강렬하게 적극적으로 만드는 것이다. 증폭은 또 '감정고조기법(heighteners)'을 사용하기도 하는데(Goulding & Goulding, 1979; McNeel, 1976), 그것은 내담자가 변화를 위한 에너지를 가동시키는 것을 독려하기 위해 내담자의 '경색국면(stuckness)'의 경험을 심화시키는 개입이다. 증폭의 사용은 치료에 대한 경험적 특성을 증진시키고, 내담자로 하여금 적절한 변화가 일어날 수 있도록 상담 회기 중 적절한 수준의 정서적 에너지를 유지하도록 한다.

위로

위로는 내담자의 강렬하고 압도적인 감정을 진정시키는 것을 돕는 데 사용되는 반응이다. 일반적으로 이것은 치료사가 내담자의 어린이자아상태(C)를 위로하고 어른자아상태(A)로 되도록 독려하는 것을 의미한다. 자기위로 기능이 손상된 상태로 치료사를 찾아오는 내담자가 많으며, 치료의 부분적 과정으로서 어떻게 할 것인가에 대해 배울 필요가 있다.

메타 커뮤니케이션

메타 커뮤니케이션(Widdowson, 2008)은 경험적 변화를 증진시키기 위해 지금-여기에서의 치료과정과 관련된 다양한 개입을 말하는데, 여기에는, 상담 회기 중 치료사와 내담자 사이의 지금-여기에서의 교류에 대한 직접적인 논의와 치료실에서 일어나고 있는 진행상황과 관련된 즉시 언급해야 할 사항을 포함하여 즉시 다루어야할 것들(immediacy)이 포함된다. 즉시 언급해야 할 사항들이란, 예를 들면 친밀함/소원함에 대한 이야기, 갑작스러운 주제의 변경/문제의 회피/감정처리의 깊이/변화 등에 관한 것들이다(McLeod & McLeod, 2011).

이중 자각

효과적인 치료를 위해서 치료사는 이중 자각 능력, 즉 내담자와 치료사 자신의 내적 경험 사이에서 오고 가는 교류를 인식하는 능력을 개발할 필요가 있다. 여기에는 치료사의 감정변화, 생각의 흐름, 신체감각, 행동경향(즉 내담자에게 다가가거나 멀어지는 것), 환상, 기억 그리고 은유/이미지에 주목하는 것 등이 포함된다(McLeod & McLeod, 2011; Widdowson, 2010).

계약 과정

TA 치료는 계약에 의해 이루어지며, 계약을 하는 것이 효과적인 치료의 주요 과정이라고 할 수 있다. 조사에 의하면, 계약을 분명하게 할수록 치료효과가 높은 것으로 나타났다. 이것은 우연의 일치일 수도 있지만, 내담자와 치료사 간의 치료목표 및 치료과제의 합의가 가치가 있다는 것을 의미하며, 그러한 합의가 치료의 전반적인 결과에 매우 효과적이라는 것을 지지하는 조사자료도 상당히 많이 있다(Tryon & Winograd, 2002). 치료에 있어서 계약의 역할에 대한 개요에 대해서는 Sills(2006) 및 Widdowson(2010)을 참조하기 바란다.

일상적으로 실시되는 TA 치료와 특별히 관련이 있는 계약에는 2가지 형태의 계약이 있는데, 하나는 결과 계약(outcome contracts; Stewart, 2006)이며, 또 하나는 과정 계약(process contracts; Lee, 2006)이다. 결과 계약은 치료사와 내담자 사이의 치료의 전반적 목표에 대한 합의를 말하는데, 내담자가 치료에서 구체적으로 원하는 것을 의미한다. 치료에 참여하는 많은 내담자들의 경우, 상담에서 얻기 원하는 바를 잘 인지하지 못한 상태로 시작하는 경우가 있는데, 내담자는 대개 어떻게 해서든지 기분이 좋아지기 원해서 치료를 받으러 온다. 이것이 치료의 목표를 의논하는 출발점이 되며, 확실하고 명확한 결과의 계약으로 이어진다. 과정 계약(Lee, 2006)은, 지금-여기에서의 치료의 경험적 과정에 그리고 진행되고 있는 치료의 과제에 초점이 맞추어진 것으로, 특별히 본 치료안내서에 제시된 치료 형태와 관련된 것이다. 계약 시 치료사는 특정한 방법으로 개입할 것에 대하여 내담자의 허락을 얻어야 하며 (예를 들면, '잠시 우리가 이것을 계속해도 괜찮을까요?'), 또 내담자가 경험의 내적 흐름에 대해 더 깊게 인식하도록 하고, 지금-여기에서 적극적인 변화를 가져오도록 (즉 '지금 무엇을 원하십니까?', '지금 원하는 것을 얻었습니까?', '이 경험이 당신에게 어떤 의미가 있습니까?') 유도한다. TA 치료의 이상적인 상태는, 치료사와 내담자가 무엇을 성취하려고 시도할 것인가(결과 계약), 그리고 어떻게 그것을 성취할 것인가 (과정 계약)에 대하여 명확하게 합의를 하는 것이다. 그러한 합의 및 명확성이 없을 때, 그것에 대한 의견 일치를 볼 때까지 그것을 정하는 것 자체가 주요목표 중의 하나가 될 것이다.

주

1. 자아-동조적(ego-syntonic)이란 내담자의 자아상(self-image)에 허용되는 생각, 감정, 욕구, 가치 및 행동 등을 말하며, 자아-이질적(ego-dystonic)이란 내담자의 자아상에 허용되지 않는 생각, 감정, 욕구, 가치 및 행동, 또는 내담자의 자아상의 어떤 측면과 모순되는 생각, 감정, 욕구, 가치 및 행동을 말한다.

6

치료의 과정과 변화 메커니즘

:: 경험과 변화의 영역

광범위한 심리치료 문헌조사에 따르면, TA 치료 이외의 다른 치료적 접근은 4가지 영역, 즉 인지, 행동, 정서 및 관계 중 최대 2가지 영역에 바탕을 둔 기본모드를 가지고 있다(그림 6.1 참조).

대부분의 치료에서 변화는 이 영역 중에 두 영역을 변화시키는 것을 강조함으로써 이루어지는데, 그렇게 함으로써 다른 영역으로 변화가 확산된다고 본다. 예를

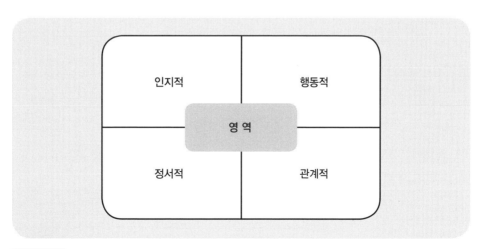

그림 6.1　경험과 변화의 영역

들면, 인지-행동 치료사는, 내담자의 인지 및 행동을 변화시키는 것을 강조함으로써 전체적인 변화를 도모한다. 유사하게, 정서-중심 치료 및 정신역동 치료(이론적 기반은 다르지만)에서는, 주로 정서-관계 영역을 통하여 변화를 도모한다. 반면에 일련의 사례연구에서 입증된 바와 같이(Widdowson, 2013), TA의 경우는, 내담자를 개념화하고 제기된 문제와 내담자의 선호에 따라 각각의 경우에 유연하게 적용될 수 있는 통합적이며 논리 정연한 틀을 이용하여, 인지, 정서, 행동 및 관계 영역에서 변화를 도모하는데, 이것은 TA가 심리치료에 특별하고 중대한 공헌을 한 것이라고 볼 수 있다.

TA의 정서중심, 경험적 치료방법

본 매뉴얼에서 제시하는 처리방법은 TA 치료에서의 2가지 경험에 의한 원칙을 강조하는데, 이것은 성공적인 치료에 필수적이라고 생각된다.

1. 정서중심 치료를 유지하고, 내담자의 정서적 경험으로 돌아가라.
2. 가능하면 언제나 치료가 경험적인 것이 되게 하라.

이러한 주장의 근거는 적정 수준의 감정적 자극이 변화를 촉진하기 때문이다. 정서적 자극이 너무 크거나 너무 작으면 변화가 잘 일어나지 않는다. 경험에 중심을 둔 치료는 실질적이고 눈에 띄는 방법으로 내담자의 자각을 증진시켜 직접적으로 명시적 및 암시적 재학습이 일어나도록 한다. 효과적인 경험적 치료방법은 네 영역 모두에서 자각과 변화가 가능하게 할 것이다.

심리교육과 공통의 언어

TA 치료에서는 내담자가 그들 경험의 의미를 이해하는 것을 돕기 위한 협동적이며 공통의 틀로서의 TA 이론의 사용을 적극적으로 권장한다. 일련의 사례연구(Widdowson, 2013)에서 모든 내담자가 TA 용어 및 개념이 치료에 매우 도움이 되었다고 보고하였다. 이것은 내담자들이 단지 자신에게 무슨 일이 일어났는지를 이해하는 정도를 넘어, 치료의 논리적 근거 및 성장과 변화를 도모하는 틀을 제공하기 때문이다. 특히 일련의 사례에서 TA 이론의 틀은 내담자에게 내적 및 대인관계적 경험을 반영하고 확인하는 방안을 제시하고, 그들 스스로가 자신의 변화과정을 책임지고 총괄할 수 있게 한다. 사례에서 보여 주는 이러한 흥미 있는 측면이 TA 치료의 두드러진 특징이라고 할 수 있다. 일련의 사례에서 자신의 과정을 개념화하고 내적 및 대인관계적 경험을 관리하기 위해 각 내담자의 TA 사용을 기록하였다. 이론적으로 TA에서는 이것을 내담자가 어른자아상태(A)에 머무르거나 돌아오게 하는 것으로 이해될 수 있다. 좀 더 일반적인 심리치료의 관점에서, 이 과정은 내담자로 하여금 내부적 또는 외부적으로 다른 상황에 어떻게 반응할 것인가에 대해 스스로 선택할 수 있는 자아성찰에 대한 체계적 접근법을 개발할 수 있게 한다고 생각된다. TA 이론의 사용은 또 내담자가 그들의 반응에 대한 통찰을 얻게 하고 자기효능감을 높이도록 도움으로써 두려워하거나 스트레스를 받는 것을 이해할 수 있게 한다. 이와 같이 언어와 이론으로 이루어지는 TA 치료가 다른 많은 치료에 비해 탁월한 특징이라고 볼 수 있는데, 지금까지 이론적인 자료와 함께 보고된 내담자가 참여한 연구보고서는 없었기 때문에 이것에 따른 영향에 대해 추가연구를 해 볼 만하다고 할 수 있다.

암시적 패턴 바꾸기

TA 치료에서 중심이 되는 변화 메커니즘은 암시적 신념과 관계의 패턴, 즉 인생각본과 프로토콜의 변화이다. TA 이론의 사용과 심리교육 전략은, 문제가 되는 암시적 학습을 내담자가 자각하고 변화를 위한 틀을 제공함으로써 이러한 과정을 지원하며, 또한 치료관계는 이러한 패턴을 타파할 수 있는 공간이 되도록 유도된다.

∷ 각본분석 : 이야기의 해체/분석

개인의 이야기는 의심할 여지 없이 자신 그리고 타인에게 기대하는 것에 대한 잘못된 가정, 타인의 의도를 오해하는 것, 자멸적인 방식으로 부정적인 기대를 자기충족적 예언으로 만드는 행동에 근거한 것이다. 그렇게 해서 그가 대인관계 경험을 서술하기 위해 만들어 낸 이야기는 모순, 불일치, 애매함 그리고 자기 자신을 나타내고 타인을 바라보는 그 사람의 자기방어 수단을 유지시키는 누락된 연결고리로 가득 채워지게 되지만, 그것이 더 큰 성취감을 줄 수도 있는 관계의 가능성을 제한한다 (Binder & Betan, 2013: 428).

내담자를 처음 만날 때부터, 치료사는 내담자의 각본을 형성하는 중심 이야기 주제를 경청해야 한다. 일단 그 주제가 무엇인지 파악하게 되면, 치료사는 내담자에게 자신이 이해한 것이 맞는지 확인을 요청한다. 치료사는 내담자와 함께 그의 각본 주제를 명확하게 요약한다. 여기에는 자기 자신을 포함해, 타인에 대한 기대, 미래 그리고 세상에 대한 환상이 포함된다. 치료사는 내담자에게 이러한 각본주제가 그의 각기 다른 삶의 측면에 어떻게 퍼져 들어 영향을 미치는지를 설명해 준다. 이러한 대화를 통해 치료사는 내담자가 그의 이야기를 점검하고, 해체하고, 재평가하도록 격려하는데, 이러한 것들이 모두 치료의 과정이다. 단기치료에서 치료사는 내담자 우울증의 주요소인 핵심 각본주제를 파악하고, 이것을 사례 개념화, 진단 및 치료계획에 주안점으로 사용한다.

내담자가 그의 각본 이야기를 통찰하게 되고, 자각하게 됨으로써, 점검과 재평가 과정을 거쳐, 그의 이야기를 해체하여 보다 유연하고 적응성 있는 이야기로 탈바꿈하게 된다. 이러한 이야기의 해체와 분석작업은 인지적 · 정서적 · 관계적 영역에서의 통합과정을 거쳐야만 하며, 그런 다음에 특정한 행동변화에 적용이 된다.

구체적이고 포괄적인 내담자의 사례형성(case formulation)은 TA 이론의 다양한 측면의 사용을 가능하게 한다. 각각의 측면은 다른 측면을 동반상승작용으로 상호 지원한다. 따라서 TA 치료는 이러한 상호 지원시스템을 변화시킴으로써 이 과정을 차단하는 데 목표를 둔다. 각각의 작은 변화가 누적효과를 나타내며 개인의 정신과 시스템에 광범위한 효과를 가져올 수 있다.

:: 시스템적 반증경험의 원리

치료사는 내담자의 인생각본과 각본행동에 깊은 관심을 갖는다. 조사한 바에 따르면, 최대 치료효과를 거둔 사례에서 치료사는 치료과정 중에 부주의로 내담자의 인생각본을 강화시키지 않도록 하기 위해 적극적으로 그리고 사려 깊게 치료에 임하며, 내담자의 인생각본에 도전하는 것에 초점을 맞추는 것으로 나타났다. 여기에는 또 치료사가 체계적 반증경험(systematic experiential disconfirmation)이라고 말할 수 있는 암시적 원칙을 가지고 치료에 임한다는 것을 말해 주는 증거가 있다. 이것은 이전에는 TA 이론에서 부각되지 않았던 것인데, 하나의 치료전략으로 추가로 제안된 과정이다. 실제로 반증경험은 TA 개발이론의 관점에서 보면, 인지, 정서, 행동 및 관계적 측면을 통합하는 것으로 보인다. 이 연구에서 내담자의 경우, 그들의 대화교류 방식에서 대인관계 학습 및 변화는 그들의 변화에서 중요한 부분이었다(Widdowson, 2013: 329).

:: 기억 시스템

기억은 세 단계로 이루어지는데, 부호화(encoding), 저장(storage), 인출(retrieval)이다. 기억의 부호화는 데이터가 등록되고 처리되는 것이고, 저장은 기억이 저장되는 것이며, 인출은 어떤 신호에 반응하여 기억을 불러내는 것이다. 기억은 오디오나 비디오 레코더와 같은 기억장치와 동일하게 작동한다고 생각할 수 있지만, 사실은 좀 다르다. 기억은 잘 변하며 왜곡될 수도 있다. 이러한 특성은 기억이 부정적으로 왜곡되어 정신장애가 지속되게 하는 메커니즘을 생각해 보면 잘 이해할 수 있다. TA의 관점에서 이것은 각본을 지원하기 위해 기억을 왜곡시키거나 재구성하는 준거틀이라고 생각할 수 있다.

스트레스가 심해지면 스트레스 호르몬과 신경전달물질, 특히 코르티솔(cortisol)과 아세틸콜린(acetylcholine)을 방출하게 되는데, 이러한 화학물질이 기억에 부정적 영향을 주며, 뇌 속 기억의 부호화 및 인출 시스템을 방해할 수 있다. 뇌의 편도체(amygdala)가 기억에 특별한 역할을 담당한다. 어떤 형태로든지 위험으로 인식되는 경험들은 공포반응을 유발하는데, 이때 편도체는 닥쳐올 위험을 막기 위해 이 상황에 중요 식별표시를 하며, 이것이 두려움과 관련된 기억의 저장에 영향을 미친다. 모든 강한 감정은 기억의 부호화, 저장 및 인출에 영향을 미치는데, 이것을 기억증진효과(memory enhancement effect)라고 한다. 상태-의존적 기억은 잘 알려진 현상으로, 감정은 유사한 감정의 내용을 지닌 기억을 떠오르게 할 수 있다(예를 들면, 친구들과 옛 이야기를 하다 보면, 여러 가지 재미있었던 이야기들이 떠오르게 된다). 이러한 현상은 우울증에도 그대로 적용이 되는데, 우울한 기분은 유사한 정서를 지닌 다른 기억들을 떠오르게 만들며, 다른 정서와 관련된 기억이 떠오르는 것을 저지한다. TA의 관점에서 이것은 결합 네트워크/각본시스템과 관련이 있으며, 기억이 어떻게 특정한 감정 및 신념과 연결되는가 하고도 관련이 있다. 결합 네트워크/각본시스템이 활성화되면, 유사한 감정내용을 지닌 모든 기억이 떠오르게 되고, 따라서 제한적 특성의 각본신념을 더욱 강화한다.

개인이 현재 가지고 있는 기억들은 새로운 기억을 받아들이도록 조정될 수도 있고, 새로운 기억의 학습에 영향을 줄 수도 있다. 이것은 이미 알고 있는 것과 유사한 언어를 배울 때와 같이 이동이 가능한 지식의 경우 긍정적으로 작용한다. 반대로 이미 가지고 있는 기억들이 새로운 기억의 발달에 방해가 될 수도 있다.

명시적 기억과 암묵적 기억

명시적 또는 서술적 기억은 명확하게 저장되고, 인출되는 기억으로, 의식적 인출이 가능하다. 명시적 기억은 특정한 사실, 연대순, 추상적 지식의 습득 및 사건의 기억에 관한 기억을 포함한다. 명시적 기억에서는 자신이 어떤 정보를 기억하고 있는지를 의식한다. 명시적 기억은 해마(hippocampus)와 관련이 있는데, 해마는 생후 3년이 될 때까지는 충분히 형성되지 않으며, 이때까지 명시적 기억은 존재하지 않는다. 명시적 기억 시스템은 쉽게 의식화할 수 있는 그 당시의 명시적 기억, 감정 및 생각을 포함한 각본의 특성에서 그 역할을 한다.

암묵적 또는 절차적 기억은 기억의 의식적인 부호화, 저장 또는 인출에 바탕을 둔 것이 아니라 암묵적 학습에 근거하며, 행동, 감각, 정서를 포함한다(Allen,

2010). 암묵적 기억은 시간 또는 연대순에 대한 감각이 없다. 암묵적 기억이 활성화될 때, 그 사람은 무엇을 기억한다는 의식적 감각이 없다. 이 암묵적 학습과 기억은 편도체의 기능이기 때문에 출생과 더불어 존재한다. TA 치료에서는 이 암묵적 기억이 중요시되는데, 그 이유는 사람은 성장하면서 각본 프로토콜, 각본결단 및 각본신념의 기본을 형성하는 자기, 타인 및 세상에 대한 많은 양의 암묵적 기억을 쌓아 놓았다고 보기 때문이다(Cornell & Landaiche, 2006). 심리치료에서의 키포인트는 제한적인 암묵적 기억에 대한 경험적 도전과, 이 기억들을 새롭고, 유익하며, 적응적인 암묵적 기억으로 대체하는 것이다.

기억의 강화와 재강화

기억의 강화는 기억이 안정화되는 과정을 말한다. 새로운 정보가 학습된 이후 몇 분에서 6시간 정도의 기간 동안에는, 기억은 아직 손상되기 쉬운 상태이며 시냅스 연결은 강화되고 있는 상태이다. 이러한 현상은 심리치료에도 동일하게 적용되는데, 불유쾌한 사건 이후 반추 또는 이와 유사한 과정은 그것에 대한 그 사람의 기억을 더 쉽게 고착화한다. 치료과정에서 경험을 통해 저장되는 새로운 기억들 역시 손상되기 쉬운 상태이기 때문에 상담 회기 이후에도 새로운 학습을 위해서는 강화의 과정이 뒤따라야 한다. 기억 시스템 중에서 이러한 강화의 과정은 비교적 느리게 진행되며, 따라서 반복이 필요하다. 예를 들면, 운전과 같은 새로운 기술을 습득할 때도 동일하게 기억을 고착하기 위해서는 반복의 과정이 필요하다. 마찬가지로, 프로토콜과 같은 각본의 경우에도 영구적인 변화가 이루어지기 위해서는 시간과 반복이 필요하다.

　기억의 재강화는 심리치료사들에게 특별한 관심사인데, 기억의 재강화와 관련된 한 가지 흥미로운 최근의 발견은, 회상된 기억은 불안정하여 변형이 가능하며, 적당한 수준의 정서적 자극이 동반되면 변형 가능성이 더 커진다는 것이다. 따라서 만약에 암묵적 기억이 어떤 정서적 자극과 함께 자각상태로 떠오르게 되면 그 암묵적 학습은 변화될 수 있다(Ecker & Toomey, 2008). 기억의 강화는 암묵적 각본결단에 대해 어떻게 재결단을 이룰 수 있는지에 대한 신경학적 근거를 제시한다. 이 이론은 또한 재결단 이후 재결단을 강화할 기회를 주는 것이 중요하다는 것을 강조하고 있다.

암묵적 기억 변화시키기

기억의 강화 분야의 최근의 발달과 심리치료에의 적용은(Ecker, Ticic & Hulley, 2012), 이 모델에 직접적인 관련이 있으며, 변화를 가능하게 하는 강력한 틀을 제공한다. 치료사는 가능한 한 증상이 나타날 때의 생각, 느낌, 행동을 포함한 상세한 부분까지 문제의 증상을 발견하는 것부터 시작할 필요가 있다.

치료사는 역전이는 물론 내담자의 설명을 들을 때 자신의 직관에 대해서도 주의를 기울여야 하며, 근원적인 것을 추론하기 위한 단서를 찾기 위해 환자의 증상에 대한 이력을 조사할 필요가 있다. 이렇게 하는 것이 증상에 대한 행동적 · 사회적 · 역사적 · 현상학적 진단을 가능하게 한다(Berne, 1961).

암묵적 학습이 변화되기 위해서는 우선 증상을 만들어 내는 암묵적 학습이 활성화되고, 적절한 정도의 정서적 자극을 동반하여 의식으로 떠올라야 한다. 이렇게 인출된 기억은 어느 정도 불안정하며 변형될 소지가 있다. 이것이 바로 암묵적 학습이 변화될 수 있다는 것을 의미한다. 이렇게 변화가 일어나면, 기존의 암묵적 학습에 상충되는 새로운 학습을 의식으로 떠올려 부조화가 일어나도록 한다. 즉 이것은, '재활성화된 목표기억(변화의 목표가 되는 기억들)의 세상에 대한 기대와 예측과는 현저하게 동떨어진 경험이며, 그 불일치(부조화)는 목표기억으로 하여금 전면적 갈등과 반증(disconfirmation)을 확인하도록 하거나, 아니면 목표기억에게는 전혀 새롭고 독특한 다른 모습의 경험이 된다'(Ecker et al., 2012: 21-22). 이러한 부조화는 자신의 경험이 부정적 증거로 이용될 때 가장 효과적이다. 이용할 만한 경험이 없을 때, 치료사는 시험해 볼 기회를 만들거나 부정적 경험을 만들어 볼 수도 있다. 다시 말하자면 개념적 또는 지적 경험과는 별개로 경험적 학습이 되어야 하지만, 전자를 수반해 사용할 수도 있다(Ecker et al., 2012: 27). 이러한 부조화과정과 새로운 학습과정은 변화를 일으키는 데 매우 중요한 과정이다. 회기 중의 치료에서 이러한 부조화 경험은 매우 가치 있는 것이며, 회기 사이에서도 행동계약을 통하여 내담자가 부조화를 확인할 수 있도록 지원할 수 있다. 상담 회기 중 또는 회기 사이의 경험적 학습이 가장 효과적인 것으로 생각된다.

해결과정의 요약 : 활성화 및 인출 + 정서적 자극 + 부조화

일단 이러한 과정이 진행되면 증상을 나타내는 암묵적 학습은 효과적으로 비활성화된다.

이 과정은 내담자의 부정적 결합 네트워크(각본시스템)를 해체시키기 시작하고, 또 그의 각본신념이나 프로토콜에 도전하고, 새로운 재학습을 도모하게 된다.

기억의 재강화에 근거한 치료과정

다음과 같은 치료과정은 Ecker 등(2012)에 의해 개발된 원리에 근거한 치료과정이지만, 본 저자가 TA 치료체계에 맞추어 각색을 한 것이며, 특별히 Goulding 부부(1979)의 재결단 치료방법과 통합한 것이다. 이 방법은 또 본 매뉴얼에 소개된 대로, 체계적인 경험적 반증(systematic experiential disconfirmation)의 원리와도 일치하는 것이다.

암묵적 학습에 대한 감각의 발달을 위해 치료사는 다음과 같은 질문에 심사숙고할 필요가 있다.

- 어떤 암묵적 학습이 내담자로 하여금 이러한 증상을 갖게 했는가?
- 어떻게 이 증상이 내담자로 하여금 어떤 방식으로 방어를 하게 하는가?
- 내담자는 무엇을 할 수 없다고 느끼는가?
- 어떤 암묵적 학습이 내담자의 행위(그가 하지 못하고 있는 행위를 기록한다)를 막고 있는가?
- 만일 내담자가 그 행위(그가 행위를 하는 데 방해받는 게 무엇인지 적는다)를 했다면, 어떤 두려워하는 일이 생길까?

- 만일 내담자가 이러한 증상이 없다면, 어떤 금지된 행위를 할 수 있을 것인가?

일단 암묵적 학습이 확인되면, 내담자의 증상은 이해가 된다. 실제로 증상은 언제나 이해가 될 수 있다고 보는데, 증상은 중심에 언제나 분명한 의도를 가지고 있다고 보아야 하기 때문이다. 이러한 관점에서 증상은 '작은 교수'의 전략이라고 생각할 수 있다. 내담자에게 다음과 같은 문장을 완성하라고 요구할 수 있다. '만일 내가 …(그가 할 수 없는 것)을 한다면, 나는 …… 일이 일어날 거라고 느낀다.' 증상들이 어떤 암묵적 학습과 연결되어 있다는 것은 일반적인 것이므로 치료사는 이러한 가능성에 주의를 기울이는 게 현명하다.

내담자가 증상과 나타나는 문제에 연관되는 암묵적 학습을 드러낼 때, 치료사는 내담자의 정서적 각성(자극, emotional arousal)의 정도에 주의를 집중하는 것이 중요하다. 자극이 너무 적으면 암묵적 정서를 변화시킬 만큼 감정이 충분하지 않을 것이고, 자극이 너무 많으면 내담자는 압도당하는 느낌을 갖게 되고, 또 다시 상처받을 것 같은 감정을 경험할 수 있으며, 애초의 기억을 강화하게 된다. 적절한 수준의 감정 자극이 유지되게 하기 위해서 치료사는 내담자에게 수시로 다음과 같이 질문하는 게 바람직하다. '당신이(내가) 그렇게 말할 때 어떤 기분이 드나요?' 또는 '그런 사건의 기억을 할 때 어떤 기분이었나요?' 그러고는 정서조절전략을 소개한다.

치료사가 내담자의 원래의 암묵적 학습 과정을 확인하는 동안에는 '감정고조 기법(heighteners)'을 사용하는 것이 바람직하다(McNeel, 1976). 이 기법에서는 내담자의 감정적 자극을 적절한 수준으로 끌어올리기 위해 공감적 반응을 보여 주고 주

사례

알러스터가 호소하는 문제들 중 하나는 자신감이 없다는 것이다. 치료과정에서 밝혀진 바에 의하면, 그 이유는, 만약에 그가 자신감에 차 있으면 거만해 보이고, 다른 사람들이 자기를 좋아하지 않을 거라는 걱정 때문이었다. 따라서 어린이자아상태(C)의 작은 교수(LP)의 마술적 사고의 관점에서 보면, 그가 왜 자신감이 없는지 이해할 수 있으며, 또 그것이 타인의 거절로부터 그를 보호하고 있다는 것도 이해할 수 있다.[1]

의를 환기시키는 말을 사용한다. 이때 내담자가 정서적으로 지나치게 압도당하지만 않는다면 치료사는 내담자를 구원하는 행위를 해서는 안 되며, 또한 내담자의 암묵적 학습이 드러나는 것을 방해하는 허가 또는 스트로크를 주려는 충동을 억제하여야 한다. 그렇게 성급하게 해결하는 것은 암묵적 학습에서의 변화를 방해하게 된다.

일단 암묵적 학습이 인출되어 의식에 나타나면, 치료사는 이것을 인덱스카드에 기록해야 하며(1인칭 언어로), 감정의 중요성을 인식시키기 위해 내담자로 하여금 그것을 읽게 하고, 회기 사이에도 여러 번 읽게 하며(가능하면 매일), 증상이 나타날 때는 특별히 여러 번 읽게 한다. 이렇게 하는 이유는, 암묵적 학습이 의식으로 나타나게 하려는 의도에서다. 증상과 관계되는 모든 진술은 기록으로 남길 필요가 있다.

위에서 언급한 알러스터의 예에서 보면, 인덱스카드에 이렇게 적혀 있다. '**만일 내가** 자신감에 차 있고 큰소리를 치면 내가 거만해 보이고 다른 사람들이 나를 싫어할 것이다. **그러니까 절대로 그런 일이 생기지 않도록** 자신감을 가지**면 안 된다.**'

내담자가 이 과제를 하게 되면, 그는 자동적으로 (치료사의 유도 없이) 암묵적 학습의 유효성에 대해 질문하기 시작한다든가, 내담자가 한 일 중에 부정적 결과를 경험하지 않은, 암묵적 학습에 어긋나는 삶에서의 예를 찾기 시작한다. 이것은 변화에 있어서 매우 중요한 과정이다. 특히 치료사의 요청에 의하지 않고 내담자 스스로가 이런 것에 도전하는 경우라면 더욱 그렇다. 이것은 내담자가 이러한 학습에 도전하는 주체가 된다는 의미이기 때문이다.

다음 회기에서 치료사는 내담자를 대상으로 그가 암묵적 학습을 어떻게 경험했는지 확인하는 것이 바람직하다. 내담자에게 암묵적 학습을 큰 소리로 이야기하도록 요청하고, 그가 그렇게 함으로써 무엇을 경험하게 되는지 주의를 기울이게 하며 표현하도록 하는 것이 도움이 된다. 치료사는 내담자에게 규칙에서 어떤 예외사항을 인지했는지 질문하거나, 이러한 학습에 어긋나는 어떤 증거를 발견했는지 질문할 수 있다. 만일 그렇다고 하면 치료사는 내담자로 하여금 반박을 하게 해 본다.

만일 내담자가 그의 암묵적 학습에 반하는 어떤 경험도 이야기하지 않는다면, 치료사는 그러한 증거로서 작용할 수도 있는 어떤 경험, 또는 이전 회기에서 논의되었던 것에 내담자의 주의를 환기시키는 것이 좋다.

이렇게 한 다음에 치료사는 재결단 치료에서 개발한, 인생 초기 장면 작업의 일환으로서의 방법을 사용하여 과정을 진행할 수 있다(Goulding & Goulding, 1979). 치료사는 내담자에게 그가 증상을 경험했던 장면(실제든 상상이든)을 마음속에 그려 보고, 그 장면에서 암묵적 학습에 대한 그의 말을 해 보도록 요청할 수 있다. 감정적 자극의 수준을 높이기 위해서는 '감정고조 기법'을 사용하는 것이 도움이 된다. 그런 다음에 치료사는 내담자에게 애초의 암묵적 학습에 반하는 경험을 기억하도록 요구함으로써 병렬 경험(juxtaposition experience)을 유도한다. 그리고 나서 내담자에게 그렇게 2가지를 동시에 경험하는 것이 어떤지 질문을 한다. 이렇게 이전의 기억과 새로운 기억을 동시에 활성화시키는 과정은 치료에 매우 중요한 과정이며, 이전의 기억을 해체시키고 새로운 학습이 기억으로 통합되는 것이 매우 중요하다. 새로운 것이 낡은 것의 회로를 차단하는 것이다. 내담자는 불편함을 느끼고 이전의 기억에 반하는 증거를 인지할 때, 이전의 암묵적 학습의 진술을 읽음으로써 상담 회기 사이사이에도 자동적으로 이 과정을 수행할 수가 있다.

내담자들이 이전에 사용하던 표현을 할 때 내부반응이 어떤지를 질문함으로써 변화를 확인할 수 있다. 그들은 '내가 도대체 왜 그것을 진실이라고 생각했지?' 또는 '내가 참 어리석었지, 안 그래?'라고 말하면서 당황해하기도 하고 재미있어할 것이다.

사례

알러스터는 그가 작성한 인덱스카드를 매일 읽어 왔다. 직장 근무 중에 그의 동료들 몇몇은 매우 자신감이 넘쳐 있었으며, 팀 내 다른 사람들이 그들을 좋아한다는 것을 알았다. 그는 또 그 사람들은 거만하지 않았으며 자신감 있고 다른 사람들을 존중한다는 것을 알고 있었다. 알러스터는 자신감은 가질 수 있는 것이며, 그것이 곧 거만하다는 것을 의미하는 것은 아니라는 것을 알게 되었다.

새로운 암묵적 학습 또는 재결단을 강화하기 위해, 치료사는 새로운 긍정적 결단을 카드에 적어 주고 내담자에게 일주일 내내 읽게 하는 것이 바람직하다. 그렇게 되면 내담자가 증상 또는 문제가 반복되지 않았다거나, 문제가 되는 감정적 반응을 보이지 않았다고 보고할 것이다. 이것을 위해 내담자는 그다지 많은 노력을 하지 않아도 된다. 증상이 남아 있다면, 그것은 그 증상을 잡고 있는 또 다른 이전의 암묵적 학습이 남아 있다는 증거이며 그것을 밝혀내고 대체함으로써 해결해야 할 문제이다.

주

1. 알러스터 사례의 전체 내용은 Widdowson(2014a)을 참조하라.

제 **2** 부

치료 프로토콜

제7장 치료의 구조와 치료의 초기단계
제8장 핵심 치료과정

7
치료의 구조와 치료의 초기단계

:: **개요**

역사적으로 여러 가지 치료법이 연구되었고 이것들이 표준화된 치료 매뉴얼의 적용에 근거가 되어 왔다. 우선 이 치료법들의 효능이 입증되면, 특이성이 없는 일상적 실제 상황에서 검증을 거침으로써 변인들이 전혀 통제되지 않는 전형적 임상 장면에서의 효과성을 최종적으로 결정한다. 본 연구는 이러한 과정을 역순으로 진행했다. 처음에 먼저 일상적 실제에 적용하여 긍정적 결과와 관련된 치료과정의 요소들을 검토한 후, 실제 치료에 적용할 수 있는 일련의 원칙들을 추출하여 이것들을 효율적 치료 매뉴얼로 만들었다.

치료에 관한 조사연구자들 사이에서 일반적으로 논의되는 불만이라면 그것은 연구 결과를 이용하는 치료사의 수가 많지 않다는 점이다(Morrow-Bradley & Elliott, 1986). 많은 치료사들은 흔히 심리치료 연구자들의 연구 결과가 자기들의 임상 실제에 적합하지 않은 경우가 많다고 주장한다(Widdowson, 2012a). 논의의 여지가 있을지도 모르겠으나 실제의 치료 적용으로 얻은 증거들로부터 만들어진 매뉴얼은 임상적 실제에서 사용되기에 더 적합하여 보다 더 높은 사용률을 가지리라 믿는다.

매뉴얼의 유효성

이 치료 매뉴얼은 저자의 박사학위 연구를 근거로 개발되었다. 연구는 우울증 치료에 적용한 단기 교류분석(TA) 심리치료의 과정과 결과에 대한 것이다(Widdowson, 2013). 이 조사연구에 포함된 몇 가지 사례는 이미 출판되었으며, 교류분석이 우울증 치료에 얼마나 효율적인 치료법이 될 수 있는가를 잘 보여 준다(Widdowson, 2012 b, c, d, 2014a). 이 연구는 '통상적 치료(treatment as usual)'를 조사했으며, 지역사회에 기반을 둔 일반적 심리치료에서 흔히 볼 수 있는 내담자들에 적용하는 자연주의적 치료계획(naturalistic protocol)을 따랐다. 교류분석에 의한 치료는 우울증 치료에 효율적이라고 알려진 다른 어떤 치료법들과 비교해도 손색이 없음을 보여 준다(Widdowson, 2013). 이러한 발견은 단기 교류분석 치료(12회기 이내)가 우울증과 불안 증상을 낮추는 데 단기 통합 심리 상담과 마찬가지로 효율적이라는 사실을 발견한 van Rijn, Wild, Moran(2011)의 효율성 연구가 지지하고 있다. 이 연구는 후속 연구(van Rijn & Wild, 2013)에 의해 재확인되었고, 나아가 교류분석 치료는 게슈탈트 치료, 통합 심리 상담, 인간중심 치료와 마찬가지로 우울증, 불안 증상 그리고 포괄적 · 정신적 고통 치료에 효율적이라는 것이 입증되었다. 이들의 분석에서는 벤치마킹 방법을 사용하였으며 여기에서도 교류분석은 인지행동치료와 비교해 손색없는 치료율(recovery rate)을 보이고 있다.

본 매뉴얼은 그 유효성을 입증하기 위하여 사례 연구를 통한 예비 테스트를 실시하여 왔으며, 만족할 만한 유효성을 보여 주고 있다(Widdowson, 2014a). 현재도 추가 테스트가 진행 중이며 그 결과는 곧 출간될 예정이다.

본 매뉴얼의 실제 적용과 가이드라인의 원칙들은 저자의 학위 논문을 근거로 서술되었으며 따라서 연구에 근거를 두고 있다. 아울러 본 매뉴얼은 광범위한 심리치료 연구문헌으로부터 수집한 가장 성공적인 치료들로부터 입증된 원칙과 안내지침을 포함하고 있다. 이러한 점들이 프로토콜(치료계획)의 효율성을 증대시키리라 생각한다.

결론적으로 현실적 증거들이 본 치료 매뉴얼을 지지하며 또한 이곳에 기술한 치료방법들이 다른 치료방법들과 마찬가지로 효과적이란 것을 나타내고 있다. 본 매뉴얼은 여러 가지 다른 시험과 검증을 통하여 유효성을 보여 준 다양한 치료방법들과 임상적 실제들을 근거로 통합하였기 때문에 본 매뉴얼을 사용함으로써 좋은 치료 결과를 기대하는 것은 극히 합리적이다.

적극적으로 매뉴얼의 검증에 참여하기

본 매뉴얼의 사용자들은 실제 적용과 관련한 체계적 사례연구를 수행함으로써 매뉴얼의 검증작업에 적극적으로 참여하여 주기를 당부한다. 유효성과 효능의 검증 역시 환영하는 바이다. 이러한 작업을 수행하기 위한 증거 베이스의 구축을 위한 안내와 지원이 필요하면 저자를 접촉하여 주기 바란다.

본 매뉴얼의 적용이 적합한 내담자들

이 매뉴얼은 특히 DSM-IV(APA, 1994)의 GAF(전반적 기능 평가: Global Assessment of Functioning) 척도에서 50 이상의 점수를 가지는 성인 내담자에 적합하도록 개발되었다. GAF 척도는 주관적 척도로서, 그 사람의 전반적 기능을 0과 100 사이에서 표시하도록 되어 있다. 50이란 점수는 직업적·사회적·교육적 기능에서의 심각한 증상 또는 심각한 장애가 있음을 나타낸다. GAF에 익숙하지 않은 독자들은 이 척도를 어떻게 만들고 또 어떻게 평가하는지에 대한 지식을 온라인에서 쉽게 구할 수 있다. GAF 척도상에서 50 이하의 점수를 기록하는 내담자들은 치료와 관련하여 투약의 필요성을 고려해 보는 것이 필요하며, 주치의와 상의하도록 하여야 한다. 40 미만의 점수를 갖는 내담자들은 정신의학적 투약이 필요할 수 있다. 이런 경우에 치료를 계속하기 위해서는 주치의로부터 동의를 얻을 필요가 있다.

특히 본 매뉴얼의 근거가 되는 연구가 보다 심한 우울증에 대한 교류분석(TA)의 유효성을 보여 주고는 있으나, 본 매뉴얼은 증상이 가볍고 심하지 않은 우울증의 치료를 위한 것이다(Widdowson, 2012b, c).

본 매뉴얼에 명기된 치료법은 공황장애, 전반적 불안장애, 사회적 불안, 건강 불안을 포함하는 불안장애들과 강박장애에도 많은 도움이 될 수 있다. 초기의 검증작업에서 본 매뉴얼은 동반이환성 불안(同伴罹患性, comorbid anxiety)을 가진 내담자들에게도 적합하다는 것을 보여 주고 있다(Widdowson, 2012d, 2014). 현재 본 치료 프로토콜은 동반이환성 외상후 스트레스 장애(comorbid posttraumatic stress disorder) 또는 섭식장애(eating disorder) 내담자에 대한 적합성 검증은 이루어지지 않았다. 본 매뉴얼이 치료사들의 일상적 치료실제에 사용됨으로써 발달되고 검증된다는 점을 감안하면, 동반장애(comorbid disorders)에 대한 유효성이 점차 데이터로 나타날 것이라 기대한다.

본 매뉴얼의 적용이 부적합한 내담자들

이 프로토콜은 현재 정신질환을 앓고 있거나, 약물 또는 알코올 중독이 진행 중인 사람들에게는 추천하지 않는다. GAF 점수가 50 이하인 내담자들에게는 이 매뉴얼에 기술한 치료방법보다 더 집중적인 장기 치료가 필요하다. 더불어 이러한 정도의 장애를 가진 내담자들에게는 우울증을 관리하기 위한 의학적 관찰과 투약 처방이 요구될 수 있다.

치료 반응과 결과 지표

연구에 따르면 우울증의 심리치료에서 가장 큰 변화가 생기는 때는 처음 8~10회기 이내일 때이며, 만성적 우울증의 경우에 치료를 통한 반응을 이끄는 데는 적어도 18회기가 소요된다(Cuijpers et al., 2010). 일반적으로 내담자를 12회기까지의 결과 측정치에 의한 진전 상태로 판단했을 때 치료에 대한 반응이 보이지 않는다면, 약물요법 또는 다른 치료사에게 이관 또는 다른 치료방법을 사용하는 것을 고려해 보아야만 한다. 마찬가지로 만성적 우울증 또는 기분저하증(dysthymia)의 내담자가 25회기가 될 때까지도 호전 반응을 보이지 않는다면, 다른 치료사 또는 기관으로 소개 · 이관하는 것을 고려해야 한다.

예외적인 경우는 아마도 심각한 성격적 병리/동반이환적 성격장애를 가지고 있으며, 내담자가 기꺼이 치료를 계속하겠다고 할 때일 것이다. 이것은 동반이환적 성격장애는 치료를 매우 복잡하게 만들고 또한 치료기간을 길게 만들기 때문이다.

이러한 경우에는 일반적 관례를 따라 내담자를 더 치료하는 것이 어떤 의미와 문제가 있는지, 또한 장기적 치료를 할 때 우울 증세의 호전 가능성에 대해 상의할 슈퍼바이저를 찾는 것이 좋다. Kopta, Howard, Lowry, Beutler(1994)의 발견에 따르면, 만성적 그리고 성격적 문제의 진전을 보기 위해서는 1년의 반응 시간이 필요하다.

본 매뉴얼은 유연하게 사용하라!

본 매뉴얼은 엄격하고 지시적으로 사용하도록 만들어진 것이 아니다. 숙련되고 효율적인 치료사라면 매뉴얼을 따라야 할 때와 내담자의 특수성에 초점을 맞추어야 할 때를 구별할 수 있을 것이다. 후자의 경우라면 트라우마 또는 사별과 같은 지극히 괴로운 인생사에 대한 반응이 포함될 것이다. 이런 때에 치료사는 당분간 매뉴얼의 적용을 보류하고 내담자가 인생에서의 어려운 시간을 잘 극복하고 감정을 효과적으로 관리하도록 도울 수 있는 잠정 계약을 맺어, 모든 것이 보다 안정적 상태로 회복되었을 때 매뉴얼로 돌아오는 것이 바람직할 것이다. 물론 이런 때의 치료는 변화를 매우 쉽도록 하며 또한 큰 도움을 줄 수 있으므로, 중요하고 지속적 변화를 가져올 수도 있다. 그럼에도 불구하고 치료사들은 자신의 치료적 판단과 직관을 믿고 본 매뉴얼을 유연하게 상황에 따라 사용할 것을 권고한다.

> 치료사는 훈련된 즉흥적 예술가와도 같으며, 매뉴얼만을 따르는 기술자가 아니다. '치료'는 지속적으로 진행되는 내담자와 공동으로 만들어 나가는 대화로 구성된다. 대화가 진행됨에 따라 어느 특정한 시간에 특정한 기술이 적합하다는 것이 떠오르는 것이므로, 그것을 미리 명시하고 예견할 수는 없다. 치료사의 중요한 기술이란 다음과 같은 능력이다. 즉 (a) 공감함으로써 내담자의 세계 속으로 들어가 진정한 '그 사람과의 만남'에 몰입하는 능력, (b) 함께 만들어 가는 대화에 몰입하는 능력, (c) '지금' 일어나고 있는 것 그리고 생산적 상호작용과 매 순간마다 모습을 드러내는 새로운 방향성에 대한 잠재가능성에 지극히 민감할 수 있는 능력을 말한다(Bohart, O'Hara & Leitner, 1998: 145).

우리는 다음을 인정한다.

치료사들은 어느 특정한 문제에 대하여 각기 서로 다른 방법을 사용하며, 각기 서로
다른 기술을 사용하지만, 이들이 기본적인 인본주의적 원칙을 적용하고 있다면 모두
다 유효하다. 따라서 치료사 행동의 통일성이란 기대할 수도 없으며 또한 바람직하
지도 않다. 바람직한 것은 치료사들이 자신의 독특한 '치유법'을 사용함에 있어 개
별적으로 각자 '자기 자신이 되는 것'이다. 치료사란 매 순간 또는 매시간 일관성을
지녀야 할 필요는 없다. 치료사는 자신과 내담자 간에 시간에 따라 나타나는 상호작
용의 흐름에 유연하게 적응하여야 하기 때문이다(Bohart et al., 1998: 145).

∷ 실제 적용을 위한 일반적 포맷

본 프로토콜의 일반적 포맷은 16회기의 매주 실시하는 개인치료를 근거로 삼았다.
1회기는 보통 50~60분이다.

슈퍼비전

이 프로토콜은 단기치료를 근거로 하였기 때문에 치료사는 적어도 한 달에 한 번의
슈퍼비전, 더 바람직하게는 2주에 한 번의 슈퍼비전을 받도록 권고한다. 특히 치료
사는 각 내담자가 세 번째 치료회기를 갖기 이전에 슈퍼비전을 받도록 적극 권하는
바이다. 이렇게 추천하는 이유는 치료에서 중요한 초기 단계에서 슈퍼바이저급의
투입을 갖도록 하며, 치료 프로토콜이 해당 내담자에게 적합한 것인가를 보장하기
위함이다. 이 프로토콜에서 각각의 내담자에게 할애되는 바람직한 최소 슈퍼비전
시간은 각 슈퍼비전 회기에서 15분이다. 치료사는 슈퍼비전에 정기적으로 회기의
음성 녹음을 가져가는 것이 좋다.

부수적 치료방법의 사용

투약 (제10장 참조)

비록 많은 사람들이 약복용 이전에 심리치료를 시도하는 것이 일반적이라 해도, 현
실적으로 우울증을 극복하기 위한 심리치료를 찾는 많은 내담자들은 이미 의사의

투약 처방을 가지고 있다. 많은 사람들은 투약에 대해 매우 부정적인 견해를 가지고 있으며, 약을 복용한다는 사실 자체로 이미 자신들을 '실패한 인간'이라고 생각하는 경우도 있다.

심각한 우울증에 대한 심리치료와 약물치료의 병행은 매우 높은 효능을 보여 주고 있다. 경미한 또는 심하지 않은 우울증에 대한 투약의 효능은 확인된 바가 없다. 영국 내에서 적용하는 국립건강 및 치료기관(National Institute for Health and Care Excellence, NICE)의 안내지침에는 가볍고 심하지 않은 우울증에 대한 치료는 심리치료로 선택되어 있다(National Collaborating Centre for Mental Health, 2009).

어떤 내담자들은 심리치료 도중에 투약의 양을 줄이거나 아예 중단하여 줄 것을 원하기도 한다. 이에 대해 내담자가 임상적으로 괄목할 만한 반응을 이룰 때까지, 즉 치료 결과 측정치들이 더 이상의 임상적 치료가 필요하지 않음을 나타낼 때까지는 내담자의 요구를 들어주어서는 안 된다. 만약 어쩔 수 없이 내담자가 원하는 바와 같은 상황이 될 때는 투약중단 기간 중에 내담자의 상태가 악화되지 않도록 심리치료를 계속하는 것이 현명하다. 더구나 투약 복용량의 감소 또는 완전 복용 중단은 의학적 지휘감독하에 이루어져야 한다. 약물 복용량을 줄이거나 중단하길 원하는 내담자들에게는 약의 처방 의사와 먼저 상의하도록 알려 주어야 한다. 심리치료 중에 약의 복용량이 변하면 무슨 원인으로 어떤 효과가 나타났는지 알기 어렵다. 그러므로 치료사는 심리치료의 중요한 부분이 끝날 때까지 몇 주 더 기다려 줄 것을 내담자에게 요구하는 것이 바람직하다.

배우자 또는 가족의 개입을 이용하기

본 프로토콜의 표준은 아니지만(단지 어느 개인의 치료 포맷에 근거한 것임), 내담자의 치료에 배우자 또는 가족을 적극적으로 포함시키는 것이 긍정적 효과를 가져올 수 있다는 것을 연구는 보여 준다. 또한 내담자의 가족 내의 심각한 갈등 또는 적대감으로 치료에 대한 좋지 않은 반응의 예측이 가능하다는 것도 연구를 통하여 알려져 있다(Chambless & Steketee, 1999; Zinbarg, Lee & Yoon, 2007). 배우자나 가족들은 긍정적이고 건강하게 상호작용하는 법을 익히고, 아울러 내담자의 우울 증세를 본의 아니게 강화하든가 지지하는 언동을 삼가는 법을 배우는 것이 도움이 된다. 또한 치료사와의 회기에서 내담자와 배우자와의 의사소통의 장이 마련될 수도 있으며, 이것은 관계개선에 긍정적 효과를 미친다. 만약 내담자가 빈약한 관계를 이야기하며 배우자와 함께 진행하는 회기를 요청한다면, 치료사는 최대 두 회기 동안 이를 실시할 수 있다. 이 문제에 관해서는, 치료사는 자신의 판단과 슈퍼바이저의 충고에 따르는 것이 좋다.

:: 전반적 회기의 구조화

회기의 구조화는 유익하다. 그리고 이 구조는 초기 회기들에서부터 적용하여 치료 기간 동안 그대로 같은 포맷을 유지하는 것이 좋다. 내담자는 빠르게 이러한 패턴에 익숙해질 것이며, 이것은 치료가 떠돈다든지 비생산적으로 진행되는 것을 막아 준다.

내담자에게 결과 측정지 양식을 작성하도록 요청하라

치료사는 첫 회기 중에 내담자에게 몇 가지 결과 측정지 양식을 작성하도록 요청하라. 이때 치료사는 내담자에게, 이것은 치료사와 내담자가 모두 '내담자의 현재 상황'을 파악할 수 있도록 하고 또한 치료를 통한 내담자의 차도(差度)를 모니터링하기 위한 것이라는 것을 설명해 주는 것이 좋다. 내담자에게 측정지에 대해 설명해 주고 작성하는 방법도 간단히 알려 주라. 어떤 내담자는 치료사의 면전에서 작성하는 것을 꺼릴 수도 있기 때문에 치료사가 몇 분 동안 자리를 비울 것이라는 것을 알려 주는 것이 도움이 된다. 치료사는 다시 돌아와서 내담자에게 그것을 작성할 때 어떤 생각이 들었는지, 느낌이 어떠했는지 또 질문이 있는지 등을 물어볼 수 있다. 이후의 회기에서는 주간(週間) 결과 측정지 양식, 펜, 클립보드 등을 내담자가 사용할 수 있도록 아예 비치해 놓고, 내담자가 도착하면 측정지 양식을 작성하도록 요청하는 것이 좋다. 이런 양식의 작성은 시간이 별로 걸리지 않으므로 회기를 시작하는 시점에서 내담자의 반응을 빠르게 살펴볼 수 있는 기회를 준다. 그럼으로써 그 회기의 내용에 측정 결과로 얻은 데이터를 병합할 수 있도록 한다(뒤의 '결과 측정지를 사용한 검진, 평가 그리고 진척 모니터링하기'를 참조하라).

초기 기분 확인 및 접촉의 확립

회기는 우선 내담자와의 접촉에서 '그래, 오늘 기분은 어떠세요?' 또는 '지난번 이후 어떻게 지내셨어요?'와 같은 부드러운 질문으로 내담자의 기분을 확인하는 것으로부터 시작한다. 이것은 어쩌면 내담자의 차도(差度)에 대한 초기 지표가 될 수 있다.

회기 연결

회기와 회기 사이의 지속적 연결감을 갖도록 하는 것은 도움이 된다. '지난번 이후 어떻게 지냈습니까?'라고 묻는 것이 어느 정도까지는 그 목적을 달성할 수 있도록 할 것이다. '지난번 회기에서 어떤 점이 가장 중요하게 생각되었습니까?' 또는 '지난번 회기에서 도움이 될 만한 것이 어떤 것이 있었습니까?'라고 질문하는 것도 좋을 것이다.

다음과 같은 질문도 좋을 것이다.

'지난 회기 때는 매우 흥분하셨던 것 같은데, 회기를 끝낸 후 느낌은 어떠했었는지요?'

'지난번에는 큰 변화를 보이셨는데/중요한 통찰을 얻으셨는데, 그 이후에는 어떠했습니까?'

'지난 회기에서 논의되었던 것들 중에서 오늘 계속 탐색하고 싶은 것이 있습니까?'

때때로 내담자들은 지난번 회기에 대한 것을 잘 기억하지 못한다. 만약 내담자의 패턴이 이렇다면 내담자에게 회기 중이라도 메모하는 것을 권하든지 또는 음성 녹음을 권해 보는 것도 좋다. 이것은 내담자가 자기 경험을 통합적 이야기로 형성하는 데 도움이 된다(Stuthridge, 2010).

회기별 목표 설정과 회기별 계약의 확인

몇 분 동안은 내담자가 편안함을 느껴 회기에 몰입할 수 있도록 한 후 회기 계약 또는 회기 목표를 설정한다. 이를 위해서는 다음과 같은 부드러운 질문이 좋다. '오늘 다루기 원하는 것이 있습니까?' 또는 다음과 같이 내담자와의 상담 내용 중에서 떠오르는 문제를 겨냥하는 것도 좋다. '이것이 오늘 다루기 원하는 문제입니까?'

만약 내담자가 장황한 이야기를 한다면 다음과 같이 부드럽게 개입하라. '잠깐만요! 내 생각에는 이 부분이 당신이 문제라고 여길 만한 부분인 듯싶군요. 이것이 오늘 다루기 원하는 문제입니까?' 만약 내담자의 답이 그렇다고 한다면 이렇게 말하라. '이 문제를 어떻게 구조화할 수 있을까요? 궁극적으로 당신에게 도움이 되고 또 치료 목표에 부합되도록 하려면 어떻게 하는 것이 좋을까요?'

만약 내담자가 자기는 무엇에 초점을 맞추어야 하는지 모르겠다고 하면 이렇게 질문하라. '당신이 지금 제일 중요하게 느끼는 것이 무엇입니까?' 또는 '당신이 회복하는 데 중요하다고 느끼는 특별한 장애물이나 문제점이 있습니까?'

만약 내담자가 무엇에 초점을 맞추어야 할지 정말 모르겠다면, 치료사는 회기를 잠시 더 계속하며 논의 중에 특정 문제가 드러나도록 한다. 어떤 문제가 드러나면 그때 치료사는 '그러면 당분간 이 문제에 초점을 맞추어 볼까요?'라고 물어본다.

만약 내담자가 계속해서 자기는 논의할 것이 없다고 한다면, 치료사와의 치료방법이 마음에 드는지, 아니면 다른 어떤 문제가 있는지 물어보는 것이 좋다. 치료사는 내담자가 회기에 참석하기 이전에 시간을 내어 이번 회기에서는 어떤 문제를 다루기 원하는지, 어떤 결과를 얻으려 하는지 미리 생각해 오도록 제의할 필요가 있다. 때로 내담자들은 간단한 노트패드를 항상 지참하고 떠오르는 생각이나 아이디어를 메모하는 것이 매우 유용하다.

내담자가 초점이 되는 이슈를 내놓지 못할 경우에는 치료사가 그 회기에 다룰 문제를 제시할 수 있다. 이런 때는 치료사는 논의할 만한 중요성이 있다고 생각되는 문제들을 제기하거나, 지난 회기들 중에 다루었지만 다시 다룰 문제들이나 또는 자신의 노트에 탐색이 필요하다고 적은 문제들을 논의할 수 있다. 이와 함께 내담자 치료계획을 정기적으로 확인하고 회기 직전에 다시 점검하는 습관을 갖는 것은 치료사에게 도움이 된다.

때로는 내담자가 회기에서 다루기 원하는 문제들을 아주 긴 리스트로 만들어 오기도 한다. 이런 경우에 치료사는 리스트에 적힌 여러 문제를 '관통하는' 어떤 주제가 있는가를 먼저 살피거나, 또는 내담자에게 이 문제를 다 다루는 것은 가능하지 않으니 우선 다루어야 할 문제들을 말하라고 할 수도 있다.

치료사는 항상 핵심적 문제에 초점을 맞추고 있어야 하며 구조화된 치료를 진행하여야 한다. 그러나 그 구조는 충분히 유연성을 가짐으로써 내담자의 욕구에도 반응적이며 내담자의 일상적 문제들도 다룰 수 있어야 한다. 마지막으로, 회기 계약을 경직되게 운영하지 말라는 것을 말하고 싶다. 그 회기 도중에 방향을 변경하고 재계약을 체결하는 것도 괜찮다.

과제 이행의 확인

치료사는 내담자의 치료에 대한 관심을 강조하고 유지시키기 위해 내담자가 집에서 할 과제를 잘 이행하는지 확인하여야 한다. 직설적 질문, 예컨대 '지난주 과제는 잘하셨습니까?' 정도면 충분하다. 그리고 내담자의 경험에 대해 충분히 논의하고, 어떤 어려움이 있었다면 메모한다. 이것은 앞으로 있을 과제를 논의할 때 유용하게 사용될 수 있다.

공감적 질문

치료사는 치료하는 동안 언제나 공감적이어야 한다. 어떠한 상황에서도 옳고 또 적합한 2가지 개입이 있는데, 그것은 공감과 질문이다.

치료관계에 항상 주의 집중하기

치료사는 항상 전반적 치료관계에 주의를 기울이고 있어야 하며, 어떤 종류의 동맹 관계의 파열이라도 해결해야만 한다. 미해결된 간극이나 갈등은 치료관계에 부정적 영향을 미칠 뿐만 아니라 내담자 각본의 어느 면을 강화시킬 가능성이 크다. 동맹관계의 간극이나 갈등의 시점에는, 오히려 내담자의 기존의 각본을 부정하고 사건에 새로운 의미를 부여할 수 있도록 도움을 줄 수 있는 가능성도 있다.

회기 계약에 명시한 문제 다루기

치료사의 자세는 공감적이고, 적당히 도전적이며, 협동을 도모하여야 한다. 치료사는 치료기간 내내 능력(potency; Steiner, 1968), 보호(protection)와 허가(permission) (Crossman, 1966)의 사용을 자각하고 있어야 하며 정보를 수집하고 내담자의 자각을 이끌어 내기 위한 적절한 질문을 하는 것이 바람직하다.

당신은 내담자의 이야기를 들으며, 그가 논의하는 문제들의 의미를 이해시키는 데 TA 이론이 사용될 수 있을까를 고려해 보라. 치료사는 적절할 때 부드럽게 개입하거나, 추가 정보를 얻기 위해 기다림을 선택할 수도 있으며 문제가 스스로 모습을 드러낼 수 있도록 적절한 행동을 취할 수도 있다.

만약 내담자가 원래의 회기 계약으로부터 벗어날 때는, '초점이 이쪽으로 옮아갔군요. 회기에서 다룰 포인트를 이것으로 잠시 옮기길 원하십니까?' 등과 같은 말로 재빨리 재계약을 해야 한다.

어떤 때는 회기가 끝나 갈 무렵 새로운 포인트가 대두되고 그것을 충분히 논의할 시간이 없을 경우도 있다. 이때는 내담자에게 다른 기회에 이 문제를 다룰 수 있겠는지 물어본다든지, 또는 다음 회기에서 이 문제를 다룰 것을 제의하고 메모해 둔다. 다음 회기에서 이 문제를 다시 집어내, 내담자가 이 문제를 회기 계약의 일부로 포함시키길 원하는지 여부를 확인하는 것이 좋다.

요약하고 논의를 이월하기

어떤 작업이 완료되었다고 생각되거나, 또는 회기의 끝에 치료사는 내담자에게 본 상담에서 무엇을 터득했는지, 또는 어떤 부분을 이제 다르게 행동할 것인지를 질문 하는 것이 좋다. 마찬가지로, 이 회기에서 가장 중요하게 생각되는 부분은 무엇인 지에 대해 질문하라. 이제 내담자가 다르게 행동할 것이 무엇인지 질문하고 간략하 게 합의된 과제 또는 행동계약을 다시 살펴본다.

　만약 미흡한 점이나 회기 진행 중에 새롭게 야기된 문제들이 있다면, 내담자에게 다음 회기에서 논의해도 되겠느냐고 동의를 구하고 내용을 메모해 둔다. 다음 회 기에서 내담자가 이 문제들을 제기하지 않아도 치료사가 이 문제들을 다루는 것은 중요하다.

과정 측정지 사용하기

과정 측정지를 사용하는 것은 치료 프로토콜의 통합적 부분이다. 회기가 끝날 무 렵 몇 분을 할애하여 내담자가 과정 측정지를 작성하는 것은 매우 유용하다. 측정 지 양식에는 치료를 통해 도움이 된 것들(Helpful Aspects of Therapy), 회기 평가 척 도(the Session Rating Scale), 작업 동맹 인벤토리(Working Alliance Inventory), 또는 회 기 평가 질문지(the Session Evaluation Questionnaire)가 있다. 이러한 치료과정에 대 한 측정지의 사용은 회기 중에는 드러나기 힘든 많은 정보가 드러나며, 치료관계에 서의 긴장 또는 간극을 파악할 수 있도록 한다.

　치료사는 이러한 측정 양식들을 구비하여, 자신의 선호에 따라 또는 내담자에게 가장 유용할 것이라 판단되는 한두 가지를 선택하여 사용하는 것이 좋다. 만약 치 료사가 가장 빠르고 간편한 측정지를 원한다면, 1분 이내에 작성이 가능하고 즉시 해석이 가능한 회기 평가 척도가 좋을 것이다. 회기에서 과정 측정지를 사용할 경 우, 치료사는 내담자의 반응을 논의하는 데 몇 분을 할애하거나, 또는 회기가 끝난 후 점수를 점검하여 적합하다고 판단되면 다음 회기에 이 문제를 다룰 수 있다.

　어떤 내담자는 측정지를 집에 가져가 작성해 오는 것을 좋아하는데, 그렇게 해도 좋다. 이런 경우에는, 다음 회기를 시작할 때 제출하도록 하여 논의하여야 할 특이 사항이 있는지 간단히 훑어본다. 만약 내담자가 측정지를 가져오지 않는다면, 치료 자체 또는 치료사와의 치료관계에서 어떤 문제나 어려움이 있는지 물어보라.

심적 불안과 고통의 관리

만약 회기가 특별히 감정적이었거나 또는 내담자가 심리적 고통을 심하게 느낄 때는, 치료사는 감정을 계속 다루는 것이 내담자에게 유익한 것인지(예컨대 일반적으로 내담자가 느낌을 회피하거나 차단시키는 경우, 또는 심리적 불안과 고통 자체가 또 다른 동기 유발요인이 될 경우, 또는 불안/고통이 일차적 핵심 감정의 표출로 보일 경우), 또는 시간을 할애하여 내담자의 감정이 진정된 연후에 귀가하도록 할 것인가를 판단하여야 한다. 이때 내담자에게 이 문제에 대한 치료사의 생각과 그렇게 생각하는 이유를 설명하는 것이 좋다. 내담자가 감정이 고조되어 있는 상태에서 떠나야 하는 경우에는, 회기가 끝난 후 내담자에게 어떻게 감정을 추스르려 하는가를 물어보라.

심한 감정적 고통을 겪는 내담자들은 회기와 회기 사이에 치료사를 접촉해도 좋은지 물어 온다. 일반적으로 이것은 바람직하지 않다. Maroda(2010)는 우리가 내담자와의 회기를 시작할 때는 심리적으로 준비된 상태이나, 반면에 회기와 회기 사이의 시간 중에는 우리가 사업적 일을 수행하느라 내담자를 지원할 만한 충분한 감정 에너지를 갖지 못할 수도 있으며, 또한 회기와 회기 사이의 만남은 치료과정에 오히려 해를 끼칠 수 있다는 것을 지적한다. 특히 Maroda는 심리적 불안을 겪는 내담자에게 전화상으로 지나친 공감을 보이는 것은 내담자를 보다 더 불안하게 만드는 경향이 있다는 것을 강조한다. 또한 Maroda는 치료사가 내담자와의 소통 수단으로 전화 대신 이메일을 사용하는 경우에 대하여, 내담자가 보내온 이메일은 모두 읽지만 회신은 하지 않으며, 논의는 다음 회기에서 다룰 것이라는 것을 미리 알리는 것이 바람직하다고 강조한다. 저자가 사용하는 방법은, 내담자들은 회기와 회기 사이에 일정에 대한 약속을 위해서만 근무시간 중에 전화통화가 가능하다고 미리 알린다. 저자의 경험으로 보면, 비회기 중에 치료사와의 접촉을 원한다는 것은 내담자가 매우 불안감을 느끼고 있다는 것을 의미하는데, 이런 경우에는 불안 문제를 회기 중에 다루는 것이 더 효과적이다. 또한 어떤 내담자들은 '비상상황'과 만성적 불안상태를 구별하는 법을 교육받을 필요가 있다. 이러한 경우에는, 정서 조절(affect regulation)에 초점을 맞춘 치료작업이 제시된다.

변화를 강화하기

중요한 변화의 돌파구가 회기 중에 일어났다면, 회기 이후의 몇 시간이 이러한 변화를 유지시키고 강화하는 데 매우 중요하다는 것을 내담자에게 설명해 주는 것이 좋다. 이러한 변화의 탄성을 유지하고 이 기회의 창문을 이용하기 위해 무엇을 할 것인가를 내담자에게 물어보라.

변화의 두려움에 반응하기

일부 내담자들은 변화에 대한 두려움을 보고한다. 정확히 말하면, 자기가 변화하여 '이기적이고 이상한 사람'이 된다는 것에 대해 두렵다는 것이다. 이런 상황에서는, 내담자에게 치료를 받은 사람들은 일반적으로 보다 더 공감적이 되고 적절한 인간 관계에서의 경계에 대한 훨씬 현명한 생각을 발달시킨다는 것을 확실히 알려 주어야 한다. 물론 개선된 경계들이란, 내담자는 보다 더 자기확신적(assertive)이 되며 또한 자신의 변화 과정에서 가족이나 친구들로부터의 저항에 직면할 수도 있다는 것을 의미한다. 이 문제는 민감하게 다뤄야 하며, 변화가 합리적이냐 아니냐는 내담자 자신이 직접 검증해 보도록 도움을 줄 수 있다. 변화에 대한 두려움과 관련한 다른 걱정들은 불확실한 것(uncertainty)에 대한 막연한 두려움과 연관되어 있다. 이것은 일반적으로 불확실성과 모호함을 인정하는 데 어려움을 갖는 불안 증세를 가진 내담자들의 문제일 경우가 많다. 불확실성과 모호함에 대한 내성(耐性, tolerance)을 개발시키는 것은 불안을 경험하는 내담자들에게 유용한 치료적 초점이다.

∷ 시작단계

시작단계는 1회기부터 3회기까지를 말하며, 다음 사항들에 초점을 맞춘다.

1. 치료를 위한 내담자 역할 유도하기
2. 내담자에 대한 평가 실시하기
3. 치료적 동맹 이루기
4. 문제 공식화(formulation), 치료 목표 및 계약 체결하기
5. 우울증의 본질과 원인에 대한 통찰의 증대와 이해하기
6. TA를 활용한 진단과 치료계획 세우기(사례 공식)
7. 동기와 기대 증진

여기에는 치료의 과제, 목표, 유대관계가 포함되며 그럼으로써 치료작업에서의 동맹관계를 확립한다.

무엇보다도, 내담자와의 첫 대면에서부터 또 치료 내내 지속적인 공감의 자세를 유지하여야 한다. 감각적으로 민감하여야 하지만 또한 질문을 사용한 탐색도 하여야 한다. 또한 3P(보호, 허가, 능력: protection, permission, potency; Crossman, 1966; Steiner, 1968; Widdowson, 2010)가 내담자에게 전달되도록 하여야 한다.

역할 유도 : 장면의 설정

치료와 역할을 통해 무엇을 기대할 수 있는가에 관한 사전 준비과정을 갖는 내담자가 치료에서 보이는 반응이 훨씬 좋다는 증거들이 있다. 또한 (치료에는 힘들고 고통스러운 감정의 경험이 수반된다는 마음의 준비를 하고) 현실적 기대치를 갖는 내담자들은 중도포기가 별로 없으며 매 회기를 보다 더 생산적으로 사용할 가능성이 높다(Constantino, Ametrano & Greenberg, 2012; Constantino, Glass, Arnkoff, Ametrano & Smith, 2011; Widdowson, 2012b, c, d, 2013).

준비과정은 내담자에게 '심리치료에서 최대 효과 얻기'(부록 1 참조)를 읽히는 것이다. 치료사는 내담자 면접단계에서부터 오해를 바로잡고 협조적 관계 증진을 도

모하기 위하여 치료과정과 역할에 대한 기대치의 문제를 거론하는 것이 좋다. 이것은 내담자에게 다음과 같은 간단한 질문을 함으로써 가능하다. '치료에서는 어떤 일이 일어날 것이라고 생각합니까? 심리치료에서 무엇을 기대하시지요?'

바람직한 대화의 예:

치료를 통해 많이 호전될 수 있는 기회가 있습니다. 어쩌면 16회기를 통해 완전히 우울증을 극복할 수도 있습니다. 중요한 결정요소들 중 하나는 당신이 회기 사이사이에 얼마나 많은 노력과 실천을 할 마음의 준비가 되어 있느냐 하는 것입니다. 당신이 회복되기 위해서는 당신 자신이 정말로 적극적이어야 한다는 것은 아무리 강조해도 충분치 않습니다. 당신이 우울할 때 문제가 되는 것은, 도무지 아무것도 하고 싶지 않다는 것, 희망이 없다고 생각하는 것, 억지로 무언가를 해 본다 해도 달라질 게 없다는 생각, 그러니 무엇을 해 봐도 의미가 없는 짓이란 그 생각입니다. 그런 것들이 우울증의 덫입니다. 만약 무언가를 해 보고 싶을 때가 오길 그냥 기다린다면, 증세가 호전될 것을 기대할 수 없습니다. 중요한 것은 비록 내키지는 않지만 당신 자신이 변화를 적극적으로 만들어야 한다는 것입니다. 조금만 노력한다면, 기분이 좋아지고 이러한 변화를 만들어 내는 일이 보다 쉬워질 수 있습니다. 물론 처음에는 쉽지 않겠지만, 약 2주 정도만 노력한다면 효과가 나타나기 시작할 것입니다.

치료시간은 고작 1주일에 1시간이며, 이것은 당신이 깨어 있는 시간 중 1%에 불과합니다. 당신이 나머지 99%의 시간, 167시간을 어떻게 보내는지가 치료의 성공과 직결되어 있습니다. 모든 회기를 생산적으로 만들기 위해서는, 매일매일 회복을 향해 도움이 될 수 있는 것들을 실천하는 데 적극적이어야만 합니다. 나는 당신이 매일 최소한 20분을 할애할 것을 권합니다. 만약 당신이 40분에서 60분 사이를 매일 할애할 수 있다면 더욱 훌륭하죠. 만약 자유로운 시간이 별로 없다면, 할애하는 시간의 질을 높이세요. 이 말은 많은 노력을 이러한 추가적 활동에 쏟아야 한다는 의미입니다.

내담자에게 할 치료적 질문에 대한 마음의 준비를 시키는 데 다음과 같은 말이 도움이 될 것이다.

나는 많은 질문을 할 것입니다. 어떤 질문들은 뻔하고 당연한 답을 가진 듯한 것들도 있을 겁니다. 그러나 중요한 포인트는, 나는 어떤 추측도 하지 않을 것이라는 것입니다. 그러니 내 질문들에 인내심을 좀 가져 주었으면 좋겠습니다. 어떤 때는 내가 전에 했던 질문을 반복할 때도 있습니다. 그러나 그것은 특정 이슈에 대해 그 시점에서 우리의 위치를 탐색하기 위함이거나, 또는 당신 경험의 특정 측면을 연계시키기 위한 것입니다. 처음에는 좀 이상하게 생각될지도 모르겠지만, 곧 나의 생각이나 의미를 알 수 있게 될 것입니다.

∷ 내담자를 장래의 회기에 준비시키기

노트패드를 항상 지참하고 다니며, 회기에서 다루고 싶은 사항들이 생각날 때마다 적는 습관은 매우 유용합니다. 만약 준비하지 않았다면, 바로 준비하길 바랍니다. 그것이 아니라도, 휴대전화의 메모/노트 앱을 사용해도 좋습니다. 어떤 사람들은 그게 더 편하다고 하더군요.

초기 회기에서 문제 확인하기

내담자에게 나타나는 문제, 증상 그리고 치료에 오게 된 이유에 대해 질문하라. 또한 내담자의 일상적인 주요 정서적 경험에 관해 질문하라. 예를 들면, 그의 기분이 저하되어 있는지, 우울한지, 초조한지, 죄의식을 느끼는지, 부끄럽게 느끼는지, 분노를 느끼는지 또는 짜증스러운지? 이런 느낌들이 내담자의 일상생활에 어떤 영향을 미치는지 그리고 내담자의 기능에 어떤 영향을 주는지를 질문하라. 예를 들면, 내담자가 이런 느낌들로 인해 어떤 의미에서의 제한을 경험하는지, 또는 어떤 행동들이 제약받는지를 자신은 알 수 있다.

이 단계에서 치료사는 내담자가 자신의 문제를 확인하기 위한 내적 탐색을 진작시킬 수 있도록 도와주어야 한다. 즉 이것은 내담자가 할 수 있는 내적 변화라는 관점에서 자신의 문제의 틀을 잡는 것을 말한다. 이것은 특별히 열악한 외부적 환경(예컨대 빈곤)을 가진 내담자에게는 어려운 일일 수 있다. 그러나 치료사는 치료 자체가 그러한 외부적 환경을 바꿀 수는 없으나, 내담자가 이 세상을 살아 나가는 데 보다 더 활발하고 더 참여적이 되어 인생사를 더 잘 관리할 수 있도록 도움을 줄 수 있다는 것을 확실하게 강조하여야 한다. 이렇게 하는 것이 결국에는 내담자가 자신의 외부적 환경을 적극적으로 변화시키는 데 도움이 될 것이다.

내담자에게 자신의 감정을 제어하고 문제를 해결하기 위해 지금까지 어떤 정책들을 사용해 왔는지를 질문하라. '이것저것 모두 해 보았습니다'는 대개 정확한 답이 아니거나, '많은 시도를 해 보았는데, 전력을 기울여 한 것은 아니고 약 5분 정도' 시도해 보았다는 의미일 것이다. 내담자의 생각에 그가 시도해 본 전략들이 완벽하게 성공했는지 아니면 부분적으로 성공했는지, 또는 실패했는지를 질문하라. 그가 사용한 전략들의 효과가 간헐적일 가능성도 있다—즉 어떤 때는 성공적이고 또 어떤 때는 실패하고. 어떤 전략이 어떤 상황에서 가장 효과적이었는지를 알아내는 것은 유용하다.

초기 계약

계약은 TA 치료에서 중심이 되는 부분이다. 계약은 완벽한 최종 치료계약을 만들기 위한 충분한 탐색이 이루어지기까지는, 처음 시작단계에서는 극히 엉성하고 유동적이고 치료과제에 초점을 맞춘 것일 수밖에 없다. 첫 단계의 계약으로서 다음과 같은 것을 제안할 수 있다.

> 과정의 한 부분으로서 다루어야 할 것들이 몇 가지 있어요. 첫 번째는, 심리 내부에서 또 매일의 일상생활에서 당신을 우울하게 만드는 무슨 일이 당신에게 일어나고 있는가를 찾아내는 것입니다. 그런 작업을 하는 중에 우리는 당신이 바꿀 수 있는 어떤 것들과 분명히 마주하게 될 것입니다. 우리가 점검하여야 할 또 다른 영역은 우선 당신을 우울감에 무기력하고 취약하게 만든 것이 무엇인가이며, 그리고 그런 것들이 어디로부터 왔는지입니다. 이 작업은 마치 아킬레스건을 찾아 문제를 해결하려는 시도와 유사합니다. 어떻게 생각하십니까?

또는

> 앞으로 몇 주에 걸쳐 우리가 어떻게 협조관계를 이루어 치료작업을 수행할 수 있는가 하는 방안을 찾는 것입니다. 우리는 어떤 일이 당신에게 일어나고 있는지, 어떻게 지금의 상태에 이르게 되었는지를 탐색하고 이해하기 시작할 수 있습니다. 나는 질문을 많이 할 것이고, 어쩌면 그 답은 매우 당연해 보이는 것일 수 있습니다. 그러나 중요한 것은, 나는 어떤 추측도 하지 않아야 하며, 대신 당신의 관점에 초점을 맞춘

다는 것입니다. 도중에 우리는 본격적인 변화 과정을 시작하기 위한, 실험적 시도를 해 볼 영역을 발견할 수도 있으며 또는 새로운 방법을 찾아낼 수도 있습니다. 내 말에 동의하십니까?

위의 두 가지 계약 모두 치료 과제를 겨냥하여 언급하고 있으며, 아울러 치료의 시발을 제의하고 있다.

치료 목표에 관한 계약에 관해서, 치료사는 내담자가 제기하는 문제들을 초기 치료계약의 근거로 사용할 수도 있다. 예를 들면

좋습니다. 지금까지의 모든 것을 종합한 것으로 미루어 당신에게서 확인하고자 하는 것은 당신은 치료의 초점을 우울증을 극복하도록 도움을 받기 원한다는 것입니다. 또한 당신이 말한 것은 사회적 관계에서 불안을 느끼고 무슨 일을 제대로 해내지 못했다는 것입니다. 맞습니까?

Allen 부부(1997)는 대화를 통한 개입에 관한 흥미 있는 구성주의자로서의 견해를 제시했는데, 사람들은 이것을 '변화를 가능하게 만드는 대화(transformative dialogue)'라고 부른다(p. 95). 치료사들은 문제를 과거의 시제로 언급하도록 하며, 아울러 변화의 기대를 암시하는 문장을 사용하도록 한다. 예컨대 '그래요, 당신은 과거를 아예 묻어 버릴 방법을 찾기 위해 방문했군요!' 이러한 적극적 대화는 내담자가 기존의 부정적이며 제한적인 서술(narrative)을 지양하고 보다 유연하고 적응적인 서술을 할 수 있도록 돕는다고 알려져 있다.

초기의 사례 공식

치료사가 내담자의 주 각본 주제, 특히 자기에 대한 신념과 타인에 대한 신념을 빠르게 알아차린다는 것은 매우 중요하다.

∷ 결과 측정지를 사용한 검진, 평가 그리고 진척 모니터링하기

치료과정 중 내담자의 진척상태를 모니터링하고 아울러 치료의 평가와 연구를 위

한 증빙을 제공할 수 있는, 검진과 평가의 목적으로 사용되는 여러 가지 결과 측정지들이 있다. 그 종류는 수십 가지가 있으나, 여기서는 채점하기가 용이하면서도 임상적으로 유용한 정보를 제공하는 3가지를 소개한다. 그것은 CORE 결과 측정지(Clinical Outcomes in Routine Evaluation Outcome Measure, CORE-OM: 일상적 평가에 따른 임상 결과 측정지), Patient Health Questionnaire-9(PHQ-9: 내담자 건강 질문지) 그리고 Generalised Anxiety Disorder-7(GAD-7: 일반불안장애)이다. 모두 인터넷으로 무료로 구할 수 있다. 지금 당장 이 책을 더 읽기 전에 다운로드받으면 좋을 것이다.

측정지들은 내담자가 완성하는 질문지 형태를 취하고 있다. 새 내담자들은 모두 적어도 처음 6회기 동안, 첫 회기에 그리고 이후 회기에서는 시작할 때 이 측정지를 사용하여 정기적으로 검사한다. 이후 회기에서는 측정지는 적어도 4회기에 한 번꼴로 사용하는 것이 좋다. 첫 회기에서의 점수는 진도를 모니터링하는 수단이 되고, 출발점의 점수를 제공하며, 그 이후의 점수는 치료가 궤도를 따라 잘 진행되고 있는지에 관한 지표를 치료사와 내담자에게 제공한다. 치료가 잘 진행될 때는, 내담자의 점수가 내려가고 이것은 치료사나 내담자에게 모두 치료가 효과가 있다는 확신을 준다. 만약 점수가 나빠지거나 좋아지지 않는다면, 이것은 내담자의 문제를 더 잘 다룰 수 있는 다른 방법으로 치료를 수정하여야 할 필요가 있다는 의미이다.

소개한 3가지 측정지가 비록 견고한 타당성을 갖고 있어 검사, 평가, 모니터링 목적으로 사용된다고 해도, 이것은 내담자에 대한 임상적 진단과 언제나 진행형인 평가 그리고 모니터링의 대체 도구가 될 수 없다는 것을 잊지 말아야 한다.

CORE 결과 측정지(CORE-OM)

CORE-OM에는 4가지의 부척도(副尺度, subscales)가 있는데, 이것은 주관적인 삶의 만족도(W: well-being) 관계 4문항, 문제/증상(P: problems/symptoms) 관계 12문항, 생활 기능(F: life functioning) 관계 12문항, 그리고 위험/상해 요소(R: risk/harm) 관련 6문항으로 이루어져 있다.

점수 계산하기

임상 점수를 계산하려면, 각 질문에 대한 점수를 모두 더하여 합계를 답변한 질문 문항 수로 나눈다(만약 내담자가 문항을 모두 기재했다면 34이다). 그리고 얻은 숫자에 10을 곱하면(그러면 소수점이 오른쪽으로 한 칸 이동한다) CORE 임상 점수가 된다. 예컨대 1.8의 숫자였다면 그것은 18점이 된다. 만약 원한다면 부척도별 점수를 계산해 보는 것은 자유지만, 부척도별 점수는 불필요하다.

치료 우선순위에 대한 권고

CORE-OM 양식을 채점할 때, 내담자가 3 또는 4점을 기록한 문항들의 키워드를 포스트잇에 적었다가 내담자 회기 노트에 첨부하라. 왜냐하면 이 키워드들이 내담자에게 가장 문제가 되는 것일 것이며, 우선해야 할 치료문제로 간주할 수 있다. 따라서 회기에서 우선적으로 탐색되어야 할 문제로 내담자에게 제기하는 것이 바람직하다. 다음과 같이 이야기하는 것이 좋다. '당신의 검사 점수를 훑어보았는데, 아마도 당신에게 많은 문제를 야기할지도 모르는 몇 가지 이슈에 주목하게 되었습니다. 이 문제들을 당신이 더 잘 관리할 수 있도록 도움을 줄 수 있을지 지금 당장 이야기해 보는 것이 어떻겠습니까?'

CORE 임상 점수 대역

0~10 : 건강함/치료 불필요

10~14 : 낮은 수준/증상의 미발현(잠재적)

15~19 : 가벼운

20~24 : 중간 정도의

25~29 : 비교적 심각

30+ : 심각

PHQ-9

PHQ-9은 9개 항으로 구성된 내담자가 직접 작성하는 우울증상을 측정하는 도구다. 문항들은 주요우울장애에 관한 DSM-IV 기준에 근거를 둔 것이다. 이것은 측정치로서의 정당성과 신뢰성을 가지며 또한 관리, 점수화, 해석하는 데 쉽고 간편하다. 내담자는 질문지를 읽고 지난 2주 동안의 상태에 가장 적합한 점수에 동그라

표 7.1 PHQ-9의 우울 정도와 치료

PHQ-9 점수	우울 정도	추천하는 치료 행동
0~4	해당 없음	해당 없음
5~9	가벼운	'주의 관찰' 심리치료 시작
10~14	중간 정도의	심리치료 시작. 약물치료를 위해 가정의 이관 고려
15~19	비교적 심각	심리치료 즉시 시행. 가정의에게 이관에 대하여 내담자와 상의 요함
20~27	심각	심리치료와 약물요법의 동시 시작. 만약 4주 이내에 치료에 대한 차도를 보이지 않으면 정신과 의뢰 요청

미를 치면 된다. 각 점수를 합하여 전체 점수를 얻는다(표 7.1).

GAD-7

이름이 시사하는 바와 같이 GAD-7은 DSM-IV 일반불안장애의 진단 기준에 근거하고 있다. 임상적으로는, 이것은 불안의 주된 증상을 포함하며 내담자의 불안 정도를 측정하는 목적으로 사용되는데 다른 불안장애들과도 상당한 일치성을 보인다.

GAD-7은 각 항의 점수를 합하면 간단히 얻어진다. 합계 점수는 0과 21 사이의 숫자를 나타낸다.

GAD-7 임상 점수 대역

0~5 : 가벼운 불안   6~10 : 중간 정도의 불안

11~15 : 비교적 심각한 불안   15~21 : 심각한 불안

실제 점수 3까지는 걱정할 정도는 아니지만 경과성 또는 상황적 스트레스요인(transient or situational stressors)과 관련이 있을 수 있다. 1~3의 점수에 나는 '관찰하며 기다림'을 추천한다. 이렇게 낮은 점수의 내담자에게는 심각한 불안이나 장애가 보통 야기되지 않는다. 6을 넘는 내담자들과는 자세히 상의할 필요가 있으며, 이러한 점수가 단지 일시적 또는 상황적 반응 때문이라고 생각하는지, 또는 이것이

내담자의 일상적 불안 상태를 나타낸다고 생각하는지를 알아내야 한다. 10 이상의 점수는 임상적으로 매우 중요하며 추가 검사가 필요하다.

CORE, PHQ-9 그리고 GAD-7을 활용하는 결과 모니터링의 기준

내담자의 진행상황을 이러한 결과 측정지들을 사용하여 확인할 것을 권한다. 매 회기마다 확인하는 것이 이상적이나 적어도 2~5회기에 한 번은 실시하는 것이 좋다. 점수가 2.5점 또는 그 이상 나빠졌을 때는, 내담자의 상태가 악화되고 있거나 또는 중도에 치료를 중단할 위험이 있다는 것을 의미한다. 이러한 경우에는, 당신이 내담자와 진행하는 치료가 적절한지 슈퍼바이저와 상의할 기회를 갖는 것이 좋다. 또한 내담자에게 직접 치료에 대해 어떻게 느끼는지, 당신의 치료방법이 효과가 있는지, 아니면 다른 방법을 사용하는 것이 좋다고 생각하는지를 물어보는 것도 좋은 방법이 될 수 있다. 내담자는 자신의 정서적 부분과 더 많은 접촉을 하게 되면서, 때때로 일시적 악화를 경험할 수 있다. 내담자는 심화되는 증상이 치유과정의 한 부분인지 아닌지를 알 수 있으므로, 내담자가 만약 고통의 증가현상이 도움이 되지 않는 것으로 느낀다면 당신의 치료방법을 바꾸는 것이 현명하다.

내담자의 점수 기록하기

내담자의 진행상황을 쉽게 알아볼 수 있도록 점수를 기록하는 간단한 방법을 고안하는 것이 필요하다. 이것은 아주 단순한 표의 형태로 만들면 될 것이다. 이 표를 내담자별 노트에 보관하면 나아지고 있는지 또는 악화하고 있는지를 쉽게 파악할 수 있다.

∷ 동기

동기 평가하기

내담자의 치료 동기를 평가하는 지표는 몇 가지가 있다. 이것은 다음을 포함한다.

- 심리적 이끌림(Widdowson, 2010 참조)
- 숙고(熟考), 자기반성, 정직함(솔직함)의 능력
- 치료에 적극적으로 참여하겠다는 마음
- 자기에 대한 이해를 증진하려는 호기심과 흥미
- 치료에 대한 현실적 기대감과 목표
- 변화과정의 한 부분으로서의 합리적 희생을 감수하겠다는 생각(Sifneos, 1980)

동기와 실천의지

무엇보다 중요한 것은 내담자가 변화의 동기를 느끼고 치료에 전념한다는 것이다(Woollams & Brown, 1979). 그래야만 변화의 과정을 시작부터 성공적으로 만들 수 있다. 내담자의 동기가 분명치 않으면 치료의 성공이 쉽지 않다. 내담자가 변화의 과정에 대하여 모호하거나 불확실하게 생각하는 것은 정상적이다. 변화하기 위해 필수적으로 요구되는 것들이 얼마나 많으며 또 얼마나 열심히 하여야만 하는가를 알게 되는 것 자체가 내담자에게는 매우 벅찬 것이다. 아래는 *Motivational Interviewing*(Miller & Rollnick, 2002)에서 인용된 내용인데, 다양한 문제와 장애의 치료 초기단계에서 효과적 접근임은 물론 유용한 보조수단으로 평가되어 왔다. 치료기간 중에 정기적으로 이러한 원칙들을 참조하면 도움이 될 것이다. 전반적 변화의 과정에는 성공에 대한 높은 수준의 지속적 동기와 실천이 필요하기 때문이다.

동기강화 상담기법의 5가지 원칙

공감을 표시하라

동기강화 상담기법의 유래는 Rogers와 인간중심 상담이라 할 수 있다. 기본적으로 이들의 관점은, 내담자가 변화과정을 진행하기 위해서는 공감적 치료사를 경험할 필요가 있다는 것이다. 내담자는 변화한다는 것은 어려운 일이라고 느끼고 있으며, 치료사를 방문하였을 때는 감정이 굳어 있거나 따라서 전문가의 도움이 필요한 상태가 된다. 내담자는 때로는 두렵고 나약하고 당황하기까지 한다. 이때 치료사는 내담자에게 그런 느낌은 이상한 것이 아니며 일반적인 것이므로 염려하지 않아도 된다는 것을 알려 준다. 그러면 보통은 내담자는 안정을 찾는다. 공감하고 판단하지 않는 치료사의 태도는 변화를 위한 긍정적 분위기를 만들고 긍정적이며 협조적인 치료작업 동맹을 이루는 데 도움이 된다. 치료사는 기본적 경청의 기능을 최대한 사용하고 발휘하고 있다는 사실과 내담자와 그의 상황을 이해하기 위한 진실한 노력을 하고 있다는 사실이 전달되도록 할 필요가 있다.

논쟁을 피하라

치료사는 때론 내담자를 설득하여 변화를 선택하도록 하거나, 또는 논쟁을 통해 다른 관점으로 설득을 시도하다가 의도와는 달리 저항을 불러일으키는 경우가 있다. 치료사는 내담자의 변화에 대한 모호성을 수용하고 또한 내담자가 자유롭게 받아들이거나 또는 거절하거나 할 수 있는 새로운 관점들을 제시함으로써 도움이 되지 않는 논쟁이나 게임에 휘말리지 않도록 해야 한다.

자기효능감을 지원하라

자기가 변화를 만들 수 있는 능력이 있다는 믿음은 내담자가 변화과정에 쏟는 노력에 매우 중요한 역할을 한다. 치료를 위해 오는 내담자들, 특히 우울증 증세를 가진 내담자들은 의기소침하고 절망감에 빠져 있다. 그 사람들은 일반적으로 자신의 효능감에 대한 확신이 결여되어 있으며 따라서 자신의 시도가 쓸모없는 것이라고 느낀다. 현실적이지 않은 지나친 격려를 유보하고, 내담자의 자신에 대한 믿음과 변화를 주도할 수 있는 능력을 지지함으로써 치료사는 부드럽게 내담자의 변화를 지원할 수 있다. 이렇게 하는 한 가지 방법은 매우 훌륭한 내담자의 생활의 한 부분을 부각시키거나, 또는 매우 효과적으로 처리했던 과거의 성공이나 도전의 사례들에 내담자의 주의를 환기시키는 것 그리고 내담자가 변화에 필요한 자원을 이미 가지고 있음을 당신은 믿고 있다고 알려 주는 것이다. 예를 들면,

> 이렇게 저렇게 매우 어려운 시간을 보내신 것 같습니다. 당신이 생각하기에 그동안 그다지 잘 대응하지 못한 것같이 느껴진다 할지라도, 심지어 그만 끝내고 싶은 순간

이 있었다 할지라도, 당신은 정말 잘해 오셨고 또 잘하고 계신 겁니다. 이렇게 잘 견디고 계신 것은 자신이 생각하는 것보다 더 훌륭한 투쟁 정신을 갖고 있다는 것을 의미합니다. 그것은 정말 당신이 훨씬 좋아질 수 있다는 것을 분명히 말하고 있는 것입니다.

명확하고, 작고, 달성 가능한 목표를 설정하는 것이 자기효능감을 증대시킨다는 연구는 많이 있다. 전반적 목표설정 과정 역시 도움이 될 수 있다. 그러나 작은 목표들을 설정할 때는 내담자에게 이렇게 물어보는 것이 좋다. '이것을 할 수 있겠습니까?'

저항에 대처하라

내담자들은 일반적으로 변화과정에 대해 모순된 양면성을 보인다. 내담자가 자신이 쏟아 부어야 할 노력의 양에 대해 두려움을 느끼는 것은 흔히 있는 일이다. 이러한 두려움은 치료에 방해가 된다. 또한 내담자의 어린이자아상태(C)는 치료를 자신의 지속적 정체감에 위협이 된다고 감지할 수도 있다. 많은 내담자들이 다른 모습으로 변화하고 싶다는 것은 옳은 말이지만, 한편 변화하고 싶지 않다는 것도 옳은 말이다. 이 문제를 내담자에게 제기하고 치료의 결과로서 '최상의 자기(best self)'와 함께하는 기쁨이 있다는 것을 알려 주는 것이 좋다.

모순을 조장하라

내담자들은 흔히 감정을 다루는 데 도움이 되어 왔던 그들의 전략과 방법이 문제가 있거나 그럴 소지가 있더라도 그것을 고수하려고 한다. 아울러 내담자는 변화의 결과에 대해 두려움을 느낄 수 있다. 언제나 변화를 찬성하는 논리와 그 반대의 논리 사이에는 균형을 잡으려는 행동이 존재한다. 치료사는 모순을 조장함으로써, 내담자가 변화에 찬성하는 논리를 개발하도록 도우며, 아울러 변화에 주저하는 그 반대의 논리도 인정해 준다. 내담자가 변화를 위해 기울여야 할 노력의 총량에 대해 두려움을 느끼지만, 한편 그의 문제가 얼마나 많은 에너지를 빼앗아 가고 있는지에 대한 사실을 간과하는 것은 흔히 있는 일이다. 이 점을 강조하면 변화를 만드

는 데 필요한 노력이 덜 부담스럽게 느껴질 수 있다. 그러면 정서적 면에서 다음과
같이 정상화될 수 있을 것이다.

> 당신이 얼마나 우울한 상태인가를 감안하면, 아마도 가파른 언덕길을 올라가는 것
> 과 같은 생각이 들리라고 생각됩니다. 이것은 마치 우울 증세가 당신의 사고능력을
> 구름처럼 가려, 당신을 위축시키고 희망이 없는 것처럼 느끼도록 만드는 것입니다.
> 물론 그런 생각은 우울증에서 공통적으로 나타납니다. 이에 대한 해결책은 그런 생
> 각들이 마치 사실인 양 받아들이지 않도록 하는 방법을 학습하여, 어떤 암흑과 같은
> 곳에 있다 하더라도 변화는 가능하다는 것을 아는 것이죠.

∷ 치료관계의 확립

굳건한 치료적 관계는 효과적 TA 심리치료는 물론 모든 치료에 있어 필수적 요건
이다(Horvath, Del Re, Flückiger Symonds, 2011; Norcross, 2011).

TA의 인본주의적 기반

TA의 철학은 치료관계는 'I'm OK-You're OK' 인생태도에 근거한 관계의 형성으
로 성립되어야 한다고 주장한다(Berne, 1972; Stewart & Joines, 2012). 첫째, 이것은
내담자의 기본적 인간성을 존중하는 인본주의적 입장을 치료의 중심에 두도록 하
며, 교류분석가로서 치료한다는 의미 또한 마찬가지라는 것이다. 둘째, 이것은 내
담자와의 관계 양식에 관한 것을 치료사에게 안내해 준다. TA의 중심에 위치하는
또 하나의 인본주의적 가정은, 인간은 본질적으로 성장, 발달 그리고 건강을 지향
한다는 관점이다. TA 이론에서 이러한 성장을 향한 건설적 드라이브를 '성장원(成
長源, physis)'(Berne, 1972)이라고 부른다.

이러한 입장을 견지한다는 것은 매우 도전적인 일이다. 심하게 우울한 많은 사람
들이 자신이 가진 가치를 알지 못한다. 이러한 점은 전이-역전이를 잉태하는 부분
이 되어 치료사의 인본주의적 입장을 흔들어 놓기도 한다. 내담자들이 자신이 저지
른 쇼킹하고 불쾌한 일들을 들려줄 때는 치료사가 내담자들의 인간성에 믿음을 지

속적으로 유지하는 것도 매우 힘든 일이다. 때때로 내담자들이 저지른 나쁜 일들은 자신은 나쁜 사람이라는 '증거'로서 내담자들의 마음속에 간직된다. 여기에서 치료사는 내담자를 도와 이러한 행동들을 인정하도록 하며, 그런 행동들 너머에는 기본적인 인간적 연민과 동정을 받을 가치가 있는 고통 속의 한 인간을 보도록 해야 한다.

치료관계에서 정서적 기능

내담자가 치료를 안전한 공간으로 경험하는 것은 절대적으로 중요하다. 치료를 안전하고 지지적 공간으로 경험함으로써 그곳에서 단지 자기의 생각, 느낌 그리고 탐색적 대화에서의 관계방식을 표현하는 데 허가와 격려를 받는 것뿐만이 아니라, 내담자는 자신의 과정에 '귀 기울여 듣게' 되어 (어쩌면 생애 처음으로) 자신의 생각, 느낌, 행동과 관계의 스타일을 재평가하기 시작한다. 이것은 내담자의 '관찰하는 자기(observing self)'의 발달을 도우며, '관찰하는 자기'는 '경험하는 자기(experiencing self)'와 함께 짝을 이룰 수 있다. 관찰하는 자기는 치료에서 변화와 성장을 진작시키는 어른자아상태(A)의 기능이라고 할 수 있다.

치료사가 과거와 현재의 사건에 대한 내담자의 정서적 반응을 탐색하는 작업은, 내담자의 치료과정에 대한 이해의 수준을 높이고, 치료를 점차 '깊은 곳으로'이행하여, 그의 어린이자아상태(C) 내에 갇혀 있는 아픔과 접촉함으로써, 내담자로 하여금 자신의 각본을 확인하고 재평가할 수 있도록 한다. 공감적 관계는 어린이자아상태(C)에 깊숙이 갇혀 있던 감정들이 표출될 수 있도록 도와 '혼란의 제거'를 촉진한다. 치료사는 회기 중에 점진적으로 변화하는 내담자의 감정 표출에 주의를 기울이며, 또한 그의 과거와 현재의 사건들에 대한 정서적 반응을 탐색하고 내담자가 반성적 사고를 할 수 있도록 조장한다. 이때 치료사의 정서-통제 개입(affect-regulating interventions) 기법의 사용은 내담자의 자아상태의 재구성화를 촉진한다.

내담자에게는 자신의 어린이자아상태(C)를 치료사가 정서적인 면에서 지지하고 또 확인한다는 것이 치료경험에서 중요한 부분을 차지한다. 치료사의 공감과 이해

는 내담자가 아무런 부끄러움이나 비난받는다는 느낌 없이 도전을 받아들일 수 있
도록 만드는 중요한 힘이다. 몇 차례의 회기를 통하여 내담자는 아마도 치료사의
따뜻함, 수용과 확인을 내면화하기 시작할 것이며, 자신이 무가치한 존재라는 느
낌을 극복하는 자원으로 활용할 것이다. 이것은 내담자의 내적 '양육하는 부모자
아(NP: Nurturing Parent)'의 형성을 도울 수 있을 것이다. 치료사가 자기를 이해하
고 수용한다고 느낄 때, 이것은 우울한 내담자가 고립되어 있다는 느낌 또 무가치
하다는 느낌과 싸우는 데 응원을 할 수 있다. 치료관계는 잠정적으로나마 내담자
의 관계기아(relationship hunger)를 충족시키는 역할도 할 수 있다(Berne, 1970). 치
료사는 내담자를 도와 여타의 관계에서도 이러한 기아를 충족시키는 방법을 개발
하도록 하는 것은 매우 유익하다.

치료사의 내담자에 대한 지지와 격려 그리고 변화를 위해 자신의 자원을 사용하
는 내담자의 능력에 대한 신뢰는 매우 중요하다. 이러한 점은 매우 자기비판적이
고, 굴욕감을 느끼고, 인정을 받아 보지 못한 내담자에 있어서는 특히 그렇다. 이
러한 지지와 격려는 내담자로 하여금 자신이 보유한 힘(장점)과 능력을 접촉하고
의존하도록 도우며, 그럼으로써 자기효능감, 행동력 및 지배력에 대한 확신을 증대
시킨다.

역할 유도(초대) : 치료 과제와 목표에 대한 합의

치료사는 치료의 논리적 근거를 제공하고 내담자가 명시적으로 그리고 암묵적으로
치료과정이 어떻게 진행되는지를 알 수 있도록 돕는다. 이것은 계약하기 과정의 일
부분이긴 하지만, 치료관계 형성에 유익한 효과를 가져다준다. 치료사는 내담자에
게 어느 정도의 교육과정을 제공하는 것이 좋은데, 여기에는 우울증에 대한 정보 제
공, 치료 진행, 내담자와 치료사의 서로 다른 역할과 기대(부록 1 '치료의 최대 효과
얻기' 참조), 그리고 TA의 중요 개념(부록 3 참조)이 포함될 수 있다. 역할 안내 과
정은 본 프로토콜의 중요 특징이며, 치료에서 매우 가치 있는 부분이다. 치료 과제
에 대한 명료화와 합의에 더하여, 역할 유도(초대) 과정의 또 다른 측면은 내담자가

그의 문제를 명료화할 수 있도록 하고, 치료의 목표와 관련하여 협조적 계약 과정에 그를 참여시키는 일이다. 이것은 치료의 방향과 목표를 명확히 할 것을 강조하는 동시에 치료관계를 공고하게 만드는 데 도움이 된다.

정서에 초점을 맞춘 치료관계

내담자의 내적 그리고 인간관계의 세계에 지속적으로, 공감을 하며 집중한다는 것은 바람직한 것이다. 이것은 기본적으로 내담자의 반응, 행동 그리고 자신에게 초점을 맞추는 것과 관련이 있다(이것은 비록 내담자 환경의 변화가 바람직하고 어쩌면 긍정적 결과를 위해 필수적이라 할지라도, 치료의 초점은 외부 환경이 아닌, 내담자의 내적 변화가 필요한 부분에 맞추는 것을 말한다).

치료사는 내담자의 내적 탐색과 그의 정서적 그리고 의미창조의 자각(meaning-making awareness)을 촉진하는 데 집중하여야 한다. '그렇게 말하며 어떤 것을 느끼십니까?'와 같은 질문은 여기에 도움이 된다. 가능한 한 감정의 회피보다 감정의 깨달음, 다가감, 수용함을 격려하라.

> 치료사와 내담자는 내담자의 특이한 경험을 명료화하려고 노력한다. 이런 고통스러운 형태의 상호 건설적 탐구 작업은 내담자의 감정과 의미의 진정한 질을 파악할 수 있도록 해 준다. 이러한 내담자의 주관성을 그 나름의 특성을 지닌 언어로 묘사하는 작업은 그 경험 자체를 다시 불러일으킬 뿐만 아니라 그 경험을 이해하도록 만든다. 예컨대 내담자의 주관적 경험에 대한 이런 탐색 작업은, 단지 내담자가 슬프다는 사실뿐만 아니라, '나는 엄마 없는 고아처럼 느껴요'와 같은 말 속에서 감지할 수 있는 절망적이고 버림받은 느낌들이라는 것을 밝혀 준다(Greenberg & Watson, 2006: 102).

관계 설정 : '적절 구역'

치료사는 '관계 포지셔닝'에 신경을 써야 한다. 이것은 내담자와의 관계에서 어떻게 위치를 잡아야 하는가에 관한 것이다. 실제 이것은 치료사가 내담자와의 관계 설정에서, 유동적인 변화의 상황을 추적하고 자신의 태도와 간여의 선택을 조정하기 위해, 무엇이 '너무 적고', 무엇이 '너무 많고', 또 무엇이 '적절한지'에 대해 끊임없이 조절해야 한다는 것을 의미한다.

상보성과 역전이 관리하기

우울증을 앓고 있는 일부 사람들은 사람과 사람 관계에서 매우 적대적일 수 있다. 상보성 이론에 의하면, 이것은 치료사의 부정적·적대적 반응을 유발할 수 있다. 이러한 경우 치료사는 자신의 부정적 역전이 반응에 주의를 기울이고 제어하여야 한다.

즉시성과 초월적 소통

고도의 즉시성과 초월적 소통(Widdowson, 2008)은 치료사가 현재와 치료관계에서 지금 일어나고 있는 일에 집중하도록 하며, 내담자로 하여금 현재의 관계적 경험을 변화시킬 수 있도록 도움을 준다.

체계적인 경험의 부정

치료관계는 여러 가지 면에서 변화를 촉진한다. 중요한 변화의 메커니즘은 체계적인 경험의 부정(systematic experiential disconfirmation)이라고 말할 수 있다. 이러한 메커니즘을 이용하기 위해서 치료사는 내담자의 인생각본에 대해 알아야 하며, 가능한 한 치료는 (1) 체계적이어야 하며, (2) 경험적일 때 가장 효과적이라는 것, (3) 내담자의 각본이 명시적 그리고 암묵적 수준에서 반복적으로, 또 체계적으로 옳지 않다는 것을 추구할 수 있어야 한다. 다시 말하면, 치료사는 치료 내에서뿐만 아니라 내담자 각본의 옳지 않은 면을 보여 주는, 내담자가 보고하는 치료 외적 사건에 있어서의 모든 경험까지도 이용하여야 한다.

> 체계적인 경험의 부정 속에서 내담자는 자연스럽게 자신의 각본의 어느 일면 또는 여러 면에서 불일치하는 어떤 경험들에 주목하게 된다. 그러나 이것은 단순한 인지적 과정뿐만 아니라, 오히려 관찰, 주의, 인지 그리고 회고를 수반하는 적당한 수준의 정서적 고양(高揚, affective arousal) 그리고 경험에 의한 새로운 의미의 창출을 통합한 어떤 것이라고 봐야 한다(Widdowson, 2014b: 204).

∷ 실수, 불협화 그리고 실연

치료사가 부주의하여 내담자의 각본 일부를 반복하는 일은 희귀한 일이 아니다. 당신은 이러한 가능성에 주의를 기울여 당신의 치료 또는 내담자와 함께하는 패턴이 미묘하게도 내담자의 각본을 강화하거나, 또는 그의 과거로부터 온 어떤 인물의 행동 또는 접근방법을 그대로 반복하고 있지나 않은지 자주 점검해 보아야 한다. 각본의 강화 또는 반복이 일어날 때는 그것을 인정하고, 일시적 '아픔'이 조금 누그러진 후에, 그것이 특히 과거의 특정 사건이나 그 역동을 닮았다는 특성 때문에 내담자에게 얼마나 고통스러웠겠는지 말해 주라. 이 주제에 대한 보다 상세한 사항은 Widdowson(2008)과 Little(2013)을 참조하기 바란다.

실연

실연은 치료사와 내담자 사이에서 일어나는 게임을 일컫는 또 다른 용어다. 실연은 오랜 어린 시절의 상처를 치료하는 기회를 주고, 이때의 상황은 감정적으로 충전되어 있으며 내담자에게는 중요한 의미를 갖는다. 실연이라고 보는 또 다른 관점은, 내담자의 각본과 치료사의 각본이 어떤 방식으로 상호 엮이는 경우들이다. 실연이 일어나고 있을 때 그것을 확실히 알기는 매우 어려울 수 있다. 그것은 보통 사건 이후의 시점에서 확인되곤 한다.

　실연은 조심스럽고 사려 깊게 다루어져야 하며, 어려운 감정을 회피하지 말고 깊게 탐색하여야만 한다. 치료사는 내담자의 이야기를 경청하고 비방어적으로, 개방적으로 반응하여야 한다. 동맹의 균열을 기술적으로 봉합하기와 실연의 과정은 관심의 초점이 되어 온 내담자의 경험의 어떤 측면을 치유하는 특별한 기회를 제공한다. 그럼으로써 실연은 체계적으로 경험을 부정하는 기회를 제공한다. 이런 상황 하에서는, 실연에서 참여자로서의 치료사는 어떤 식으로든 과거를 반복해 왔으나, 이제는 원래의 상황과는 다른 방식으로 반응한다. 치료사는 이제 '옛날의 대상'이며 동시에 또한 '새로운 대상'이므로(Little, 2013), 내담자가 치유할 수 있도록 돕고, 또한 과거의 익숙한 상황으로부터 새로운 의미를 가져올 수 있도록 돕는 기회를 제공할 수 있다.

전이적 측면

전이 반응은 내담자의 과거와 관련이 있는 지금-여기의 상호작용이다. 이것은 다음과 같은 4가지 특징을 가지고 있다.

1. 타인들의 어떤 행동에 대한 내담자의 민감성 및 선택적 주의집중
2. 다른 설명을 마다하고 특정 규격을 따르는 듯이 설명하는 경향
3. 내담자의 반응이 그의 각본신념에 의해 결정되며 관련됨
4. 자신의 기대와 일치하고 또 기대를 확인하는 반응을 유도하는 식의 행동 경향

(Hoffman, 1983에서 수정, Little, 2013에서 인용)

따라서 내담자는 과거의 경험 때문에 특정한 행동, 처신 또는 특성에 대해 매우 민감하다. 이것은 암묵적 기억(implicit memory)으로 이해된다. 전이 반응은 원래의 문제 상황을 회상시키는 어떤 행동이나 특성을 보이는 (또는 보인다고 생각되는) 치료사에게 향하는 암묵적 기억의 정교한 작업물이며 또한 투사다. 치료사는 열린 마음으로 자기가 내담자의 과거 중 어떤 면을 재연하고 있는지, 어떤 배역을 맡고 있는지(또는 전이에 의해 어떤 역이 맡겨졌는지) 그리고 어떤 역할을 회피하고 있는지(예컨대 '양육적, 구원자적 좋은 부모'의 역할에 머물기 위해 '나쁜 부모' 되기를 회피하는 것) 생각해 보아야 한다. 치료사는 또한 자신도 모르게 내담자의 과거의 어떤 측면 또는 치료과정에서의 문제가 되는 관계적 역동을 재연하고 있을지도 모른다는 것을 염두에 두어야 한다.

적정 중립성과 무조건적 긍정적 존중

치료사로서 우리는 내담자를 존중하며 또한 내담자 모두를 존중한다고 믿고 싶어 한다. 내담자에게 무조건적 긍정적 존중함을 제공한다는 인간중심 개념(Rogers, 1957)의 중요성은 실제 적용에서는 복잡하고 어려운 문제이다. 현실에서는 치료사가 '성장에 의미를 두지 않는' 내담자의 특성을 존중하거나, 또는 문제가 되는 특

> **사 례**
>
> 제인은 내담자인 오드리와 기쁜 마음으로 상담 작업을 했으나, 지난 몇 회기 동안에는 오드리가 흥미를 잃고, 수동적이 되고 마음이 다른 곳에 있는 것같이 느껴졌다. 제인은 오드리가 치료를 중단하는 것을 생각하는 것이 아닐까 하는 생각이 들었다. 제인은 오드리에게 치료와 관련해서 무슨 걱정이라도 있느냐고 물었다. 오드리는 제인이 계속해서 적극적으로 행동의 변화를 이루어야 한다고 격려하는 것은 자기의 우울 증세가 얼마나 나쁜 상태인지 헤아리지 않는 것이며, 제인의 요구에 따라가기가 너무 힘들다는 것, 또 그런 자신이 실패자로 느껴지고 또 부적절한 인간으로 느껴진다고 퉁명스럽게 말하는 것이었다. 제인은 놀라서 자기가 사려가 부족했다고 오드리에게 사과했다. 제인은 또한 자기의 그런 행동이 아마도 밀어붙이고, 참견하고 또 경쟁적인 오드리의 어머니를 연상하도록 했음을 알았노라고 말했다.

성(그것의 증상과 저항을 포함)까지 존중하는 것은 극히 어려운 일이며, 이러한 이유 때문에 치료사가 진정한 무조건적 긍정적 존중을 이 모든 특성에까지 제공하지 못하거나, 또는 그러한 고착된 특성 또는 문제에 대해서는 덜 '존중'하도록 되기가 쉽다. 이러한 상황은 내담자는 표면적으로는 변화와 증세를 없애기 위해 치료사에게 온다는 사실 때문에 더욱 복잡해진다. Little(2013)은 무조건성의 과정(process of unconditionality)을 '적정 중립성(optimal neutrality)'으로 서술했다. 여기에서 중립성의 의미는, 치료사는 내담자의 다른 특성보다 어떤 면을 우위에 두고 있어서는 안 된다는 것이다. 여기에서의 의미는, 내담자의 모든 측면이 우리의 받아들임을 경험하도록 해야 한다는 것이다. 이러한 '예외 없는 전체적' 수용의 태도는 진정 치료적이고 또한 치료사의 부주의한 태도가 내담자의 자기비판적 또는 자기거부 과정을 강화하는 일이 없도록 한다. 만약 그렇지 못하다면, 이러한 모든 문제는 결국 치료사가 떠안아야 할 문제로 돌아갈 것이다.

∷ 능력, 허가 그리고 보호

능력(Steiner, 1968), 보호와 허가(Crossman, 1966)(때로는 이것들을 3P라 한다)는 TA

치료에서 효과적 치료를 위한 중심 개념으로 여겨져 왔으며, 이것은 치료관계의 발달을 위한 하나의 틀을 제공하는 개념들이다.

능력

TA 치료의 이론적 중심 개념은 치료사의 '능력'이다. 이것은 내담자가 경험할 수 있고 또 내담자의 변화를 가능하게 하는 치료사의 심리적 힘을 말한다. 이것은 정확하게 파악하기 힘든 개념이지만, 사례 시리즈에서 보듯 치료관계에서 중요한 요소로 부각된다(Widdowson, 2013). 능력은 아마도 치료사의 치료에 임하는 태도와 결부된 대인관계의 특성에 의해 가장 잘 확인될 수 있을 것이다. 사례 시리즈에서 내담자들은 모두 치료사의 특성에 대해 말하고 있다. 즉 자기의 치료사는 따뜻하고, '항상 자기와 함께 있는 듯하며', '언제나 접촉할 수 있고', 유머가 있으며, '자기 편이 되어 주고', 감수성이 있으며, 내담자의 말을 항상 수용하려는 성품을 지니고 있다고 말한다.

좀 더 깊이 들여다보면, 이것은 내담자가 하는 이야기는 무엇이든 수용할 수 있는 치료사의 능력과 치료과정에서 느끼는 내담자의 극도의 감정들을 포용할 수 있는 치료사의 능력을 포함하는, 치료사의 '성격적 강인한 힘'에 대한 내담자의 지각이다. 이것과 결부된 것이 이 치료의 여정에서 치료사가 기꺼이 자기와 동행할 것이며, 결코 자기를 중도에 버리지 않을 것이라는 내담자의 지각이다. 이런 의미에서 사례 시리즈의 내담자들은 치료과정의 영역에서 전문적인 능력 있는 동지를 얻었다는 느낌을 가졌다. 내담자들은 치료사들의 유능함과 기술에 대한 신뢰를 나타냈다. 나아가 치료사들이 현실적이고, 활력이 넘치고, 정서적으로 개방적이고 반응을 잘 나타내는 사람들이란 지각이 있었다. 치료사의 능력에 대한 내담자의 믿음은 변화를 위한 TA 치료에서는 절대적으로 필수적인 것이다.

능력의 중요한 특징

- 치료사의 신망(믿음을 주는 평판)
- 헌신/열정

- 이론의 실제 적용
- 정서적 능력. 예컨대 감정의 처리, (신진)대사, 제어
- 인격적 힘
- 내담자의 이야기를 '겸청'하고 '감내'하기
- 치료의 논리적 근거, 통합적 이론과 실제의 틀

허가

사례 시리즈의 몇몇 내담자들 역시 그들의 변화 인터뷰에서 '허가'를 명시적으로 또는 암시적으로 언급하였다. 이 주제는 치료라는 것이 내담자들이 진정한 자기가 되어 자기의 느낌과 생각을 탐색하고, 이러한 생각과 느낌과 경험을 표현하며, 수용적이고 무비판적인 장소에서도 수치스럽다고 느끼는 자신의 어떤 특성들을 나누는 허가가 주어지는 공간이라는 개념으로 나타났다. 새로운 행동과 타인들과의 새로운 존재방식을 통한 실험은 시리즈에 등장하는 내담자들의 이야기 속에 내포된 암시적 의미의 주제인 듯하다.

허가의 중요한 특징

- 대체로 암시적임
- 판단이 존재하지 않음
- '그곳으로 가라'고 격려함
- 수용
- 고통/수치심을 느끼고 표현하고 직면하는 것을 격려함
- 치료실에서나 일상생활에서나 실험하기를 격려함

보호

사례 시리즈에서 보호에 관해서는 명확히 다루지 않았으나, 치료사의 노트에는 언급되어 있다. 보호의 특징은 다음을 포함한다.

- 선택

- 감정 통제
- 위험 평가
- 치료의 합리적 논거 갖기
- 최선의 치료 관행을 따르기
- 결과 측정지를 사용하여 모니터링하기
- 슈퍼비전의 효율적 사용

:: 사례 공식화

사례 공식은 문제의 원인이 되고 문제를 유지시키는 메커니즘과 문제의 근원 그리고 각 문제들 간의 상호 관련성을 모두 함께 엮은 간단한 기술(記述)이다. 여러 연구들은 명료한 사례 공식을 안내자로 삼아 집중하는 치료가 더 효과적일 수 있다는 것을 보여 주고 있다. TA의 관점에서 본다면, 사례 공식은 진단, 계약, 치료계획을 함께 묶는 것이다. 사례 공식화는 늦어도 3회기가 끝나기 전, 4회기가 시작되기 전까지는 완성되어야 한다. 일단 사례 공식을 완성했으면 치료에서 주된 지침으로 활용하고, 내담자 사례 노트의 제일 앞에 보관하라.

- 처음에 내담자의 주요 문제와 문제 영역에 대해 메모하라(예컨대 '증세', '대인관계' 또는 '직장에서의 문제'). 결과 측정지의 점수를 기재하고 각 측정지에 따른 증세의 심각성 정도를 함께 기입한다(예를 들면, CORE-OM 점수 20, 중간 정도의 기능장애 그리고 PHQ-9 점수 12, 중간 정도의 우울 증세). 그런 다음 전체 DSM 다축 진단(DSM multiaxial diagnosis)을 함께 수록하는데, 여기에는 당신의 (사례)공식화에서 가장 주요한 문제가 되는 진단이 포함된다.
- 내담자의 현재 문제와 연관이 있을 수 있는 사회문화적 그리고 인구통계적 요소들을, 내담자의 현재 그리고 역사적 가족관계와 함께 메모한다.
- 그런 다음, 내담자의 주요 증세에 대한 확인 작업을 시작한다. 이 작업에서는 가능한 한 구체적이어야 하며(예컨대 내담자가 '의사소통이 어렵다'고 보고하는

지), 내담자가 소통에 장애를 나타내는 양식과 그것이 어떤 상황에서 일어나
는가를 적는다. 내담자의 주요 증상은 어떻게 그의 확인된 문제들과 연계되어
있는가 또는 문제들을 야기하고 있는가를 생각하라.

- 잠재적 원인 요인들과 문제의 근원을 확인하기 위해 내담자의 역사를 고려하
  라. 또한 무엇이 내담자의 문제 또는 증상을 촉발했는가를 고려하고 이것들이
  어떻게 유지 · 강화되었는지 생각하라.

- TA 이론을 사용하여 내담자의 문제와 증상에 대해 생각하라. 당신은 내담자
  에게 진행되고 있는 것들과 그 의미를 이해하기 위해 TA 이론을 어떻게 사용
  할 것인가? 어떤 메커니즘이 내담자의 문제와 증상을 유지시키고 있는가?

- 다음에 지금까지의 모든 정보를 연계하고 요약하여 약 두 문단 길이의 서술을
  만들라. 이것이 당신의 사례 공식이다.

- 사례 공식화는 치료 중에 내담자 각본의 어떤 측면의 재연으로 말미암아 일어
  날 수도 있는 문제들을 예측하거나 이해하는 데 유용하다.

- 체계적으로 치료계획을 세울 것이며, 사례 공식화된 여러 가지 다른 측면들을
  겨냥하는 개입을 사용하며, 치료기간 내내 사례 형식을 수시로 점검하라.

8

핵심 치료과정

이 장은 우울증 치료에서의 몇 가지 문제를 다루고 있다. 우선 우울증의 TA 치료에서의 핵심 치료 과제에 대한 개요를 설명하고 연구에 근거한 임상적 적용의 원칙들로 넘어가겠다. 그런 다음 치료에 지침이 되고 또한 내담자의 우울증을 유지시키는 중요한 요인들을 다루는 몇 가지 중요한 관심 영역에 대해 논의할 것이다. 근원적 문제들을 겨냥하는 것이 바람직하지만, 첫째, 원인이 되는 요인들을 확인하여 해결한다는 것은 언제나 가능한 것은 아니다. 둘째, 시간의 제약이 있는 치료에서 치료는 효율적이어야 하며 또한 단기간에 활발하게 변화를 촉진할 필요가 있다. 셋째, 비록 근원적 각본 문제들이 해결되었다 해도, 내담자가 우울증을 유지시키는 행동을 계속할 경우에는 재발의 위험이 심각하게 대두된다. 주의를 집중해야만 한다고 제시하는 이런 영역들은 저자의 연구에 의한 발견들과 우울증과 관련된 요인들과 과정들에 관한 현존하는 연구 논문들을 통합하여 만들어진 것이다.

:: 우울증의 TA 치료에서의 핵심 과제

아래의 12가지 치료 과제는 우울증 TA 치료계획에서 핵심을 이룬다.

1. 내담자가 자기의 생각, 느낌과 경험을 안전하게 탐색하고 수용의 경험을 내면화할 수 있는 'I'm OK-You're OK' 관계를 창출하라.

2. 자기비판적 자아상태 대화를 확인하고 원인을 탐색하여 재평가하라. 이것을 수용적이고 자기동정적인 내부 대화로 대체하라.

3. 내담자의 자신에 대한 개념(self-concept) 및 타인과 인생에 대한 기대에 부정적 영향을 주는 오염과 각본신념을 확인, 재평가 및 도전하라.

4. 내담자가 우울증을 유지시키는 자기제한적 사고, 행동과 경험의 체계(각본시스템)를 자각하여 재평가하고 도전하도록 도움을 주어라.

5. 스트로크 패턴(긍정적 스트로크를 받아들이기, 스스로에게 긍정적 스트로크 주기, 부정적 자기-스트로킹/자기비난을 감소시키기)을 탐색하고 반성하여 변화시키라.

6. 디스카운팅과 과장을 확인하여 도전하라(예컨대 상황이 불리하게 전개될 때 '그것은 내 잘못이야'라고 하는 것은 외적 요인들을 디스카운트하는 것이며 자신의 역할에 대한 과장이다).

7. 무가치하다는 생각을 키우는 인생경험을 다시 생각해 보고 또 다시 평가하는 것을 도와주라.

8. 내담자가 어떻게 자신을 보며, 타인들과 관계를 맺으며 그리고 세상사에 참여하는가에 관한 새로운 결단을 내리도록 도움을 주라.

9. 혼란을 제거하는 과정을 도움으로써, 내담자가 억압된 감정(억압된 분노와 슬픔과 상실의 문제를 해결하는 것 포함)을 확인하고, 표현하고, 다시 생각해 보도록 한다.

10. 타인들과의 관계에서 자기가치(self-worth)를 진작시킬 새로운 방법을 모색하고 시험해 보도록 돕는다.

11. 깨달음 연습(awareness exercises), 과제, 자기돌보기 계약(self-care contract), 운동, 다이어트와 수면 섭생계약과 같은 행동형성 계약을 고안하고 상의하라.

12. 내담자가 인생과, 타인과 또 세상과 결속되어 있도록 그리고 참여되어 있도록 도움을 주라.

:: 임상적용에 필요한 원칙

심리치료는 가장 효과적인 개입 방법을 도출하기 위한 일련의 결단을 포함하는 매우 복잡한 작업이며, 이러한 활동에 규격화된 지시적 규범은 일반적으로 적합하지 않기 때문에 Levitt과 그의 동료들은 임상적용에 필요한 원칙들(principles for practice)을 제안하며, '원칙을 따르는 "판단들"은 전문적 신중함, 직관, 보다 더 "유기적인" 평가 과정, 그리고 개인적 지식을 강조한다'고 주장한다(Levitt, Neimeyer & Williams, 2005: 119). 이 학자들은 임상적용에 필요한 원칙의 개발을 옹호해 왔으며, 이 원칙들의 사용을 권장하는 사례들을 다음과 같은 주장과 함께 제시하고 있다.

> 경험적 원칙들은 ⋯ 치료사를 훈련시키는 과정에서 매 순간 합리적 치료 결정을 내리고 당시의 상황과 관련한 치료작업의 원칙들을 숙고하도록 하는 유용성이 있다. ⋯ 이와 같이 수련과정에 있는 치료사들에게는 상황을 고려하지 않은 치료적 개입을 기계적으로 흉내 내는 것은 바람직하지 않다. 오히려 이들에게는 치료과정을 어떻게 진행할 것인가에 대한 결정을 할 때 상황에 적절한 원칙을 사용하는 법을 가르쳐야 한다. 이렇게 목적이 뚜렷하고 경험적으로 얻어진 원칙들은 치료사들로 하여금 치료적 개입을 유연하게 고려할 수 있도록 하여, 관계 또는 상황적 요소에 따라 치료의 통합성을 유지하기 위한 새로운 전략을 구하도록 한다(Williams & Levitt, 2007: 181).

아래 열거한 임상적용에 필요한 원칙들은 저자의 사례 시리즈(Widdowson, 2013)에서 추출하였으며, 치료과정의 적용을 안내하기 위한 목적으로 실시한 연구에 의거한 원칙들이다.

- 치료사가 내담자로 하여금 문제의 근원을 이해하도록 도움을 주고, 표면적 증상보다 '더 깊게' 탐색하도록 하는 것은 유용하다. 이것은 내담자가 자기의 감정, 반응과 현재의 경험에 영향을 끼치는 암묵적 학습(implicit learning) 그리고 이것이 과거의 경험과 갖는 관계성을 상황과 맥락에 맞게 이해하도록 돕는 작업을 포함한다.
- 내담자에게 그들의 경험과 과정을 이해시키는 데 적절한 모델을 가르치는 것

은 유용하다. 이러한 접근방식은 그 목적이 내담자들로 하여금 문제의 내적 경험들을 생각하고, 이해하고 관리하는 것을 돕는 데 있으며, 어렵고 고통스러운 반응의 의미를 알아내고 부적응적 패턴을 이해할 수 있도록 도움을 주는 것이라면 더욱 효과적이다. 또한 내담자의 대인관계에서의 변화를 도모하고 행동의 주체라는 의식을 진작시키는 것 역시 도움이 된다.

- 치료에서 해당되는 이론적 개념의 사용은, 내담자 자신이 변화과정에서 주체가 되도록 하고, 치료과정의 모호성을 제거하며, 기대 이상의 치료적 변화도 촉진하는 수단을 제공한다는 의미에서 유용하다. 이론적 개념의 단순한 제시는, 특히 그것이 내담자가 나타내는 문제에 적합한 것이 아니며, 또한 그것이 지나치게 지시적이거나 독단적 형식으로 전달될 때는 효과가 미흡하다.

- 이러한 개념들은 '상황을 이해하는 데 도움을 주는 방안'으로 제시되는 것이며, 이론적 모델이지 절대적 진리가 아님을 설명하여 주는 것은 중요하다.

- 자아상태 모델의 사용은, 내담자가 자신의 암시적 내부 대화를 확인하고, 이해하고, 변화시키는 데 도움을 줄 수 있으며, 내담자가 고통스러울 때 자신의 내부 상황을 독립적으로 변화시킬 수 있는 어떤 조치를 취할 수 있도록 도움을 줄 수 있다.

- '과제 활동'을 충실히 해 보려는 내담자가, 예컨대 시각화 작업, 반추 또는 필기 테크닉을 사용하여 창의적으로 변화과정을 자신이 직접 실천하고자 한다면 회기에서 논의되었던 개념들을 사용하도록 권하는 것이 좋다. 과제 활동은 실천하기에 간편해야 하며, 복잡하고 긴 과제는 피하는 것이 바람직하다. 치료 방법의 일환으로 과제를 사용할 때는 다음 회기에서 그 결과를 내담자와 확인하는 것이 좋다.

- 명확하고 강력한 자기비판 과정을 겪는 내담자에게는 자기비판적 과정을 해결하고 한편 자기연민과 양육적 돌봄을 개발하기 위한 두 의자 기법을 사용할 수 있다.

- 치료사는 내담자의 암시적 이야기, 특히 자기개념(자아상)과 관련한 말과, 자

기와 타인 간의 관계에서의 경험과 관련된 이야기에 주의를 기울여야 한다. 치료사가 잠재된 이야기의 주제에 대해 일단 확인했으면, 이런 것들이 과연 내담자에게 의미가 있는 것인지를 내담자와 함께 확인할 수 있다. 치료사와 내담자는 협동하여 이 이야기의 주제에 도전하는 방법을 찾을 수 있다. 특히 치료사는 치료과정에서 표출되는 이러한 주제에 주의를 기울여, 내담자로 하여금 옳지 않음을 체계적, 경험적으로 확인할 수 있도록 하며, 또한 덜 제한적인 이야기가 되도록 재평가하고 재기술하도록 하거나, 또는 큰 성장 잠재력을 포함하는 이야기의 창작으로 유도할 필요가 있다.

- 가능하다면, 치료사는 내담자가 과거의 특정 사건들과 그것들로부터 습득한 암묵적 학습과 이야기를 확인할 수 있도록 도울 수 있다. 일단 이런 사건들과 이와 연관된 학습/이야기가 확인되면, 치료사는 내담자에게 경험적 인지-정서 기법을 사용하여 부정적 또는 제한적 특성을 재평가하고 변화시키는 치료를 할 수 있다.

- 내담자의 대인관계와 어떻게 이것이 (어쩌면 의도하지도 않았는데) 그들의 문제를 강화하고 있는가를 탐색할 필요가 있다. 내담자로 하여금 자신의 타인과의 소통방법에 대해 생각하도록 하고 변화시키도록 도움을 주는 것은 생산적인 일이다. 이것은 내담자의 소통과 관계를 맺는 기술을 개발하는 적극적 코칭, 교육적 접근방법으로 가능하다. 대인관계에서의 피드백을 직접 제공하는 것 역시 내담자의 변화 과정을 지원하는 데 유익하다.

- 가능한 한 치료 초기에 내담자가 그들의 문제를 명확하게 이해하도록 하며 함께 협조하여 치료 목표에 관한 논의를 하는 것이 좋다. 내담자는 치료 목표에 대한 개념이 항상 명확한 것은 아니므로, 이 과정은 여러 회기가 걸릴 것이다. 치료가 진행되면서 이러한 목표는 내담자의 변화하는 설명이나 소망에 따라 정제되거나 조정될 수 있다.

- 내담자에게 치료의 과제와 과정을 명확하게 이해시키고 또한 치료가 어떻게 진행되기 원하는지 내담자의 명확한 의견을 듣는 것이 좋다.

- 부가적 치료에 해당하는 '과제'는 치료과정에서 매우 유용한 보조수단이라고 할 수 있다. 치료사와 내담자는 그때의 치료과정에 가장 적합한 과제를 선택하고 디자인하는 일을 협조하여 할 수 있다. 여기에는 내담자의 깨달음을 심화할 수 있는 과제, 내담자가 자기제한적 문제 행동을 바꾸도록 유도하는 과제, 또는 자기동정과 자기양육적 태도를 강화하는 과제가 포함될 수 있다.

- 가능한 한 치료사는 내담자의 목표와 내담자의 핵심 문제의 개념화를 결합시킨 명확한 사례 공식을 구축하여야 한다. 이 공식은 치료가 진행되며 또 어떤 문제가 해결되고, 새로운 문제가 대두됨에 따라 수정될 수 있으며 조정될 수 있다.

- 내담자가 개방적일 수 있고 약점을 노출시킬 수 있는 공동의 안전한 공간을 만든다는 것은 변화과정에서 매우 중요한 부분이다. 협동하여 목표 정하기, 치료과정을 명확히 하기, 내담자가 관계의 대등함과 상호존중을 느끼도록 만들기, 적당한 수준의 자기개방은 모두 관계에서의 안전감을 강화시킨다.

- 안전감은 치료사가 개방적이고, 진실하고, 언제나 접촉할 수 있고, 따뜻하고, 민감하고, 비판적이지 않으며, 감성적으로 굳건하고, 필요하다면 언제고 내담자를 직면할 수 있을 때 증진된다.

- 안전감과 내담자의 변화과정은 치료사가 적극적으로 허용적 분위기를 만들 때 진작된다. 여기에는 회기 중에 내담자가 위험을 두려워하지 않도록 하고, 어렵고 고통스러운 부분을 탐색하고 그리고 새로운 양식의 존재 방식과 타인과의 관계 설정을 시험해 보도록 격려하는 것이 포함된다.

- 또한 관계는 치료사가 내담자를 인정하고 수용(validation and acceptance)함으로써 공고해진다. 내담자의 이런 경험은 내면화되어 부정적 자기비판을 극복하는 데 도움이 된다.

- 내담자에게 사전 치료 정보, 예컨대 치료의 성격, 과제와 과정, 일부 접근 가능한 치료도구 등을 제공하는 것은 내담자가 치료에 관한 사항을 선택하고, 치료과정에 적극 참여하도록 만드는 데 도움이 된다.

- 내담자의 치료 동기의 초기 수준을 평가하고 논의하는 것과 내담자의 초기 불편함을 극복하는 데 도움이 되는 개입은 내담자가 치료과정에 진지하게 참여하도록 하는 데 도움이 된다.
- 내담자의 과거와 현재의 문제가 되는 관계 경험들을 탐색하는 것은 그의 우울증을 유지시키는 부정적 자기신념과 관계 패턴을 변화시키는 데 도움이 된다.
- 내담자의 고립 경험을 다루는 것은 우울증을 극복하는 데 도움이 된다.
- 비상계획과 장래의 문제를 관리할 수 있도록 내담자를 준비시키는 것은 재발을 방지하는 데 도움이 될 수 있다.
- 문제의 확인과 치료 목표를 설정함에 있어, 내담자의 통제 밖의 사건들에 근거하는 목표보다 그가 직접 변화할 수 있는 내면적 변화 또는 목표를 지향하도록 내담자를 인도할 수 있다면 치료에 도움이 된다.
- 동맹관계의 균열 수리에 주의를 기울이고 치료에 중단이 생긴 경우 해결을 위해 노력을 기울이는 것은 유익하다.

:: 치료계획

명확하고 구체적이며 개별화된 치료계획은 치료과정을 지원하며 효율적 TA 치료에서 필수적 부분이다(Clarkson, 1992; Stewart, 2014). 훌륭한 치료계획은 치료사나 내담자 모두를 치료에 집중하여 이탈하지 않도록 도와준다. 이것은 문제들을 이렇게 저렇게 한가하게 살펴볼 수 없는 단기 치료에서 특히 중요하다. 비록 장기 치료라 하더라도, 사려 깊게 잘 마련된 치료계획을 사용함으로써 초점을 잃지 않고 치료에 집중한다는 것은 훌륭한 결과를 가져온다. 다음에 소개한 단계 1~7은 내담자에 따라 개별적으로 특화된 치료계획을 어떻게 만들 것인가에 대해 기술하고 있으며, 단계 8에서는 이 장 앞부분에서 설명한 원칙들과 핵심 과제들을 이것과 통합할 것을 권고하고 있다.

- 단계 1 : 내담자의 우울증의 주요 증상과 주요 과정을 확인하라(어떤 과정들이

내담자에게 가장 영향을 미치는지를 명확히 하려면 제2~4장을 참조하는 것이 도움이 된다).

- 단계 2 : 내담자의 우울증을 유지시키는 요인과 과정을 확인하라(예컨대 악순환, 오염의 과정, 완벽주의, 자기비판적 내부 대화).

- 단계 3 : 내담자를 위해 가장 생산적이라고 믿는 핵심 변화들을 확인하라(예를 들면, 자기양육적 내부 대화의 개발, 자기, 타인, 상황과 사건을 긍정적 또는 중립적으로 평가할 수 있는 능력의 증진).

- 단계 4 : 각 문제를 TA 언어를 사용하여, 어떻게 이해하고 개념화하고 변화시킬 수 있는가를 공식화하라(제2~4장 참조).

- 단계 5 : 핵심 변화들의 우선순위를 정하라. 단기 치료에서는 효율성이 중요하다. 어떤 변화가 내담자의 전반적 기능, 안녕, 증세의 완화라는 관점에서 가장 큰 영향력을 가질 것인지를 고려하는 것은 그만한 가치가 있다. 특별히 효율적 접근방법은 훨씬 크고 저변에 위치하는 각본 문제들로 이행하기 이전에 우선 내담자의 우울증을 유지시키는 과정들을 목표로 설정하는 것이다.

- 단계 6 : 내담자의 치료 목표로서 확인한 변화들을 통합하고 이것들을 치료기간 중에 완료해야 할 일련의 과제의 형태로 짧은 문구/문장으로 만들라. 확인된 변화들이 해당 내담자의 사례 공식과 상충되지는 않는지 확인하고 필요하면 수정하라.

- 단계 7 : 내담자의 치료과정을 촉진하기 위해 회기 중간중간 내담자가 완수해야 할 과제를 개발하라(예를 들면, 규칙적 육체 운동, 매일 명상, 자각 수련).

- 단계 8 : 치료계획을 핵심 치료 과제 그리고 임상적용에 필요한 원칙들과 함께 엮어라.

∷ 완벽주의 해결하기

완벽주의는 우울증과 고위험의 상관관계가 매우 높은 성격 특성이며, 높아진 자기비난의 수준과 밀접한 관계가 있다(Enns & Cox, 1999). 그것은 또한 낮은 자존감, 강박적 · 충동적 경향, 절망, 충동적 자살 생각, 섭식장애와 같은 다른 문제들과 연관되어 있다(Egan, Wade & Shafran, 2011). 완벽주의와 관련해서, 어떤 탁월함을 위한 건강한 노력과 건강하지 못한 완벽주의에 관한 생각을 구별하는 것은 매우 중요하다. 핵심적 차이점은, 그 사람이 자신의 가치를 성취에 근거를 두고 있는지, 그리고 '그 정도면 괜찮은 거야'라는 생각을 정말 '괜찮은 결과'로 자신이 인정하는지이다. 전자는 완벽주의를 의미하며, 후자는 보다 건강한 관점을 나타낸다. 완벽주의에는 다음을 포함하는 몇 가지 요소가 있다.

- 실수를 용납하지 않음(자신의 실수와 타인의 실수 포함)
- 비현실적으로 지나치게 높은 개인적 기준
- 비현실적으로 지나치게 높은 타인에 대한 기대(여기에는 치료사에 대한 기대도 포함될 수 있다)
- 자신을 타인과 부정적으로 평가/비교함
- 확신의 회복을 타인으로부터 과도하게 구함
- 높은 부모자아상태의 기대
- 심한 부모자아상태의 비난
- 행동에 대한 자기의심
- 조직화하는 능력

부적응적 완벽주의는 지나치게 비판적이고 가혹한 자기평가, 보기에 따라서는 성공적이라고 할 수 있는 성취에 만족하지 못함, 충동적 경향, 그리고 만성적 자기의심과 연관된, 비현실적이며 경직된 기준을 그 특징으로 한다. 적응적 완벽주의는 높지만 성취 가능하고 합리적인 개인적 기준, 질서와 조직화의 필요, 성과와 독립적인 자기평가, 뒤로 미루지 않겠다는 의지, 그리고 보다 나은 자신과 사회에 대한 동기를 포함한다(Aldea, Rice, Gormley & Rojas, 2010: 1195).

높은 수준의 완벽주의는 치료 결과에 부정적 영향을 주며, 빈약한 치료작업 동맹과 상당한 관계를 가진다고 알려져 있다(Shahar, Blatt, Zuroff & Pilkonis, 2003;

Zuroff et al., 2000). 또한 고도의 완벽주의는 빈약한 대인관계와 연관되어 있다는 증거들이 있다(Shahar et al., 2003). 완벽주의의 내담자가 경험하는 어느 정도의 수치심과 자기비난 때문에 내담자는 치료과정에서 자기를 개방하여 타인에게 보여지는 것에 대해 큰 어려움을 느낄 수 있다. 또한 타인에 대한 비현실적 기대 때문에 고도의 완벽주의를 가진 내담자는 관계의 균열(악화)에 대해 덜 관용적이며, 따라서 악화된 관계를 개선하려는 노력을 주저한다(Zuroff et al., 2000). 나아가 고도의 완벽주의의 내담자는 치료에 대한 기대를 쉽게 포기하는 경향이 있으며, 이는 작업동맹을 연약하게 만들든가 또는 치료 중단의 가능성을 높인다. 그럼에도 불구하고 자신의 완벽주의를 적극적으로 완화시키려는 내담자는 치료과정도 잘 소화하며 치료 결과에서도 좋은 실적을 보인다(Blatt & Ford, 1994). 따라서 치료 초기에 완벽주의에 초점을 설정하는 것은 훌륭한 치료 전략이다. 내담자 자신은 자기의 완벽주의가 어느 정도인지 모를 수 있기 때문에, 그 정보를 내담자에게 알려 주는 것은 매우 도움이 된다는 증거들이 있다(Aldea et al., 2010).

치료의 목표는 개인적 기준이나 탁월함에 대한 노력을 버리도록 하는 것이 아니며, 기준과 기대치를 재평가하여 조절하고, 경험된 자신에 대한 가치 기준을 소위 '완벽한 성공'으로부터 떼어내도록 하는 것이다. 이것은 고통스러운 결과만을 가져오는 이룰 수 없는 목표는 떠나보내는 것을 포함한다. 완벽주의는 목표달성에 매우 파괴적 효과를 가진다. 만약 이런 목표들이 성취되지 못하면, 이런 것들은 자기비난의 근간이 된다. 만약 목표가 이루어졌다 해도, 보다 더 엄격하지 않았다든가, 성공은 단지 운이 좋았었기 때문이라든가, 또는 어떤 외적 요인 때문이었다든가(개인적 노력의 결과가 아니고) 하는 이유로 재평가된다. 어떤 사람들은, 자신들의 완벽주의 때문에(그리고 실패의 두려움 때문에), 연기(뒤로 미루기)를 계속하며 자기가 설정한 비현실적 목표에 도달하지 못하는 실패를 했을 때 예상되는 자기비난의 공격에 자신을 노출시킬 활동들을 회피한다. 완벽주의의 경향을 가진 내담자와 설정한 목표들이 현실적인지, 아니면 또 다른 완벽주의의 표징인지, 또한 그의 완벽주의가 치료과정에 대한 평가에 어느 정도 영향을 미치고 있는지를 탐색하는 것은 유용하다.

TA를 사용한 완벽주의의 개념화

TA에서 완벽주의는 '완벽해야 할' 필요에 의한 강력한 부모자아(P)의 내사물(introjects)과 관련된 것과 '그 정도로는 괜찮지 않다'라는 어린이자아상태(C)의 믿음과 연계되어 있는 것으로 개념화한다. 이것이 광범위한 '완벽해야 해'의 과정에서 나타나는 것이며, 이것은 내담자의 심리내적 그리고 사람과 사람 관계의 과정에 영향을 미치는데, 고전적 의미의 단순한 '완벽해야 해' 드라이버 행동이라고 생각되었던 것에 국한되지 않는다. 예외 없이 내담자는 완벽해야 할 필요를 가진 각본신념을 가지며, 이를 유지하기 위하여 디스카운팅을 사용한다. 완벽함과 연관된 오염들 역시 존재할 가능성이 크다.

완벽주의 해결하기

- 내담자의 완벽주의의 범위와 성격을 평가하라. 내담자가 자기의 완벽주의가 생활의 다른 측면에 미치는 영향을 탐색하도록 유도하라.
- 내담자가 자기의 완벽주의를 모니터링하도록 격려하고 언제 완벽주의 사고에 몰입하게 되는지 확인하라.
- 내담자로 하여금 어느 정도의 잘못이나 실수를 관용하며, 탁월하기 위해서는 상당한 연습과정이 필요하며, 그 과정에서 어느 정도의 실패와 실수는 필연적이라는 수용의 태도를 갖도록 격려하라.
- 감지되는 실패에 대한 반응에서는 자기동정적/자기양육적 내부 대화에 노력을 할애하도록 촉진하라.

∷ 오염과정의 치료

반추(反芻, rumination)는 우울증에서 중요한 인지과정이다. 반추의 특징은 반복적이고, 부정적인, 평가적 사고이다. 이것은 자기, 과거의 사건, 그 사람의 환경, 걱정과 우울증 증상에 초점이 맞추어져 있다(Nolen-Hoeksema, Wisco & Lyubomirsky, 2008). 되씹어 생각할 때 그 사람이 경험하는 생각들이란 다음과 같은 말을 포함한다. '나는 왜 이렇게 느끼지?', '왜 좀 더 기분 좋게 느낄 수는 없는 거야?', '나는 왜 변화할 수 없는 거지?', '이 일이 나를 어떤 사람으로 만드는 거야?', '나는 왜 항상 일을 엉망으로 만들어 버리는 거야?', '나는 왜 항상 부정적이지?' 그리고 '나는 왜 그 일을 혼자 해내지 못하는 거야?' 반추는 통상적으로 일련의 부정적으로 편향된 질문들로부터 시작하고 또 그런 질문들로 이루어지며, 전형적으로 우울증과 부정적 각본신념을 강화하는 일련의 부정적 내부 반응을 가져온다. 또한 반추할 때는, 일반적으로 반추가 도움이 된다고 잘못 생각한다. TA 이론에서 반추는 오염 과정으로 개념화되는데 그 이유는 반추는 특정한 오염을 일으키며 또한 유지시키기 때문이다.

치료에서 특별히 반추/오염 과정을 표적으로 삼고 내담자가 보다 생산적인 사고와 반추의 방식을 찾도록 돕는 것은 유익하다. 밑바닥의 오염 과정의 존재는, '살아 있는' 어떤 오염의 내용이 도전받을 때(치료 회기 때이거나, 또는 회기 이외의 시간이거나를 막론하고) 내담자가 '네, 그러나' 스타일의 반박을 하며 또 다른 부정적 생각으로 옮겨 가는 것을 보고, 추론이 가능하다. 이런 경우에는, 오염 과정이 강화하는 부정적 각본신념을 유지하기 위하여 디스카운팅 메커니즘이 활성화된다.

첫째, 반추와 오염 과정은 내담자에게 어떤 기능과 목적을 가지는가를 깊이 생각해야 한다. 내담자는 그것이 무엇을 하도록 또는 안 하도록 도움을 준다고 믿는가?(예컨대 내담자는 그것이 자기에게 변화의 동기를 부여하고 더 나아가 자기가 게을러지거나 이기적이 되는 것을 막아 주리라고 믿을 수 있다.) 일단 내담자의 목적이 확인된 다음에는 치료사는 내담자가 의도하는 결과를 달성할 수 있는 다른 방안을 찾을 수 있도록 도움을 제공할 수 있다.

치료사는 내담자가 회기 중에 반추적/오염 과정에 때때로 몰입되어 있는지 또는 회기 이후 시간에도 이 과정을 되풀이하고 있지 않은지(예를 들면, '왜 나는 혼자 그 일을 해낼 수 없었지?', '나의 치료는 왜 그렇게 오래 걸리는가? 내게 무슨 문제가 있는 거야?'라고 생각함으로써) 그 가능성에 항상 주의를 기울여야 한다. 이런 경우, 치료사는 이것을 예상하고 내담자에게 이 문제를 미리 거론하여 내담자가 회기 이후 시간에 다른 긍정적 사고 방법을 만들 수 있도록 도움을 줄 수 있다.

반추하는 습관을 가진 내담자들은 적극적 관심 전환(positive distraction) 방법을 사용하거나 또는 과도하게 내적 오염과정에 집중된 주의를 의도적으로 또 적극적으로 외부로 전환시킬 수 있는 활동을 하는 것이 도움이 된다는 것을 알게 되었다. 명상 역시 오염의 과정을 저지하는 적합한 전략이다.

∷ 오염의 제거

오염의 제거는 어른자아상태(A)의 변화를 가져오고 오염된 신념의 정화 또는 재평가로 이어지는 대부분 인지적 과정이다.

신념 확인하기

오염은 항상 즉각적으로 분명한 것은 아니다. 오염/신념은 다음과 같이 확인될 수 있다.

- 내담자 말의 명확한 내용 듣기
- 내담자 말의 암시적 내용 듣기
- 그 존재를 추론하고 과연 내담자가 저변의 신념을 가지고 있는지 확인하기 위해 질문하기

오염/오염된 신념 탐색하기

여기에는 내담자의 생육사의 관점에서 오염의 근원을 이해하고 존중하는 것이 포함된다. 이것을 정상화시키고, 내담자가 느낄 수도 있는 당혹스러움 또는 수치심의 위험을 감소시키고, 내담자의 자기비판적 자아상태 대화가 재연될 가능성을 최

소화하는 것이 도움이 된다.

새로운 틀로 보기

새로운 틀로 보기는 다른 관점으로 사건이나 상황을 재해석하는 것, 또는 문제의 원인이라고 추측되는 생각과 의미를 바꾸는 것을 포함한다(Watzlawick, Weakland & Fisch, 1974). 새로운 틀로 보기의 간단한 예는 '재앙'이라고 생각되는 상담 중의 문제가 어떻게 '성장과 학습의 기회'로 간주될 수 있는가이다. 따라서 새로운 틀로 보기는 상황의 기본적 사실을 바꿀 수는 없지만, 상황에 대한 해석을 변화시킨다.

논리로 오염을 재평가하기

여기에서의 의도는 신념의 정확도와 적절성을 평가하기 위해 비판적 사고(critical thinking)를 자극하는 것이다. 이러한 작업은 강의나 도전적 방법이 아닌, 내담자 스스로의 힘으로 자신의 신념에 대한 결론에 도달하도록 하는, 체계적 질문 과정을 통하여 가장 효율적으로 이루어질 수 있다. 오염은 논리적 질문을 사용하여 내담자가 오염된 신념의 유효성을 탐색하도록 유도함으로써 도전할 수 있다. 예를 들면, 어떤 내담자가 자기는 행복해질 자격이 없다고 믿는다 하자. 이런 경우에 치료사는 다음과 같은 질문을 할 수 있다.

'어떤 부류의 사람들은 행복할 자격이 있고, 또 어떤 부류의 사람들은 행복할 권리가 없는가요?'

'행복해질 자격이 있고 없고를 결정하는 기준은 무엇인가요?'

'당신은 그런 기준에 합당합니까?'

'그러면, 그 기준에 미달되는 사람들은 모두 불행한가요?'

'이 불행이 얼마나 더 지속될까요, 아니면 이 불행은 영원히 지속되어야만 하는 걸까요?'

'당신은 모든 사람이 평등하다고 느낍니까? 거기에 당신도 포함되나요?'

인지적 모순(불협화음) 증강시키기

이런 질문들은 내담자의 어른자아상태(A)를 동원하며, 여러 관점에서 오염을 겨냥한다. 의도하는 바는 가지고 있는 신념에 대해 인지적 모순을 일깨우는 것이다. 인지적 모순에서는, 내담자의 현재 신념에 도전하는 정보를 내담자에게 제공한다(Festinger, 1957). 이것이 어떤 불편함을 일으키는데, 이것은 내담자가 자기의 현재 신념에 대해 당황함이나 수치심을 느낄 수 있는 위험을 줄이고, 또 내담자가 방어적으로 될 가능성을 줄이기 위해 매우 조심스럽게 다룰 필요가 있다. 인지적 모순을 만들어 내기 위해 제공되는 정보는 내담자가 자기의 각본 준거틀(script frame of reference)을 유지하기 위해 디스카운트하거나 또는 왜곡할 수 있다. 부드러운 도전을 유지하기 위해, 치료사는 모순을 조장하는 충분한 압력을 유지시켜 결국에는 내담자가 부인할 수 없는 논거를 수용하고, 나아가 새로운 신념을 개발함으로써 옛 신념을 버리도록 할 수 있다.

직접적 도전

오염은 때로는 직접 도전하거나 또는 그 모순을 지적할 수 있다. 이것은 부모자아상태(P)를 사용하는 것인데, 내담자가 치료사의 도전에 대해 감성적으로 상처를 입거나 분노할 수 있으며, 또는 (표면적으로는) 치료사의 말에 과도한 순응을 보이지만 내적으로는 자기의 신념을 그대로 고집할 수도 있기 때문에 위험도가 높은 전략일 수 있다. 이 경우에 내담자는 치료사와의 대화에서 어떤 주제는 '용인되지 않으며(off limits)' 논의될 수 없다고 믿을 수도 있다. 또한 그런 직접적 도전 때문에 동맹관계에 균열이 갈 가능성도 있다. 나아가 직접적 도전은 우울한 내담자의 부정적 자기비판적 대화를 촉발할 수도 있다. 그럼에도 불구하고 직접 도전 또는 모순의 지적은, 치료적 관계가 공고한 경우에 조심스럽게 사용한다면, 그런 직설적 지적에 수용적인 내담자에게는 매우 유용한 개입이 될 수 있다. 그런 경우, 도전받는 것에 대해 어떻게 느끼는지를 내담자에게 탐색하는 것은 좋은 방안이다. 만약 동맹관계의 균열이 발견된다면, 회기 일정을 진행하기 전에 이 점을 먼저 다루어야 한다. 내담자에게 이런 도전을 시도했을 때, 치료사는 그것이 도전이라는 것을 인정하고, 내담자로 하여금 치료사의 추가적인 도전적 접근방식에 대한 반응을 탐색하도록 유도하는 것도 도움이 된다. 이것을 위해 다음과 같은 말을 사용할 수 있을 것이다. '내가 오늘은 좀 도전적이었다는 것을 압니다. 당신에게 어떻게 받아들여졌을까 궁금하군요? 내가 느끼기엔 당신은 직설적인 접근을 좋아하는 것 같았습니다. 그러나 그러한 접근의 대상이 된다는 것은 때로는 곤혹스러운 입장이라는 것을 압니다.'

옳지 않음의 행동적 입증

오염은 그 자체가 옳지 않다는 것을 확인하는 증거를 만드는 행동 또는 활동(회기 내 또는 밖 모두에서)으로 내담자를 유도함으로써 효과적으로 도전할 수 있다. 옳은 것이 아니라는 증거가 발견되면, 회기에서 이것을 적극적으로 다루어 내담자와 함께 탐색하는 것이 좋다. 이때 원래의 오염된 신념에 대해 언급하고 내담자가 회기에서 이것을 재평가하도록 한다. 그리고 내담자에게 새로운 경험과 정보에 비추어 어떤 새로운 신념을 갖게 되었는지 물어보는 것이 좋다.

사례

미쉘은 말대꾸하기 좋아하는 10대 아들과 힘든 시간을 보내고 있었다. 그 때문에 그녀는 자기가 나쁜 엄마(곧 나쁜 사람)라는 믿음을 갖게 되었다. 그녀의 치료사는 직장에서 점심시간에 그 문제를 동료들에게 이야기하고, 누가 비슷한 문제의 경험이 있는지 물어보라고 권했다. 다음 날 점심시간에, 미쉘은 스태프룸에서 여러 명의 여자 동료들과 어울려 대화를 나누며 자기 아들과의 말다툼에 대해 말을 꺼냈다. 현재 또는 과거에 10대 아이들을 가졌던 모든 여자 동료들은 자기들의 아이들도 뽀로통하고, 말대꾸를 잘하고, 심술부리고 했었다는 것을 확인해 주며 그런 행동은 일시적으로 지나가는 정상적 행동이라는 것을 확인해 주었다.

누락 정보의 공급

사람들은 때로는 다른 정보가 없기 때문에 오염된 신념을 유지하는 경우가 있다. 이런 경우에는, 치료사가 내담자에게 없는 정보를 공급해 주는 것이 좋다. 예를 하나 들자면, 감정에 관한 것인데 어떤 내담자가 자부심을 느끼는 것이 두려운데 그 이유가 자신이 오만해지고 이기적이 되기 때문이라고 한다면, 그가 타인을 돌보고 사려 깊게 행동하는 한 이기적이 될 위험은 없으며 자신이 성취한 것에 대해 자긍심을 가질 수 있다는 것을 알려 주는 것이 좋다.

∷ 감정 작업하기

본 프로토콜에서 우리는 첫 회기부터 바로 내담자의 감정 작업을 시작한다. 치료사가 내담자와 그의 상황에 대해 더 많은 것을 알아 감에 따라 치료사는 내담자에 대해 공감적 자세를 유지하게 된다. 확인과 허가는 치료에 큰 도움을 주며, 따라서 지지적이며 공감적으로 경험된다. 내담자의 정서를 탐색하는 것부터 시작하라. 내담자의 감정의 성격, 근원 그리고 맥락에 대한 섬세한 이해력을 개발함으로써 치료과정에서 내담자의 이러한 자각을 진작시키도록 시도하라. 내담자가 특정한 감성적 민감성을 가지고 있을 경우에는, 내담자를 도와 이것의 발달적 근원은 무엇인가를 확인하도록 하라.

정서적 문해력 작업

정서적 문해력 작업은 우울증을 가진 사람들에게는 매우 유용한 치료방법이다. 이것은 여러 가지 서로 다른 감정을 확인하고, 이름을 붙이고, 명확히 구분하는 것을 배우는 것을 의미한다(Steiner & Perry, 1999). 우울증을 앓는 많은 사람들은 자신이 느끼는 감정의 정체를 명확히 이해하는 데 어려움을 겪기 때문에, 지금 무엇을 느끼느냐고 질문을 받으면 모른다고 대답한다. 이것은 그 사람들이 느끼는 어떤 감정들은 서로 모순된 것 같으며 또한 뒤죽박죽 혼합되어 있는 듯 보이기 때문일 것이다. 상황을 더욱 복잡하게 만드는 것은, 그 사람들의 내적 해석과 상징화 시스템 (internal interpretation and symbolization system)이 부정적으로 편향되어 있어, 그것이 복합적 정서 상태를 표현하고 이해하는 데 어려움을 준다는 것이다(Gilbert, 2007). 내담자에게 감정이란 때때로 솔직하지도 명료하지도 않으며, 이해하기도 쉽지 않다는 것을 설명해 주고, 당신이 치료과정에서 어떻게 이 문제를 다루려는지 아이디어를 주는 것은 도움이 된다. 이러한 작업을 하는 데 다음과 같은 말이 도움이 될 수 있을 것이다.

> 우리는 매 시간 여러 가지 감정을 느낍니다. 이것은 마치 칵테일이나 수프나 케이크와도 유사하여, 서로 다른 배합물들이 다른 비율로 섞여 있습니다. 일단 배합이 된 후에는 각각의 성분을 구분하기는 어렵습니다. 마찬가지로, 여러 감정이 함께 섞이면 그것을 분류해 내기는 어려운 일입니다. 내가 하려는 일은, 당신을 도와 여러 가지 다른 감정들을 분류하고, 그 의미를 찾고, 그리고 다시 평가하는 것입니다.

내담자의 정서와 정서적 반응을 정상화시키는 것은 특히 도움이 된다. 모든 1차 (진실) 감정은 근본적으로 유익하고 도움이 된다. 이 감정들은 우리에게 동기를 부여하여 어떤 사회적 이익을 얻으려 하는 행동들을 유발한다. 또한 일반적으로는 어떤 감정을 격발시킨 어떤 자극이 있다. 내담자가 그 자극이 무엇인지, 또 그의 감정 반응이 그 자극에 대해 적절한 것인지를 확인하도록 도와주라(Blenkiron, 2010; Lee, 2006; Moiso, 1984 참조). 자극과 그에 연관된 반응을 확인하는 것은 내담자의 정서적 반응이 1차 감정인지 아니면 2차 감정인지를 명확히 가리는 작업이다. 1차 감정은 언제나 적절한 반응과 연결되어 있으며, 상황에 걸맞는 현실적 강도와 표현을 가지며, 자연스런 지속시간을 가지며, 주로 특정 대인관계에서의 반응을 수반하며, 적당한 시간 내에 어떤 과정을 거쳐 해결된다. 특정한 감정들과 연관된 전형적 자극의 예는 다음과 같다.

- 슬픔 : 과거 또는 예상되는 상실, 절망과 도움이 없음, 자기연민과 관계됨
- 두려움 : (현실적 또는 상상의) 공포 또는 위험
- 분노 : 어떤 손상이 일어나고 있음, 규칙이 지켜지고 있지 않음, 기대가 이루어

지지 않았음, 정의롭지 못함 또는 불공정함의 생각

- 죄의식 : 개인적 규준이 지켜지지 못했거나, 달성되지 못했음
- 수치심 : 어떤 사회적 규칙을 어겼기 때문에 이것은 타인들이 납득할 수 없는 것이며 자기는 나쁜 사람이라는 인식

만약 내담자가 아무 생각도 할 수 없다면, 내담자가 도움을 청하는 감정들이 과연 지금까지 실제적인 도움이 된 적이 있는지를 알아내라. 그런 감정의 순간들을 확인할 수 있는지 알아보도록 그에게 요청하라. 모든 감정은 정상적이란 것을 강조하라. 때때로 문제가 되는 것은 바로 그 감정들이 지닌 힘이며 또한 그 감정들을 가지고 우리가 하는 행동이다. 치료 목표의 하나는 내담자들이 자기의 감정을 보다 더 잘 통제할 수 있도록 도움을 주는 것이다. 만약 내담자가 자기의 특정한 감정을 제거하고 싶다고 말할 때는, 모든 감정을 제거하는 것은 나쁜 것이며 건강하지 못한 것이라는 것을 설명해 주는 것이(예를 들면, 두려움은 위험이 존재하는 상황에서 내담자로 하여금 적합한 행동을 취하도록 하기 때문에 그 상황에서 적합한 감정이다) 좋다.

많은 내담자들이 회기에서 자기의 정서와 정서적 반응을 격발시키는 것이 무엇인지 확인하는 것은 매우 유익하다. 대체로 어떤 특정 감정을 활성화시키는 어떤 무엇이 있다. 이 격발자(도화선, trigger)는 외적 사건일 수도 있으며, 외적 사건에 대한 내담자의 해석 또는 어떤 생각, 기억 등과 같은 내적인 무엇일 수도 있다. 격발자는 즉각적일 필요는 없다―'지연된 반응'일 수도 있다. 내담자의 정서적 상태에 대한 일종의 지연된 반응인지를 확인하도록 내담자를 도와야 한다.

정서적 상태에 대해 그 사람이 갖는 내적 그리고 행동적 반응을 확인하고, 그것의 유익성을 평가하는 것―즉 그 감정을 좀 더 잘 다스릴 수는 없었는가?―또한 유익하다. 내담자가 어떤 반응을 보이더라도 정상상태로 만들라. 아니면 적어도 비판단적으로 그리고 논리적으로 그것에 접근하라. 예를 들면, 회피는 불안을 단기적으로 관리하는 데 사용할 수 있는 전략이긴 하지만, 장기적인 관점에서 본다면 그것은 불안을 더욱 나쁜 상태로 만들어 회피 행동과 정말로 회피가 불가피한 어떤

위험이 있다는 메시지를 강화하게 된다. 때때로 어떤 행동은 즉시적이고 단기적 경감을 위해 시도되지만, 실제 장기적으로 보면 문제를 악화시킬 수 있다. 정서적 대응 행동의 단기와 장기적 결과 모두를 숙고하는 것이 필요하다.

정서적 내성의 증강

내담자로 하여금 회기 중에 '그 감정에 머물게' 하고 또 감정에 대한 내성을 기르도록 격려하는 것은 생산적인 것이다. 치료사는 최적의 변화를 촉진하고 더 강한 감정에 대한 내성을 증강시키기 위해 적절한 범위 내에서의 정서적 흥분(각성, emotional arousal)을 유지하도록 목표를 두어야 한다.

감정과 암묵적 학습

강한 감정은 학습에 강력한 자극으로 작용한다. 우리가 회상을 의식적으로 하든 안 하든, 우리는 암묵적으로 상황과 사건에 따른 우리의 정서적 반응을 기억한다. 우리는 좋은 감정을 생산하는 일을 반복하려 하고 불유쾌한 감정을 생산하는 일은 회피하려는 경향이 있다. 이것이 암묵적 학습의 근거이다. 그러한 정서적 기억은 무의식 수준에서 작동하는 경향이 있는데, 아마도 편도체의 격발을 통하여 그러는 것 같다. 감정을 잠시 유보하고, 확인하며, 현재의 순간에 그것을 재평가하기를 배움으로써, 우리는 정서적으로 새로운 방법으로 반응하고 지금까지의 자동적 정서적 반응에 대해 통제할 수 있는 방법을 터득하게 된다. 정서적 반응의 재고와 재평가는 내담자가 어른자아상태(A)에 머물도록 도움을 주며, 이런 사례가 반복되면 자기가 감정을 스스로 통제할 수 있는 능력을 기르게 될 것이다.

우울증에서의 긍정적 감정

우울증을 가진 많은 사람들에게는 긍정적 감정이 문제다. 예를 들면, 이 사람들은 긍정적 느낌(특히 자기에 대한 긍정적 감정)을 억압하는데, 그것은 어떤 수준에서(암묵적 학습-각본) 이런 감정들이 금지되어 있거나 또는 이런 감정들은 부정적 결과를 가져올 것이라는 믿음 때문이다.

때때로 우울한 사람들은 자신들에게서 긍정적 느낌, 즐거운 감정과 감각을 박탈하고 중지시키는데, 이때 즐거운 느낌을 갖는 것은 다음과 같은 의미가 있다고 자신들에게 말한다.

1. 그것은 '운명의 유혹(tempting fate)'이며, 좋은 느낌을 갖는다는 것은 뒤에 나쁜 일이 꼭 일어난다는 의미이다.
2. 자기는 행복함을 느낄 자격이 없다.
3. 즐겁고 유쾌한 감정을 갖는 것에 대한 벌이 반드시 따를 것이다.
4. 유쾌한 느낌이란 자기가 무엇인가를 잊고 있다는 의미이다.
5. 자기는 '불복종하고' 있으며 '나쁘다'.

물론 이것의 아이러니는 긍정적 느낌의 출현을 막거나 또는 이런 즐거운 감정과 감각을 억압하는 과정에서 그 사람들은 실제 그런 억압된 상황과 궤도에 멈추어 갇혀 있으며, 두려워하는 부정적 결과는 실제로 일어난다는 것이다. 따라서 그들을 보호하려는 전략은 반대 작용을 하며, 우울과 불안을 악화시키는 역할을 한다.

즐거운 느낌을 경험한 후 나타나는 부정적 사건이나 나쁜 느낌들은 내담자들의 염려가 옳다는 증거로 여겨질 수도 있다. 이것은 물론 비논리적인 것이다. 어떤 사람도 긍정적 느낌을 건강하게 무기한으로 언제나 유지할 수는 없으며, 또한 모든 좋지 않은 일들을 막을 수도 없기 때문이다. 더구나 우울증을 가진 사람들은 종종 '잘못된 귀인(歸因, faulty attribution)'을 사용하여, 긍정적 일(좋은 감정과 좋은 사건)은 다른 사람들과 관련된 것이고, 부정적 일은 자신과 관련된 것이라고 해석한다.

∷ 악순환

인간은 (실제 또는 감지되는) 불편함을 회피하도록 태어났다. 불편함의 회피가 자연적 욕구라 하지만, 그것은 부정적 결과를 가져올 수 있으며 문제를 강화하거나 유지시킬 수 있다. 나아가 사람이 고통을 느낄 때는 비록 반생산적이거나 또는 도움이 되지 않는 행동이라 할지라도, 즉각적 만족이나 완화를 제공하는 행동들을 선택하는 경향이 있다. 종종 이러한 행동들은 끈질긴 지속성과 스스로의 영속성을 갖는 순환회로를 만들고, 그 사람의 문제를 유지시키는 데 기여한다. 이러한 패턴을 악순환(Widdowson, 2014b 참조)이라 말할 수 있으며, 인지-행동 치료(Garland, Fox & Williams, 2002; Veale, 2008)와 인지 분석적 치료(Ryle & Kerr, 2002)의 개념과 연관이 있다. 이러한 악순환과 관련된 행동들과 내적 과정들은 어떤 식으로든 그 사람의 증상과 연관되어 있는 경우가 많다. 예를 들면, 우울증을 가진 사람은 일에 대한 동기가 결여되어 있으며, 활동으로부터 얻는 즐거운 경험에 대한 기대를 하지 않는다. 이러한 이유 때문에 그 사람은 무엇에건 점점 더 흥미를 잃게 되어, 외출하고, 친구를 만나고, 어떤 활동을 하는 것을 더욱 회피하게 된다. 그렇기 때문에 즐거운 활동이 줄어들고 그의 에너지 수준도 역시 감소한다. 이런 사람은 어떤 것이든 하고 싶지 않은 자신에게 짜증이 나며, 이것이 자신에 대한 비난을 강화시킨다. 심해진 내적 자기비판은 우울증을 악화시키며, 그러면 그 사람은 감정이 점점 나빠지는 소위 '악순환'에 갇히게 된다(그림 8.1).

　내담자에게 자신의 악순환을 확인시키는 것은 매우 생산적이다. 내담자가 일단 자기의 악순환에 대해 인지하면, 당신은 어떻게 이 패턴을 중단시킬 수 있을 것인가에 대한 논의를 내담자와 할 수가 있다. 악순환을 깨는 작업은 일시적 불편함을 가져올 수 있으며, 무엇보다도 많은 노력이 요구되지만, 이런 불편함이나 노력은 비교적 단기간에 속하는 것이며, 치료의 관점에서 보면 큰 가치가 있다는 것을 내담자에게 설명해 주는 것이 좋다. 내담자의 문제를 유지시키는 요인들을 중단시키는 어떤 치료적 개입도 효과적이며, 빠른 긍정적 결과를 가지며 또한 재발을 막는 데 도움이 된다.

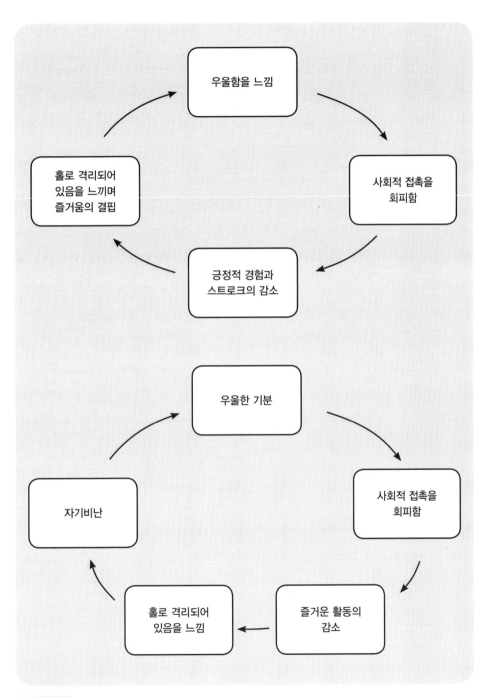

그림 8.1 우울증의 악순환의 예

:: 자살에 대한 생각과 자살 위험에 대한 논의

자살에 대한 상상은 일반적인 것이지만 그 정도는 다양하다. 우울증을 가진 사람에게는 특히 그렇다. 아래에 소개하는 가이드라인은 자살에 대한 사고와 위험에 대해 생각하고 대처하기 위한 소개로서 제시된 것이지, 위험 평가와 위험 관리에 관한 훈련과 감독을 대체하는 자료가 아니다. 내담자와 작업하는 모든 치료사는 이 분야의 기능과 지식을 개발하기 위한 위험 평가 훈련(risk assessment training)을 받아야 한다. 자살의 위험성을 가진 내담자들과 작업하기 위한 기본적 지식을 제공하는 몇 가지 TA 문헌들이 있다. Stewart(2010b)는 도피구의 폐쇄(escape hatch closure)의 이론적 배경과 과정에 대한 개요를 훌륭하게 설명하고 있으며, 또한 Widdowson(2010)은 TA 이론을 사용하여 자살에 대한 사고를 밝히고 있다. Mothersole(1996)과 Ayres(2006)는 모두 치료사가 급히 내담자를 도피구의 폐쇄 과정으로 몰고 가기보다, 내담자가 자살에 대한 상상과 생존의 문제에 대해 자유롭고 솔직하게 이야기할 수 있는 공간을 제공하는 것이 중요하다는 것을 강조한다.

자살에 대한 생각 또는 상상과 자살 의도(실제 죽고 싶다는 소망 또는 욕구를 가짐)를 구분하는 것은 중요하다. 자살에 대한 생각이 반드시 내담자가 위험에 처해 있다는 지표가 되는 것은 아니지만, 자살 의도(suicidal intent)는 매우 높은 수준의 위험을 가리키는 지표이며 따라서 긴급한 개입이 요구된다. 치료사가 자살에 대한 사고 또는 자살 의도를 확인하거나 또는 의심하는 경우에는, 내담자로 하여금 자기의 생각을 솔직하고 공개적으로 발표하도록 요청하는 것이 좋다. 치료사는 해당 내담자 노트에 그와 같은 논의를 상세하게 모두 기록으로 남길 필요가 있다. 치료사는 이 문제를 내담자와 탐색하기 위해 합리적 단계를 확실히 밟았다는 것과, 또한 적절한 행동을 취하였음을 확실하게 할 필요가 있다. 자살에 대한 생각 또는 자살 의도, 어느 경우가 되었든 치료사는 이 문제를 긴급한 문제로 취급하여 슈퍼바이저와 논의하여 위험 관리를 위한 적절한 치료계획을 만들어야 한다. 치료사는 내담자의 자살 위험 탐색에 도움이 될 수 있는 다음 질문을 사용할 수 있다.

자살에 대한 사고에 대해 물어보라

- 당신은 인생이 살 가치가 없다고 생각해 본 적이 있습니까?
- 당신은 생을 끝내는 것에 대해 생각해 본 적이 있습니까?
- 당신의 목숨을 끊을 방법에 대한 계획이나 생각해 본 적이 있습니까?
- 그런 생각을 얼마나 자주 합니까?
- 살아야 하는 이유가 죽어야 하는 이유보다 더 많습니까?

의도와 계획을 평가하라

- 생을 끝내겠다는 생각을 할 때 당신은 어떤 느낌이 듭니까?
- 목숨을 끊는 데 특별한 생각이나 계획을 가지고 있습니까? 그 계획은 어떤 것입니까?
- 목숨을 끊기 위한 구체적 작업이나 어떤 과정을 실행에 옮겼습니까?(자살 노트, 유언장, 자살할 수단의 준비 등)
- 당신은 그것을 실행하여 목숨을 끊을 수 있다고 행각합니까?
- 빈도, 상황(시간, 장면, 계획, 물질 남용, 충동), 방법, 결과, 의도와 발견되어/살아나/자신과 타인들에게 장기간에 걸친 손실을 입히는 것에 대한 느낌은 모두 중요한 특성입니다.
- 왜 하필이면 지금입니까?(내담자가 자살에 대한 생각과 소망이 갑자기 떠오르고 또 그 생각이 증강되는 경우에)

알려진 위험 인자들을 고려하는 것은 자살 위험을 평가하는 한 가지 방법이다. 그러나 접근방법으로서의 한계를 지니는데, 그것은 그 사람이 위험에 직면해 있다는 것을 알리고 있다 할지라도, 그 사람이 실제 자살을 자행할 것인지 아닌지를 정확하게 예측하는 것은 아니기 때문이다. 내담자의 위험 수위는 치료에 들어가는 시점에서, 내담자의 환경(직장, 관계, 의료, 등)에 변화가 있을 때마다, 내담자가 심리사회적 스트레스 요인(상실/슬픔, 굴욕)을 경험했을 때, 내담자의 정신 상태가 악화되었을 때, 또는 내담자가 개선되지 않는 장기간의 불안을 경험할 때 모두 깊이 고려해 볼 필요가 있다.

즉각적인 위험의 지표로 포함되어야 할 사항들은 자살이나 자해를 협박하는 것, 자해의 방법을 찾는 것, 자살을 시도할 방법을 준비하는 것(예컨대 약을 다량 확보하는 행위) 그리고 죽음과 자살에 관한 이야기를 하는 것 등이다.

추가적 인자

- 정신질환, 과거 또는 현재의 행동들(여기에는 과거의 자살에 대한 생각은 포함시키지 않는다), 의학적 진단/질환, 기능적 또는 인지적 장애(우울 증세, 불안, 공황, 정신질환, 절망, 무가치함, 심한 자기비난, 쾌락 상실, 초조, 분노, 충동성)
- 심리사회적 스트레스 인자. 예를 들면, 독립성의 상실, 자살의 가족력, 가족갈등, 이혼/관계의 어려움, 부채, 법적 문제, 물질 남용, 폭력, 육체적/성적 학대
- 성격의 강점/자원과 취약점, 대응 전략 평가.

자살에 대한 생각과 의도에 대한 치료적 접근법

조용하고 비판적이지 않은 접근법을 사용하여 공감적 라포를 형성하도록 항상 노력하라. 처음에는 자살에 대한 일반적 질문으로 시작하여 대화가 진행됨에 따라 질문을 보다 구체적으로 하라. 치료사는 내담자의 자살에 대한 사고와 감정을 공감적으로 탐색하는 것이 중요하며, 특히 그런 생각으로 몰고 가는 내담자 자신의 정서적 고통을 명확하게 파악할 수 있도록 도와주는 일이 중요하다.

자살은 이처럼 정서적 주제이기 때문에, 강렬한 정서가 때로는 자극을 받는다. 모든 사람이 그렇듯이, 치료사는 자살에 대한 자신만의 특별한 관점을 가지고 있으며, 또한 일반적으로 내담자의 안녕에 깊은 관심을 갖고 그의 인생이 더 좋은 상태가 되길 지속적으로 바란다. 치료사는 또한 자기의 내담자가 혹시 자살을 시도하지나 않을까, 그러면 자기의 경력이나 전문가로서의 명성에 흠을 남기지나 않을까 매우 염려한다. 이 모든 것은 자기의 내담자들이 보이는 자살의 기미에 대한 강력한 역전이 반응(countertransference reactions)을 형성하기 시작한다. 내담자가 매우

두려워하고 있지 않은지, 자기의 감정에 대해 부끄럽게 느끼지는 않는지, 그래서 치료사에게 자살하고픈 느낌을 이야기하는 것을 꺼리지는 않는지에 대하여 항상 주의하고 깨어 있으라. 내담자가 치료사의 걱정을 이미 알고 경계하거나, 자살 충동에 대한 심한 수치심을 느끼고, 그 때문에 자신의 그런 충동이나 원망의 존재 또는 정도를 치료사에게 밝히지 않을 수도 있다. 자살에 대한 상상이나 사고는 자신의 감정을 통제할 수 없다고 느끼는 내담자의 마지막 의존 공간이다. 따라서 회기에서 불안의 자기관리에 관한 전략을 미리 논의하는 것이 중요하다. 예컨대 내담자가 새벽 2시에 경험하는 격렬한 감정과 자살에 대한 사고를 어떻게 대처해야 하는가에 대한 '행동 계획'이 있을 필요가 있다. 이런 경우, 치료사는 내담자가 느끼는 진정되지 않고 긴박한 자살을 하겠다는 생각이 들 때는 이것이 긴급상황이라는 것을 내담자 스스로 인식하여 즉시 의료기관을 찾아야 한다는 것을 확실히 숙지시켜야 한다. 당신이 치료사로서 내담자의 자살에 대한 사고와 그 위험 수준에 대한 염려가 있다면, 가급적 빠른 시간에 슈퍼바이저와 협의하는 것은 절대적으로 필수적이다. 더구나 당신이 내담자와 논의한 내용, 개입과 접근방식, 내담자의 위험 수준에 대한 당신의 생각과 그런 결론을 내게 된 증거를 광범위하게 기록을 남기는 것이 현명하다.

개인적 감정이 끼어들지 않도록 하며, 질문을 앞서 가며 서두르지 말고, 내담자로 하여금 자기의 견해 또는 행동을 방어하도록 부추기지 말며, 자기의 불안을 극소화하도록 하지 말고, 자기 생각이나 행동의 심각성을 디스카운트하도록 놔두지 말라.

∷ 내부 자아상태 대화를 변화시키기 : 자기비판에서 자기양육으로

자기비판의 개념화

자기비판은 우울증의 핵심적 특징이다(Kannan & Levitt, 2013). 구조적 자아상태 모델을 사용하면, 이것은 부모자아상태(P)에서 비롯되는 부정적 내부 대화로서 개념화될 수 있다. 기능적 자아상태 모델을 사용한다면, 이것은 강력한 내적 비판적 부모자아(CP)와 약하고 기능이 떨어지는 내적 양육적 부모자아(NP)로 볼 수 있다. 기능적 모델을 내담자에게 설명하고, 자기비판적 내부 대화를 다이어그램으로 보여 주는 것은, 내담자가 경험하는 것을 이해할 수 있는 틀을 제공하고, 내부 자아상태 대화를 변화시키려는 치료 목표의 배경 이론을 제공하는 것이므로 매우 유익하다.

자아상태의 3차 구조 모델을 사용하면(그림 8.2), 자기비판은 부모자아(P)와 어린이자아(C) 사이의 부정적 대화라 할 수 있으며, 이것은 또한 P_2-C_2 사이의 대화일 수도 있고(특정한 그러나 확인 가능한 외부로부터 취한 내사물이 에너지를 가지는 곳), 또는 부정적 P_1-C_1 간의 대화일 수도 있으며, 2가지 모두일 경우도 있다. 일반적으로 P_0는 자기비판 과정의 부분으로 간주되지 않지만, 그 사람이 충분히 정서적으로 안정감을 주고 또 반응에 민감한 양육자를 내면화하지 못했기 때문에 자기위로를 제공하지 못하고 C_0의 심각하고 통제되지 않은 정서에 반응할 수 없는 P_0를 가진 것으로 개념화될 경우에는 P_0도 자기비판 과정의 한 부분으로 간주된다.

어떤 사람들의 경우에는, 자기양육적 감정을 활성화하면 역설적이게도 고통스러운 반응의 원인이 된다. 그것은 강렬한 비탄(grief)의 감정을 만들어 낸다. 특히 어린 시절에 적절한 따뜻함과 돌봄을 받지 못한 경우에 그렇다. 또한 가족 중 누군가로부터 어떤 형태로든 학대를 받은 경험이 있는 사람들은 위로를 정서적 아픔으로 연계하는 경우가 많다. 이런 경우에, 양육적 돌봄을 받으면 고통스러운 암묵적 기억들과 그 사람을 불안하게 만드는 자기보호 경고 시그널을 격발시키는 것으로 보인다(Gilbert, 2007).

우울 증세를 가진 많은 사람들은 양육적 돌봄을 받을 자격이 없다는 감정과 씨름을 한다. 자신이 나쁜 사람이라고 알려 주는 그들의 각본신념이 너무나 강력하기 때문에 양육적 돌봄을 받는 것을 아주 효율적으로 저지한다. 내담자가 자기돌봄과 양육을 수용하기 위해서 치료사는 우선 이런 부정적 각본신념들을 먼저 해결하여야 한다. 우울한 사람들은 자기의 정서적 불안에 부정적으로 반응하는 것이 일반적이며, 그 불안을 느끼는 자기에 대한 분노의 감정이 공통된 반응이다. 불행

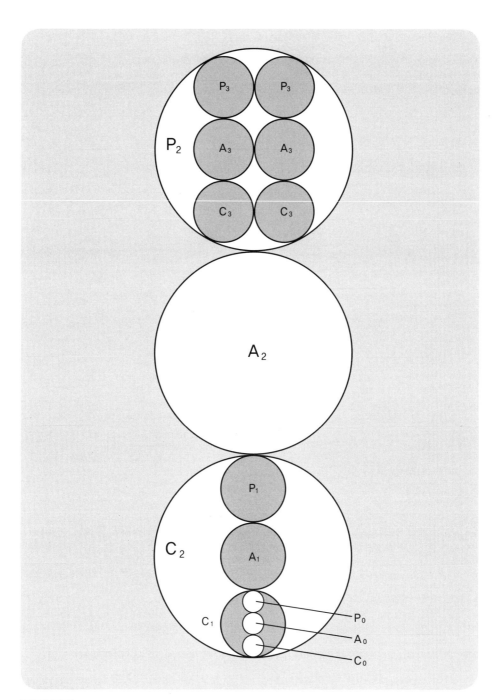

그림 8.2 3차 구조 모델(Based on Berne, 1961)

하게도, 이것은 불안의 수준을 낮추는 데 전혀 도움이 되지 않으며, 오히려 높이는 경우가 많다. 내담자가 자기양육적 내부 대화를 발전시키는 가치를 알 수 있도록 도움을 주고 설명해 주는 것이 바람직하다.

내담자가 자기비판을 줄이고 자기양육과 돌봄을 늘리는 것의 가치를 알 수 있도록 하는 데 도움이 되는 비유를 소개한다. 제일 먼저 할 일은 내담자에게 다음과 같은 질문을 하는 것이다.

> 두 명의 아이가 있다 합시다. 한 아이는 세상을 탐험하고 실제 체험하도록 격려 속에서 자랐습니다. 아이가 육체적으로 또는 정서적으로 상처받을 때면 그 아이는 사랑으로 보살핌을 받았습니다. 잘못을 저질렀을 때는 이해와 수용으로 격려받았습니다. 또 다른 아이는 비웃음과 비난을 받으며 자랐습니다. 특히 아이가 상처받고, 의기소침하거나 잘못을 저질렀을 때는, 바보란 말을 듣고, 또 조롱 섞인 동정의 말을 들었습니다. 자, 이 두 아이는 어떤 성인으로 성장했을까요? 성인으로서 어떤 모습이 되었을까요?

또는

> 풋볼을 좋아하여 장래 자기가 좋아하는 팀의 스타플레이어가 될 꿈을 키우는 어린아이가 있다고 합시다. 어느 날 트레이닝 시간에 볼을 놓쳤습니다. 팀의 코치가 그에게 바보 같고 도무지 쓸모없는 놈이라고 소리 지릅니다. 이 아이에게 어떤 일이 벌어질지 상상이 갑니까? 이제 전혀 다른 상상을 해 봅시다. 코치가 그 어린아이에게 말합니다, '그럴 때도 있어, 신경 쓸 것 없어! 만약 네가 …한다면 다음번에는 좋아질 거야.' 그리고 코치는 다음번에는 어떻게 하는 것이 더 좋은지 설명해 줍니다. 이 두 경우의 코치 중에서 어느 코치가 더 훌륭한 코치입니까?(Blenkiron, 2010에서 수정)

내부대화를 변경하는 치료적 전략 : 비판적 목소리 줄이기

첫째로, 치료사는 자신의 자기돌봄의 필요성을 자각하고 있어야 한다. 다시 말하면, 당신 자신의 자기양육적 내부 대화를 발전시키는 데 힘써라! 이러한 자기돌봄은 특히 중요하다. 이미 널리 알려져 있는 바와 같이, 자기비판의 정도가 높은 치료사는 내담자와의 관계에서 그만큼 변화를 이끌어 내기가 어렵다는 것을 보여 주는 연구가 있다(Hayes, Gelso & Hummel, 2011). 둘째로, 치료사는 우울증의 내담자들은 치료적 개입 자체를 수치스러움으로 경험하거나 또는 치료적 사항들을 자신들의 수치스러움과 자기비난의 내부 대화의 소재로 사용할 가능성이 높다는 것에 주의해야 한다. 치료사는 수치심의 가능성을 최소화할 수 있는 방식의 언어를 사용하고, 전체적인 개입과 치료에 대한 반응에 대해 내담자들에게 자주 질문을 하며, 어떠한 경색국면도 정상화해야 한다. Allen과 Allen(1997)이 제안한 것과 같은 원칙들을 활용한 다음과 같은 구절로 표현된 개입들은 내담자의 변화과정을 돕는데 유용하다.

관찰하는 자기를 개발하기

자기비판적 내부대화의 대부분은 자각의 변방에서 일어난다. 일반적으로 사람들은 자신이 자기비판의 과정에 참여하고 있다는 것을 인식조차 하지 못한다. 첫 번째 단계는 이것을 깨닫도록 하는 것이다. 부모자아(P)-어린이자아(C)의 내부대화 모델을 설명해 주는 것은 내담자가 자신의 내부에서 일어나고 있는 과정에 대한 깨달음을 얻는 데 도움이 된다. 또 다른 방법은 내담자가 자기 자신에게 어떻게 부정적 스트로크를 주는지에 대해 주의를 기울이도록 격려하는 것이다.

비판적 목소리를 소리 내어 말하기

내담자에게 통상적인 자기비난의 생각을 말로 표현하도록 요청하고, 또 그런 생각과 더불어 어떤 감정(예컨대 수치심, 혐오감, 분노, 절망감)이 함께하는지 질문하는 것은 도움이 된다.

비판의 목소리를 표현하는 과제

내담자에게 자기비판적 생각들을 일기장에 쓰도록 요구한다. 이것은 비판적 목소리를 강화하는 것이 아니고, 오히려 내담자로 하여금 그 비판적 사고의 강도와 빈도를 자각하도록 하고, 치료 회기에서 탐색하고 재평가할 수 있는 직접적 내용물을 제공한다.

내사물을 확인하라

내담자에게 질문하라. '이것이 어떤 사람을 연상시킵니까? 누가 당신에게 이처럼 말했습니까?' 또는 내담자에게 그런 비판적 목소리와 함께 떠오르는 어떤 이미지가 있는지를 물어볼 수 있다.

자기비판이 유익하다는 오해

생각의 중심에는, 자기비판의 이면에 깔린 긍정적 의도도 있을 수 있다. 내담자에게 자기비판이 어떤 유익함이 있다고 믿는지 물어보라. 많은 사람들이 그것은 경각심을 유지하도록 하고 동기를 부여하고 더 이상 실수를 저지르지 않도록 한다고 느낀다(현실적으로는 전혀 그렇지 않으며, 그러나 그렇게 믿는 한 어떤 변화를 위한 작업도 효과를 얻을 수 없다). 자기비판은 수치심에 대한 방어일 수 있으며, 아니면 예상되는 장래의 수치스러움을 통제하려는 시도이다. '당신이 나를 부끄럽게 만들기 전에 내가 나 자신을 부끄러워할 테다'(Alison Ayres, personal communication, 15 October, 2014).

직접 도전은 덜 효율적이다

직접 도전이나, 또는 단지 내담자에게 긍정적 허가를 제공함으로써 자기비판이 변화된다는 것은 예외적이다. 그와 같은 도전 또는 긍정적 말은 치료사의 도전을 디스카운트하는 일련의 '네, 그러나'의 내부로부터의 반격을 받을 가능성이 크다.

증거는 무엇인가?

내담자에게는 자기비판의 정확성을 밝히기 위한, '증거가 무엇입니까?'라는 질문을 던지라. 나아가 내담자가 스스로에게, '나를 비판하는 근거는 무엇이지?'라는 질문을 하도록 요구하라.

다른 설명들

내담자에게 질문하라. '다른 이유도 있을 수 있을까요? 이것을 보는 다른 관점이 있을 수 있겠습니까?' 이것은 특히 자기 자신에 대한 결론이나, 또는 타인의 행동에 대한 해석을 이끌어 낼 때 적합하다. 내담자에게 각각의 설명을 천천히 하도록 함으로써 각 설명에 대한 정서적 반응을 탐색하도록 유도하라. 이것은 과정의 진행 속도를 느리게 만들어 새로운 생각과 감정이 정착할 수 있도록 하며 또한 그 효과가 명확히 의식 속으로 스며들도록 한다.

반론

부정적 사고를 확인하여 반론을 제기하라. 우울증을 가진 많은 사람들은 치료사의 반론에 일련의 '네, 그러나' 디스카운트로 맞선다는 것을 명심하라. 이런 디스카운트는 (경우에 따라서는 지속적으로) 다루어지고 해결되어야 하며 그런 이후에라야 전체 과정이 재평가될 수 있다.

자기 탓하기

이것은 우울증을 앓는 사람들이 갖는 사고과정의 공통적 특징이다. 이들은 자기의 인생 문제 또는 다른 사람들의 인생 문제, 심지어는 자신의 우울증에 대해서도 자신을 탓하고 비난하는 경향이 있다. Gilbert(2007)는 내담자들에게 사건이란 것은 다중적 요인(multifactorial)에 의한 것이라는 생각을 갖도록 격려할 것을 권한다. 즉 사건이 일어나기 위해서는 서로 다른 많은 요인들이 기여하여야 하며, 내담자의 행동(또는 행동하지 않음)도 많은 요소들 중의 하나일 수 있다. 자기의 우울증에 대해 자기 탓을 하는 것과 관련해서는, 내담자로 하여금 다음의 경우와 그 경우의 의미를 생각해 보도록 하는 것을 권장한다. 즉 (1) 우울증은 자기의 잘못 때문이다. (2) 자기의 우울증은 자기의 잘못이 아니다. (3) 자기의 우울증을 지속시키는 것은 어쩌면 자신의 어떤 부분의 역할일 수도 있다. 각각의 시나리오에서, 내담자가 각각의 가능성에 대한 반응으로서 무엇을 할 수 있는가를 곰곰이 생각해 보도록 유도하라.

불유쾌한 감정에 대한 자기비난

정서조절장애(emotional dysregulation)와 강렬한 불유쾌한 감정은 우울증의 핵심적 특징이다. 우울증을 앓는 많은 사람들은 자신들이 경험하는 감정에 대해 분노하고 절망감을 느끼도록 만드는, 감정과 관련된 오염 또는 각본신념을 가지고 있다. 예를 들면, 그 사람들은 이렇게 말하기 일쑤다. '나는 언제나 분노와 적의를 느끼기 때문에 나는 나쁜 사람이다.' 이 경우에 치료사는 정서적 문해력 작업(emotional literacy work)을 내담자에게 시행할 수 있으며, 또한 그런 부정적 정서들은 우울증의 특징이며(그러니 시간이 지나면 사라질 것이며), 불쾌한 감정을 느끼거나 또는 때때로 불유쾌한 생각을 하는 것은 정상적이라는 것을 설명할 수 있다.

상충하는 감정 수용하기

사람들이 어느 특정한 상황과 관련하여 서로 모순되는 생각, 감정 그리고 소망을 경험하는 것은 극히 정상적인 것이다. 이것은 무엇을 할지 또는 무엇이 옳은 것인지 결정할 수 없는 우울증을 경험하는 사람들에게는 괴로운 일이다. 이러한 경우에는 상충하는 감정들이 정상적인 것임을 받아들이고, '모든 것을 감안했을 때 가장 옳은 것'을 실행하는 것이 좋다. 때때로 내담자는 양쪽의 입장이 모두 옳거나, 또는 어느 입장도 잘못되지 않았거나, 또는 어느 것이 옳고 그른 것이 아니고 단지 '현재로서는 충분히 좋다'는 것을 수용할 필요가 있다. '흑백논리적 사고'의 경향을 가진 어떤 내담자들은 유난히 상호 모순되는 감정들을 해결하려고 애를 쓴다. 위의 모든 경우에, 모호함에 대한 내성을 학습하도록 돕는 것은 유용한 것이다.

~해야만 한다

이 언어는 내담자가 자기의 부모자아상태(P)로부터 말하고 있다는 것을 나타낸다. 이러한 메시지들이 절대적으로 필요한지 질문을 던질 수 있으며, 내담자와 함께 대체 언어를 발굴할 수 있다(예를 들면, '~하는 것이 좋습니다' 또는 '내가 선택하기로는~', '~할 수 있을 것 같습니다', 또는 '나는~하는 것이 가장 좋다고 믿습니다'). 여기에서 의도하는 바는, 부모자아의 도덕적 명령과 판단을 서술에서 빼는 것이다.

내부 대화를 변화시키는 치료적 전략 : 양육적 목소리를 발달시키기

자기동정적, 자기양육적 내부 대화를 발달시키는 데 있어 몇 가지 특기할 것들이 있다. 전반적으로, 치료사는 내담자가 자신의 결함 및 약점과 관련하여 기본적으로 인간으로서의 자비심과 친절함을 이해, 수용, 인정하는 입장을 견지하도록 도움을 제공한다(Gilbert & Procter, 2006; McKay & Fanning, 1992; Neff, 2003). 받아들임은 자기양육적 성격을 개발하는 데 핵심적 특성이다. 내담자들은 '받아들임(수용)'의 개념을 이해하는 데 어려움을 겪을 수도 있는데, 이것을 절망과 무기력의 개념과 혼동하는 경우, 또는 이것을 '어떤 것이라도 괜찮다'라는 의미로 해석하는 경우에는 특히 그렇다. 여기에서의 '수용'이란 단어는 모든 것을 단순히 있는 그대로 받아들인다는 보다 중립적인 과정이다. 본 프로토콜에서 우리는 내담자의 자기수용, 자신의 감정을(신랄한 아픔을 포함하여) 받아들일 수 있는 능력, 그리고 인간의 조건과 (때때로 예측할 수 없고 혼돈스러운) 세상이란 것의 현상과 힘을 인정하는 능력을 증진시키려 노력한다. 실수하고 완전하지 못한 것이 인간의 속성이다. 이런 특성은 우리만이 그런 것은 아니며, 우리의 불완전성과 고통의 경험은 보편적 진리이다. 우리는 자신의 기대 또는 타인의 기대에 항상 부응하며 사는 것은 아닌데, 어떤 사람들은 이 점에서 매우 자기비판적이다. 자신의 한계와 완전치 못함을 수용하고 이해하는 것이 자기동정의 또 다른 핵심 요소들이다.

감정 스스로 인정하기

내담자가 자신의 감정 상태를 받아들이는 것, 예컨대 '그래, 내 기분은 이렇지, 이것은 불쾌하지.'라고 받아들이는 것은 격려되어야 한다. 이것은 내담자가 특별하게 느끼는 감정을 수용하는 데 어려움을 겪을 때 효과적인 접근방법이다. 수용의 태도는 현실을 그대로 받아들임으로써, 정서적 문제를 해결하는 보다 직접적 방안으로 인도하는 문을 열어 준다. 어떤 감정을 중단시키려 노력하는 것은 그 감정을 증강시키거나 또는 그 감정을 정점에 묶어 두는 역설적 효과를 가지며(Ehring, Tuschen-Caffier, Schnulle, Fischer & Gross, 2010), 이에 반하여, 수용은 (불유쾌한 감정을 적극적으로 즐긴다는 것과는 다름) 일반적으로 고통스런 감정을 진정시킨다.

자기이해 발전시키기

자기이해를 진작시키기 위해 우리는 내담자가 다음 질문에 답하도록 도움을 준다. '나는 어떻게 이렇게 되었나?' 치료사는 내담자가 과거의 자기 자신과 환경에 대해 동정심을 갖도록 도움을 줄 수 있다. 이것은 자신과 타인을 비판하고 이름표 붙이기를 중단하는 것을 포함한다. 대신 내담자가 '과거의 자기'를 이해하고 때로는 용서하도록 격려한다.

치료관계의 내면화

치료사는 항상 내담자를 향해 공감적이고 이해하려는 입장을 견지하도록 노력한다. 내담자는 동정적, 양육적 그리고 정서통제적 타인을 내사적 전이(introjective transference)를 통하여 내면화시킬 수 있다(Hargaden & Sills, 2002). 기본적으로, 이 것은 내담자가 치료사와의 관계경험을 내면화 내지 내사(內射, introject)함으로써, 그것이 내담자의 성장을 촉진시키는 심리내적 자원이 될 수 있도록 한다는 의미이다.

자기수용을 본받기

치료사는 어떻게 하면 자기수용적, 자기동정적 그리고 자기양육적이 될 수 있는가를 보여 주는 강력한 역할모델이 될 수 있다. 이렇게 되기 위해서 치료사는 겸손하고 또 (교수대의 유머가 아닌) 유머를 겸비해야만 효과적이다.

인덱스 카드

회기에서 치료사는 자기양육적, 수용적 그리고 내부 대화 이해를 위한 대안에 관해 논의하고 제안할 수 있다. 이것들을 인덱스 카드에 적어 내담자에게 주어 가지고 다니며 회기와 회기 사이에, 특히 어려운 상황에 직면할 때 읽도록 하는 것은 좋은 방법이다.

미묘한 자기비난 알아차리기

때때로 내담자는 자신의 내부 대화를 다른 형태의 자기비난으로 바꾼다. 예를 들면, '나는 그 일에 대해 그렇게 화를 내지 말아야 한다'는 자기비난의 판단을 내포하고 있다. 이와 같은 말에는 약간 화가 나 있고, 비판적이며, 동정심과 격려가 결여되어 있다. 치료사는 내담자가 이러한 놓치기 쉬운 미묘한 자기비난(회기 중에)을 확인하여 그의 내부 대화의 언어를 대체하여 조정하도록 도와주어야 한다.

어떤 긍정적 변화의 노력도 인정해 주기

내담자가 변화를 향하여 시도하는 비록 작고 중요하지 않은 듯 보이는 어떤 긍정적 행동이라도 자기 스스로에게 긍정적 스트로크를 주도록 격려하라. 여기에는 변화를 만들려는 어떤 시도에 대해서도, 비록 그것이 성공적이지 않다 하더라도 스스로를 칭찬하는 것을 포함한다. 예를 들면, '그 일이 잘 안되었어. 나는 쓸모없는 인간이야'라고 생각하고 말하는 대신, '비록 잘되지는 않았지만, 적어도 내가 시도는 했잖아?'라고 말하도록 격려해야 한다. '자 봐! 내가 또 자기비난을 하고 있군!'과 같은 말은 (그 말 자체가 또 다른 자기비난의 말이거나, 또는 더 심한 자기비난을 촉발시키는 말이다) 다음과 같은 말로 대체될 수 있다. '내가 다시 자기비난을 하고 있다는 것을 알아차렸으니 다행이군.'

긍정적 성품에 초점 맞추기

자기비난에 대해 내담자가 본래 지닌 긍정적 성품을 이용하여 균형을 이룬다(내담자도 이런 방향으로 노력하고 있을 가능성이 많으므로, 이런 노력에는 지속적 개입이 뒷받침되어야 할 것이다).

친구 전략

'이것을 친구에게 말하겠습니까? 당신은 같은 상황에 있는 친구나 가족에게 어떻게 반응을 보이겠습니까? 무엇이라 말하겠습니까?'

실험해 보기를 권하며 주저함에 대처하기

만약 내담자가 자기양육적 내부 대화와 활동을 발전시키기를 주저하면, 6주간의 실험을 제안하는 것도 좋다. 실험 기간의 마지막에 만약 내담자가 시도해 보니 효과가 없다고 느낀다고 하면 중단하고 예전의 방법으로 되돌아가면 된다.

스스로 다시 부모 되어 보기 상상

한 가지 선택은 내담자의 어린이자아상태(C)에게 또는 불안에 떨고 있는 성인이 된 자아에게 동정, 돌봄 그리고 양육을 제공하는 유도된 시각화와 상상을 사용하는 것이다(James, 1974, 1981).

두 의자 작업

두 의자 작업(Goulding & Goulding, 1979)은 자기비난을 해결하는 데, 또 자기양육적 내부 대화를 개발하는 데 특히 효과적이다. 내담자의 맞은편에 자기비난의 목소리를 앉힌다. 두 의자 작업은 치료사의 안내에 의해 진행되며, 자기비난의 목소리와 그에 대한 어른자아상태(A)로부터의 반응에서도 치료사는 안내 역할을 맡는다. 이때 만약 내담자가 어른자아상태(A)로부터 공감, 이해 그리고 자기주장(싸움을 하는 자세가 아닌)을 전달하는 방식으로 반응을 보일 수 있다면 매우 유익하다. 또한 이때 내담자가 자기비난하는 목소리의 긍정적 의도가 무엇인지를 명확하게 밝히고, 어른자아상태(A)로 반응하고, 보다 더 건강한 대안을 찾을 수 있도록 돕는 것은 좋은 결과를 가져올 수 있다. 두 의자 기법을 사용하기 전에, 이 기법에 대한 이해는 물론 아울러 이 기법을 사용해서는 안 되는 경우에 대한 충분한 이해가 필요하다. 두 의자 기법을 사용하는 훈련에 더하여, Mary Goulding과 Robert Goulding(1979)의 저서 *Changing Lives Through Redecision Therapy*를 읽어 보도록 권한다. 더불어 Widdowson(2010)의 저서 *Transactional Analysis: 100 key points and techniques*에서 포인트 86과 87도 읽기 바란다.

부모 인터뷰

자기비판을 해결하기 위해 부모 인터뷰 방법(McNeel, 1976)을 사용하는 것은 자기비판의 목소리가 부모로부터 비롯하는 것으로 확인이 될 때는 매우 효과적이다. 부모 인터뷰는 또 다른 두 의자 기법에 속하므로, 위에 언급한 제안들은 이 기법에도 역시 해당된다.

마음을 진정시키는 상상

이것은 평온한 이완된 마음으로 해변이라든가, 숲길의 산책이라든가, 할머니의 부엌 또는 친구의 집과 같은 안전하고 편안하고 조용한 장소에 있는 상상을 하는 것이다. 어떤 사람들은 심상 속에 안전하고 조용하고 보호해 줄 사람(할머니, 친절한 선생님 또는 친구와 같은)을 포함하면 더욱 효과적이라고 한다.

감각적으로 자기진정시키기

유쾌한 환경(음악, 향기, 음식, 촉감, 등)을 만들기 위해 오감을 모두 사용하라. 내담자가 '지금과 여기'의 의도적 자각을 만들기 위해 또한 마음챙김의 능력(capacity for mindfulness)을 개발하기 위해 자신의 감각을 적절하게 사용하도록 격려하라.

동정적 편지 쓰기

내담자로 하여금 자신의 어른자아상태(A)로부터 자신의 어린이자아상태(C)에게 동정적 자기양육적 편지를 쓰도록 권하라(Retief & Conroy, 1981).

자애 명상

마음챙김 명상에 익숙하고 좋아하는 내담자들에게는 자애 명상을 통한 실험도 권할 만하다.

:: 과제와 행동 계약하기

본 치료 안내서의 근본이 되는 사례에서 치료사들은 일반적으로 '과제' 또는 회기 사이의 활동에 대한 이야기를 내담자들과 많이 나눈다. 이것은 물론 치료를 진행시키는 의도로 그렇게 한다. 이러한 사례들을 분석해 보면 과제는 다음과 같은 것이라고 할 수 있다.

> 과제는 대체로 2가지 목적을 갖는다. 첫째, 자각의 발달과, 둘째, 특정한 부적응 패턴에 도전하는 행동적 실험을 도모하기 위한 것이다. TA 치료사들은 전통적으로 내담자의 적극적 변화를 도모하며 내담자가 전반적 치료 목표를 지향하는 데 도움이

된다고 생각되는 특정 행동을 계획하는 일을 놓고 내담자와 협의한다(Stewart, 2007). 사례 연구의 분석은, 이러한 과정, 즉 회피에 대한 도전을 추진하는 암시적 개념들이 드러나도록 해 준다(Widdowson, 2013: 327).

과제의 세 번째 목적은 내담자의 각본이 '오류였음을 체계적, 경험적으로 확인' 시키는 것이다. 치료사는 내담자가 자신이 현재 가지고 있는 부적응적 패턴들에 체계적으로 도전하는 행동적 실험을 지속적으로 디자인하고 또 실시하도록 돕는다.

치료사는 회기 사이의 과제를 내담자와 확인할 수 있는 기회를 가져야 한다. 특히 과제가 치료사와 내담자의 상호 협의에 의해 디자인되었을 경우에는 가장 효과적이다. 학교와 연관되어 사용되었기 때문에 과제란 단어는 많은 내담자에게는 과거를 상기시키는 문제의 단어로 인식될 수도 있으며 어쩌면 퇴행적 반응을 보이도록 만들지도 모르겠다. 대체 용어로서 '가정 실습' 또는 '회기 사이 과제'를 사용할 수도 있다. 언제나 제안한 가정 실습 과제를 적어 놓으라. 또한 회기 중에 내담자가 이것을 메모하도록 하거나 또는 치료사가 메모하도록 하라. 회기 사이 과제를 논의할 때는, 내담자에게 다음과 같이 질문하는 것이 좋다. '이것을 하는 데 어떤 문제가 예상됩니까? 도중에 실행을 중지해야만 하는 무슨 일이 생길 것 같습니까?' 만약 내담자가 어떤 문제가 예견된다고 말하면, 어떻게 그 문제를 해결하려 하는가를 질문하라.

내담자가 우울할 때는, 회기 사이 가정 실습은 의미가 없으며 많은 노력만 낭비할 수 있다. 증세가 좀 호전되면, 많은 내담자들은 가정 실습과 회복 활동을 유지할 필요를 과소평가하여, 종종 이것을 이행하지 않는다. 이런 활동들은 매우 중요한 가치가 있으며, 치료의 전반적 결과에 중대한 차이를 초래할 수 있다. 이러한 행동을 지속하는 것, 특히 내담자가 마음 내키지 않아 할 때라도, 병세가 좋아진 후에라도 재발을 방지하기 위해서는 일정 기간 동안 지속하는 것이 중요하다고 내담자에게 설명하는 것이 좋다. 하루 10~40분 정도 가정 실습 또는 회복에 매우 유익한 다른 활동에 할애하는 것이 좋다고 설명하라. 이런 활동들은 큰 부담 없이 내담자 생활의 일부가 될 수 있으며, 만약 계획적이고 체계적으로 이런 활동에 시간을 할애한다면 훨씬 빠르게 회복할 것이며 좋은 치료 결과를 기대할 수 있다고 설명해 주라.

내담자에게 치료 회기 시간에 만들어진 가정 실습을 충실히 이행하는 것의 유익함을 내담자에게 상기시키는 것이 좋다. 다음과 같은 말이 도움이 될 수 있다.

> 당신이 이곳에서 나와 함께 치료 회기에서 보내는 시간은 당신이 깨어 있는 시간의 1%에 불과합니다. 그것은 한 주에 1시간밖에 안 됩니다. 당신이 한 주의 그 나머지 167시간을 가지고 무엇을 하는가는 절대적으로 중요하며, 치료의 성공 여부에 큰 차이를 만들 수 있습니다.

회기 사이 과제의 불이행을 관리하기

내담자가 회기 사이 과제를 하지 못했다든가, 충분한 시간을 할애하지 못했다고 말하는 예는 종종 있다. 내담자는 때때로 과제를 자신의 생활에 적용하는 것이 쉽지 않거나, 우선순위를 정하는 데 애를 먹거나, 또는 단순히 잊어버리기도 한다. 그 이외, 과제를 이행하지 않는 경우는 내담자의 자기돌봄의 결핍, 실의와 절망 또는 자기 확신이 결핍된 경우의 결과이다. 가정 실습의 불이행에 대해서는 다음과 같은 질문으로 부드럽게 다루는 것이 좋다.

- 내담자에게 가정 실습을 마치는 데 어떤 어려움이 있었는지 물어보고, 이러한 장애물을 극복하기 위한 전략이 무엇인지 함께 개발하라.
- 가정 실습 과제가 내담자에게 의미가 있었는지, 이해할 수 있었는지, 실제적이었는지를 확인하라.
- 내담자는 그 과제가 적합한 것이었다고 생각하였는지, 그리고 치료사가 왜 그 과제를 주었는지 이해하고 있는가를 확인하라.
- 변화를 촉진하기 위해서 가정 실습의 이행이 중요하다는 것을 강조하라.

회기 사이 과제에 대한 지속적 저항, 회피 그리고 불이행 관리하기

우리가 어떻게 잘해 나갈 수 있을지 좀 걱정스럽고 당혹스럽습니다. 나는 당신이 무언가 변화하길 바라고, 더 기분이 좋아지길 바란다고 믿습니다. 그러나 우리가 상의해 온 변화가 실제 일어나도록 하는 것이 어려워진다고 느낍니다. 당신이 이 상황을 좀 더 수월하게 만들 수 있는 어떤 생각이 있습니까, 아니면 무엇이 당신으로 하여금 변화가 일어나지 못하도록 만드는지, 또는 본인은 의식하지 못하지만, 당신 자신이 자신의 의도를 방해하고 제어하는 것인지를 알아볼 수 있는 아이디어가 있습니까?

반응적이고 반대를 일삼는 성향의 (그리고 과제의 불이행 자체가 투쟁의 한 부분이기도 한) 내담자들에게는 역설적 개입으로 반응을 보여 줄 수도 있다. 역설적 개입의 예는 치료의 종료 가능성을 제기하는 것이다.

회기를 마치고 귀가하고 나면 치료활동에 적극적이기가 매우 어려워 보이는군요. 치료가 잘되기 위해서는, 정말 당신이 나아지겠다는 노력이 절대적으로 필요합니다. 그러나 어쩌면 당신이 변화를 시도하는 데 적절한 시간이 아닌 듯 싶습니다. 그리고 치료를 지속하는 것이 무슨 의미가 있을까 하는 생각이 듭니다. 어쩌면 당신이 노력을 기울일 수 있을 때까지 치료를 연기하는 것이 좋을 듯합니다. 이에 대한 당신의 생각과 반응은 무엇입니까?

치료가 교착상태에 빠졌다고 느낄 때

치료가 진전이 없이 교착상태에 빠지고 비생산적이거나 또는 목표를 잃고 표류하고 있다고 느낄 때는 치료 전체를 재검토해 보는 것이 생산적이다. 이럴 때 치료계획을 다시 검토하고 필요하면 수정하라. 전반적 치료계약을 점검하고(특히 치료 목표를) 필요하다면 내담자와 재계약을 하라. 이때 내담자에게 지금까지의 치료를 요약·설명해 주고 재검토하도록 하는 것은 또한 건설적인 것이다. 치료가 교착상태에 빠진 것처럼 느낄 때는, 내담자가 현재의 치료관계에 만족하는지 확인하고 문제가 발견되면 이것을 해결하는 것이 현명하다. 이것은 다음과 같은 질문을 통해 간단히 할 수 있다. '지금까지 함께 작업해 온 방식을 어떻게 생각하십니까?' 그리고 '치료사가 달리 해 주었으면 하는 것이 있습니까?'

때때로 확인되지 않은 역전이 반응, 예컨대 치료가 어떤 방식으로든 치료사 자신의 소재(therapist's own material)를 자극함으로써 치료가 교착상태에 빠질 수 있다. 이런 가능성을 배제하든가 또는 다루기 위해서는 슈퍼바이저와 협의하는 것이 현명하다.

:: TA 문제해결 프로토콜

문제해결 치료(Problem-Solving Therapy, PST)는 몇 가지 심리적 문제에 성공적으로 사용된 실증적 근거의 치료법으로서, 가장 명성을 떨친 분야에는 우울증이 포함되며, 우울증에는 강력한 효율성이 있다는 확실한 증거가 있다(Cuijpers, Straten & van Warmerdam, 2007; Malouff, Thorsteinsson & Schutte, 2007). TA에서도 PST 개입을 전통적으로 많이 사용하여 왔지만, 이것을 1960년대부터 명확하게 드러내 놓고 사용해 온 사람들은 인지-행동 치료사들이었다. PST에서 치료사는 내담자가 직접 문제를 확인하고 분석하는 작업을 도와주고, 내담자 자신이 창의적으로 '교착상태에서 빠져나오기' 위한 문제해결책을 만들어 냄으로써 개인적 효능감을 발달시킬 수 있도록 한다.

TA는 전통적으로, 내담자로 하여금 문제를 선제적으로 확인하고, 목표를 정의하고, 해결책을 모색하도록 요청하는 적극적인 문제해결 접근방법이다. 여기에 기본적 PST 프로토콜을 요약하여 TA 치료사들을 위하여 제시한다. 여기에는 PST의 모든 특징이 포함되어 있으나, TA 개념들과 연관성이 높기 때문에 TA 치료사들은 쉽게 통합하고 적응시켜 사용할 수 있을 것이다. 이 프로토콜을 진행시키는 주요 TA 개념들은 자아상태(특히 어른자아상태 A의 강화), 확고한 행동적 계약(Stewart, 1996, 2007), 수동성과 디스카운팅(Schiff et al., 1975)이다. 이 모델에서는 특정한 문제와 관련하여 동기, 자각 그리고 계약하기의 단계를 거친다는 점에서 Woollams 와 Brown(1979)의 치료계획의 첫 세 단계와 연관된다.

이 프로토콜은 문제해결을 하는 데 있어 행동에 초점을 맞추기를 바라고 또 그렇게 준비되어 있는 내담자에게 유용하다. 당신은 자기와 내담자의 취향에 맞도록 이 프로토콜을 실험적으로 사용하고, 적응시키며 사용하여도 좋다. 만약 내담자에게 이것을 사용하기로 결정하였다면, 한 회기에 이 모든 과정을 진행하는 것은 불가능하다는 것을 알아야 한다. 내담자가 이 모델을 어떻게 경험하는지 주의 깊게 알아보고, 또한 유용하다고 생각하는지 아닌지를 확인하라. 이 모델이 도움이 되지 않는다는 것이 밝혀지면 즉시 사용을 중단하고, 내담자의 경험이 어떠했는지 그리고 과정 중에 치료사를 어떻게 경험했는지에 대하여 함께 탐색할 시간을 가지라.

단계들이, 마치 별개의 단계인 양, 직선적 순차적 형식으로 아래에 기록되어 있으나 현실적 적용에서는 어느 정도 중복이 불가피하다. 당신과 내담자의 대화가 진행됨에 따라, 변동하는 상황에 따라 앞뒤로 비교적 자유롭게 움직일 수 있다.

방법

사전 단계 : 계약 동의

프로토콜을 사용하기 전에 내담자에게 구조화된 문제해결 방법을 사용하겠는지를 물어보라. 이때 내담자 자신이 문제를 파악할 수 있도록 하는 단계를 밟아 나가도록, 그리고 해결책을 도출할 수 있도록 내담자를 도우며, 나아가 내담자가 필요할 때마다 사용할 수 있는 내담자 나름의 문제해결 기술을 개발할 수 있도록 도와줄 것이라고 설명해 주는 것이 좋다. 내담자가 동의하면, 당신은 프로토콜을 가지고 진행한다는 동의계약을 맺는다.

단계 1 : 문제 정의하기

이 첫 단계에서 치료사와 내담자는 내담자의 문제를 확인하고 탐색하는 시간을 갖는다. 비록 내담자의 문제는 종종 서로 연관성을 갖고 있어 다른 문제들이 어떤 특정한 상황이나 또는 특정한 해결책에 관한 정보를 제공하는지 알아보기 위해 전체 다른 문제들을 개괄하는 작업이 의미 있는 것이라 해도, 각각의 문제는 개별적으로 다루어야 한다. 이 단계의 상담에서 치료사는 내담자를 도와 문제를 탐색하고 명료화하고 또한 문제를 각 구성요소로 세분하여야 한다. 이 단계에서 중요한 점은,

치료사는 내담자를 설득하거나 어떤 확신을 유도하려 하지 말아야 한다는 것이다. 직면은 일반적으로 내담자의 저항을 불러일으키며 반생산적이다. 이 단계에서의 목표는 어른자아상태(A)에 의한 심도 있는 분석을 가능하도록 하여 문제를 해체 분석하는 것이다. 때때로 이것만으로도 충분하여 내담자는 스스로 문제를 파악하여 앞으로 나아갈 수 있다고 느낄 수 있다.

단계 1 질문의 예

'만약 당신이 나에게 이 문제를 사전에 이야기하지 않고 전혀 새로운 대화를 시작한다고 가정합시다. 지금 당신의 문제는 무엇입니까? 당신의 말로 어떻게 이 문제를 표현하겠습니까?'

'이 문제가 당신과 당신의 생활에 어떻게 영향을 미치는지 좀 더 말씀해 주시겠습니까?'

'이 문제가 당신에게 어떤 감정을 가져옵니까?'

'좀 이상한 질문일지도 모르겠으나, 이것이 해결하고자 하는 문제입니까?'

'혹시 과거에 이 문제가 저절로 해결되어 없어지거나, 또는 다른 어떤 사람이 해결해 줄 수도 있지 않을까 하는 희망을 가지고 이 문제를 무시하려고 노력하지는 않았습니까?'

'이것에는 여러 가지 측면이 있기 때문에 매우 복잡한 문제처럼 보일 수 있지만, 나는 당신이 왜 이 문제에 붙잡혀 있는지 알 수 있을 겁니다. 몇 분간 시간을 내서 이 문제를 각기 다른 구성요소들로 분석해 봅시다. 내 생각에는 이 문제를 한꺼번에 해결하려 하는 것은 당신이 너무 부담스럽게 느끼거나 또는 문제에 압도당할 수 있다고 보기 때문에 각각의 부분을 가지고 차근차근 다루는 방법을 제안합니다.'

다음 단계로 이행하기 전에, 문제를 다시 정리하여 말해 주고 내담자의 경험을 강조하고 당신이 내담자를 잘 이해했음을 확인하고 또한 내담자의 변화에 대한 동기를 강화시키는 공감적 반응을 보이는 것이 유용하다.

'알았습니다. 내가 요약해 보지요. 문제는 당신이 …[경험/문제/패턴]라는 것이다. 또한 당신은 이것을 더 이상 견딜 수 없는 상태까지 왔으며 좌절감을 느끼며 당신, 당신의 부인에게 갈등을 일으키며 이 문제가 해결되면 당신의 가정생활이 훨씬 더 행복할 수 있다고 느낀다. 맞습니까?'

내담자가 이전에 이 문제해결을 위해 어떤 행동을 취했었는지 물어보는 것도 유익하다.

'이 문제해결을 위해 이전에 무엇이라도 시도해 본 것이 있습니까?'

만약 내담자가 어떤 행동을 시도해 보았다면, 그것이 무엇이었는지 알아볼 필요가 있다. 때로는 그 시도 자체가 내담자가 취할 수 있는 여러 가지 선택을 제시해 주는 것이기도 하며, 또는 어쩌면 내담자 자신이 이 문제해결을 위해 이런 행동들을 지속적으로 시도할 필요가 있다는 것을 이미 알고 있을 수도 있다.

단계 2 : 동기 평가와 모호함 해결하기

이 단계에서 치료사는 내담자의 전반적 치료 동기를 증강시키는 조치를 취한다. 일부 내담자들은 모든 것이 달라지기를 강렬히 바라면서도, 변화에 대한 저항을 경험하며, 변화에 대한 양가적 감정을 갖는다. 내담자의 각기 다른 자아상태는 문제에 대하여, 또 변화의 전망에 대하여 각기 다른 견해를 가지고 있을 수 있는데, 이 단계는 내담자가 자아상태 간의 갈등을 확인하고 명확히 하도록 도움을 줄 수 있다. 이 단계는 또한 변화에 대한 책임과 문제해결 행동의 실행에 관하여 내담자를 디스카운트 매트릭스(discount matrix; Mellor & Schiff, 1975)의 작업으로 인도할 것이다.

단계 2 질문의 예

'이 변화를 원하는 주요 이유는 어떤 것이라고 말씀해 줄 수 있습니까?'

'이 문제를 해결하고 나면, 당신에게 무엇이 달라질까요?'

'이 문제를 해결했을 때 당신에게 이로운 것, 또 불리한 것들을 생각해 볼 수 있습니까?'

'변화에 대하여 약간의 불안감을 느끼는 것은 자연스러운 것입니다. 혹시 당신도 그런 걱정이 있습니까?'

'내가 잠시 악마의(반대의) 입장에 선다면, 도대체 당신이 현재 상태대로 그대로

있어야 한다는 주장은 무엇이고, 또 변화를 하여야 한다는 주장은 무엇인지 의아 하군요?'

단계 3 : 현실적 계약 목표 세우기

이 단계에서는, 내담자에게 확인된 문제와 관련된 목표들을 명료화하도록 요청한 다. SMART 목표설정(Doran, 1981) 방법은 내담자의 목표를 달성하기 위한 행동 적 틀을 확인하는 데 도움이 된다. 이것은 내담자가 목표 설정을 할 때 구체적이고 (specific), 측정 가능하며(measurable), 달성 가능하고(attainable), 적합하고(relevant) 또 시간 제약을 받는(time-bound) 것이도록 도움을 준다는 의미이다(Stewart, 2006 참조).

단계 4 : 대안을 개발하라

이 단계에서 치료사는 내담자로 하여금 최대한 많은 해결책을 만들어 내도록 도움 을 주어야 한다. 치료사는 가능하면 내담자 자신이 해결책을 찾아내도록 격려한다 ─비록 합리적이지 못한 아이디어라 할지라도. 여기에서 의도하는 바는 어린이자 아 내의 어른자아(A₁; 작은 교수: Little Professor)의 해결책을 격려하는 것이다. 치료 사는 내담자가 내놓는 다양한 해결책에 대한 판단을 유보하고, 가능한 한 '왜 이렇 게 해 보지 그래?─네, 그러나' 게임에 참여되는 것을 피하고, 또는 특정한 행동 의 과정에 대해 불필요하게 내담자에게 충고하는 것을 회피하는 것이 바람직하다.

익단 다양한 해결책이 확인되었으면, 치료사는 내담자를 도와 각 해결책에 대한 장점과 단점을 평가하도록 한다. 또 다른 가능한 방법은 리스트상의 각 해결책에 대한 내담자의 각 자아상태의 반응을 탐색해 보는 방법이다. 예를 들면, '나의 부 모자아는 … 생각한다.' 어떤 내담자는 아이디어와 해결책을 자신의 호감도에 따 라 순위를 매기기를 원할 수도 있다. 어떤 상황에서는 쉽고 명확한 해답이 존재하 지 않을 수도 있으며, 각각의 해결책은 나름의 문제점을 가지고 있을 수도 있기 때 문에 여러 요소들이 균형 있게 고려되어야 한다는 점을 염두에 둘 필요가 있다. 또 한 내담자에게 당신이 변화하면 다른 사람들의 반응이 어떨 것 같은가를 물어보는 것이 좋다. 내담자의 해결책에 다른 사람이 다르게 행동하는 것을 포함하고 있는지 주의 깊게 보아야 한다. 왜냐하면 타인의 변화에 의존하는 변화란, 전혀 과장 없이 말하면, 무시할 정도로 보잘것없는 것이기 때문이다. 이러한 경우에 치료사는 내담자에게, 타인에 관계없이, 내담자 자신이 달라지는 데 초점을 맞춰야 한다는 것을 일깨워 주어야 한다.

단계 5 : 실천 계획

여기에서는, 치료사가 내담자를 도와 내담자가 선택한 해결책을 실천에 옮기기 위한 단계들을 계획한다. 행동계약의 원칙들(Stewart, 2006)을 활용하여, 내담자로 하여금 회기 사이에 행할 실천사항들에 대한 계약을 맺도록 하라. 어떤 실천 행동도 적절하고, 관리 가능하고, 현실성이 있도록 하라. 또한 이런 행동들이 내담자에게 의미가 있어야 하며, 내담자가 논리성을 알 수 있도록 하는 것이 중요하다. 내담자가 필요한 행동을 취할 수 있는 기능과 자원을 보유하고 있는지를 확인하고, 만약 없다면 그가 어떻게 그런 기능을 얻을 수 있으며, 어떤 지원이 가능한지도 확인하여야 한다. 중도에 어떤 어려움이 생길 수 있을 것인지 확인하고 그럴 경우에 내담자가 어떻게 대처해 나갈 것인지와 같은 사전적 문제해결 계획과 비상시 계획안을 준비해 두는 것이 좋다.

단계 6 : 실천하기

이 단계는 회기와 회기 사이의 시간에 해당한다. 내담자에게 진행 상황과 실천에서의 경험을 메모하도록 요청한다.

단계 7 : 결과 평가하기

다음 회기에서 내담자가 행동 실천을 했는지 또 그 결과는 어떠했는지를 내담자에게 물어보라. 내담자에게 그 경험이 어떠했는지 그리고 본 프로토콜 사용의 경험은 어떠했는지를 물어보라. 만약 내담자가 좋지 않은 결과를 얻었거나 실천에 옮기지 못했다면, 무엇이 장애였는지 탐색하도록 도와주라. 결과가 좋지 않았거나 또 실행에 옮기지 못했다면 내담자에게 동정적 태도를 취하는 것이 좋다. 왜냐하면 내담자는 자기의 '실패'에 대해 이미 좋지 않은 기분을 가지고 있을 수 있기 때문이다. 이런 경우에 치료사는 내담자가 자신의 부정적 각본신념들을 강화시키지 않도록 도와줄 필요가 있다.

∷ 인간상호관계의 변화 도모하기

서론

TA는 인간상호관계를 이해하고 변화시키는 풍부한 모델을 가지고 있다. 인간관계의 변화를 도모하는 것은 본 프로토콜의 중심 부분이다. 치료 과제는 다음을 포함한다.

- 내담자가 적극적 스트로킹 패턴을 개발하도록 돕는 것
- 내담자의 인생, 타인 그리고 세상에 대한 애착을 도모하는 것
- 자기가치를 증진시키는 타인들과의 새로운 관계 양식을 지원하는 것

내담자들이 인간관계를 개선하도록 노력하고 사회적 지원 수준을 증대시킬 수 있도록 내담자를 적극적으로 지원하는 것은 우울증 치료에서 유익한 책략이다.

인간관계에서의 문제해결

치료의 여러 단계에서 치료사는 내담자가 인간관계에서의 문제를 해결하는 데 노력하도록 만들어야 한다. 문제해결 프로토콜은 인간관계 문제해결에 적합하도록 개조될 수 있다. 치료사는 내담자가 경험하고 있는 문제의 성격을 탐색하도록 도와주어야 하며, 또한 문제에 대한 대안적 해결책을 찾을 수 있도록 도와주어야 한다.

직접적 인간관계 피드백의 사용

치료사는 또한 적절한 상황을 살펴어, 내담자가 치료사인 자기와 어떻게 관계를 맺는지 그리고 자기가 치료사로서 내담자를 어떻게 경험하는지에 관한 피드백을

내담자에게 직접 제공하는 것이 좋다. 피드백은 또한 타인들과의 상호작용에 대한 내담자의 보고의 형태로 제공될 수도 있다.

행동 계약하기

건강한 인간관계를 증진하기 위한 행동계약을 창조적으로 사용하는 것은 바람직하다. 지금까지의 연구는, 정기적인 사회적 활동을 유지하는 우울증 환자들은 그렇지 않은 환자들보다 예후가 월등히 좋다는 것을 제시하고 있다. 따라서 내담자들이 적어도 일주일에 한 번은 사회적 활동에 참여하기로 내담자와 계약을 맺는 것은 유용한 방법이다.

다중 자기 : 관계에서 자아상태 개발하기

내담자가 각기 다른 관계와 상황 속에서 어떻게 '다른 자기들(different selves)'을 표출하는가 또 어떤 특정 상황에서 내담자는 어떻게 자기의 '가장 훌륭한 자기(best self)'가 될 수 있는가를 탐색하도록 도와주라.

기능적 모델과 교류의 선택을 가르치라

치료사는 내담자에게 자아상태의 기능적 모델의 기초 지식을 쉽게 가르칠 수 있으며, 또한 내담자의 인간관계를 분석하여 긍정적 교류를 위한 새로운 선택을 개발하도록 도와줄 수 있다.

건강한 대화를 촉진하라

치료의 여러 단계에서 내담자는 흔히 자기의 인간관계에 대해 상담해 온다. 치료사는 내담자가 도움이 되지 않는 관계와 교류 패턴을 탐색하고 더 건강하고 더 생산적인 대안을 찾도록 격려하여야 한다. 내담자가 자기 파트너와의 어떤 문제를 보고하는 경우에는, 본 프로토콜 범위 내에서 부부관계에 대한 상담에 경험이 있는 치료사가 그들의 의사소통 스타일을 개선하기 위한 한두 회기의 상담을 갖는 것은 무방하다. 이런 회기에서 치료사는 부부가 안내된 대화방식을 준수하도록 하여야 하며, 또한 긍정적 의사소통 방침을 따르도록 매우 엄격하여야 한다. 이와 같은 작업은 매우 효율적이지만, 또한 많은 함정을 가지고 있어 조심스럽게 그리고 윤리적으로 관리되어야 하기 때문에 추가적인 슈퍼비전이 요구된다는 것을 잊지 말아야 한다.

자기주장 코칭

내담자가 자기주장에 어려움을 겪고 있다면 치료사는 회기 중에 간단한 자기주장 코칭을 포함시킬 수 있다. 이것은 일반적인 자기주장 기술 코칭일 수도 있으며, 특정한 사건과 연관된 것일 수도 있다.

스트로크 처방

'스토로크 처방'에서는, 내담자에게 자기가 만나는 사람들에게 적어도 하루 세 번의 긍정적 스트로크를 건네도록 처방하는 것이다. 만약 내담자가 그 이상 할 수 있다면, 더할 나위 없이 좋다. 스트로크는 사람을 대상으로 하는 것이기 때문에 만나는 사람에게서 스트로크를 줄 만한 어떤 점을 찾도록 생각해야 할 것이다. 여기에서 의도하는 바는 스트로크가 풍부한 환경을 적극적으로 만든다는 것이다.

스트로크 필터의 확인

치료사는 스트로크는 어떻게 필터로 걸러져 버릴 수 있는가를 가르치고, 또한 내담자에게 주어지는 긍정적 스트로크를 어떻게 내담자 자신이 디스카운트하는가를 확인하도록 도와줄 수 있다.

드라마 삼각형

내담자에게 드라마 삼각형의 개념은 쉽게 가르칠 수 있으며, 내담자들은 일반적으로 그 명료한 개념과 많은 문제 상황에 대한 적합성을 좋아한다. 내담자는 각 드라마 삼각형 위치에서의 서로 다른 행동과 내부 대화를 확인하고, 어떤 사건과 상황 때문에 각각의 역할을 맡게 되는 것인지를 확인하도록 도움을 받는다. 내담자가 건강한 대안적 행동과 드라마 삼각형으로부터 벗어날 수 있는 관계의 방식을 찾을 수 있도록 도와주라. 한 가지 예는 '승리자의 삼각형(Winner's Triangle)'(Choy, 1990)인데, 이곳에서는 박해자 행동(Persecutor behaviors)은 자기주장(assertiveness)으로 대체되고, 구원자 행동(Rescuer behaviors)은 돌봄(caring)으로 대체되며, 희생자 행동(Victim behaviors)은 취약성(vulnerability)으로 대체된다.

여기 – 그곳 – 그때

치료사는 내담자로 하여금 현재의 문제와 패턴(치료실에서의 것 포함)과의 연결고리와 역사적 패턴과 문제 사이의 연관성을 탐색하도록 한다. 이런 것들의 연관성, 유사성 그리고 중요성을 탐색하는 것은 효과적('이것은 …과 유사한 것 같습니다/이것은 당신이 … 때를 연상시키는군요)이다. 이 과정은 내담자의 각본 또는 각본 프로토콜의 어떤 면을 부각시켜 변화시킬 수 있도록 하며, 또한 자아상태 혼란의 해소를 촉진시킨다.

∷ 여러 가지 개입

'적합성 시험하기'

이 경험적 개입은 내담자의 암묵적 각본신념을 자각시키고, 회기 중의 정서적 수준(흥분)을 제고하며 새로운 신념에 대한 경험을 유도하는 데 사용된다. 이것은 또한 부정적 내부 대화에 대한 건강한 반응을 자극하는 데 사용될 수 있다. 치료사는 이렇게 시작할 수 있다.

'나는 당신이 한 가지 실험을 해 보도록 권합니다(긍정적 반응을 기다려라). 내가 잠시 어떤 말을 하려고 합니다. 그러면 당신은 그 말이 당신에게 적합한지를 시험하는 것입니다….' 치료사는 다음 두 문장 중에 하나를 사용하면 된다.

1. '나의 말을 잘 듣고 동시에 당신의 내적 반응을 관찰하세요. [치료사가 말하고 싶은 것을 무엇이든 말하라.]'
2. '좋습니다. 내가 하는 말을 당신은 따라서 반복하는 겁니다. 당신이 따라 말할 때는 당신의 반응을 유념하고 그 말이 당신에게도 진실이라고 느껴지는지 말해 주세요. [말을 하라.]'

내담자가 당신의 말을 따라 한 후, 치료사에게는 어떻게 다음 과정으로 진행할지에 대한 몇 가지 선택이 있다. 예를 들면 다음과 같다.

'그래서 당신이 말했듯이, 그 말이 진실로 느껴집니까?'

'그 말을 따라 할 때 어떤 반응을 가졌습니까?'

'그 말에 대한 저항감, 또는 그 말은 나에게는 옳지 않다는 느낌, 또는 나는 그렇게 생각할 수 있는 허가가 주어지지 않았다는 것을 알게 되었습니까?'

만약 내담자의 대답이 저항을 느낀다고 한다면 다음과 같이 질문하라.

'그래요?! 그 말을 믿도록 허가를 줄 수 없다는 말이 도대체 무슨 말이지요?'

만약 내담자가 그 말이 옳다고 인정하기 시작했거나, 또는 부분적으로는 옳다고 한다면 치료사는 이렇게 말할 수 있다.

'좋습니다. 이제 그 상태에 몇 분 동안 머물러 있으세요. 마음속으로 그것을 몇 번 되뇌세요. 그렇게 할 때 어떤 느낌이 드는지 주목하세요.'

내담자의 경험을 이용하여 타인에 대한 각본신념에 도전하기

치료 초기 단계에서 내담자가 핵심적으로 '두려워하는 각본 결과(feared script outcomes)'를 확인하는 것은 유익하다. 특히 타인들과 관련한 내담자의 각본신념을 탐색하는 것이 도움이 되는데, 가능하면 내담자가 타인의 어떤 행동을 두려워하는지가 중요하다. 예를 들면, 내담자는 타인이 자기를 지배할 것을 두려워하는가, 또는 잔인하게 대할까 봐, 아니면 자기를 거절할까 봐 두려워하는가? 그런 사태를 야기하지 않기 위하여 내담자는 무엇을 하지 말아야 한다고 느끼는지를 생각하라 (예컨대 자기 속마음을 절대 입 밖에 내지 않으며, 자기주장을 내세워서는 안 된다). 또한 타인과의 관계에서 내담자가 자신에게 기대하는, 소위 각본기대는 무엇인가? 예컨대 내담자는 자기의 욕구를 자제해야 한다든가 또는 홀로 외롭게 생을 마칠까봐 두려워하는가? 내담자가 주관적으로 옳다고 생각하는 그와 같은 '두려운 각본기대'에 관해 당신이 가지고 있는 가정들을 확인하라.

내담자의 각본시스템 다이어그램의 환상(상상) 부분에는 다음의 문구를 적어 넣으라. '내가 만약 …한다면 다른 사람들이 …(두려워하는 결과)할 것이다.'

내담자가 자기가 두려워하는 행동을 하는데(예컨대 자기 마음을 말하거나 거절의 말을 하는 등), 그때마다 항상 두려운 반응을 얻는 것은 아니기 때문에 이 점을 내담자에게 인식시키라. 이것은 치료적 관계에서도 할 수 있는데, 예를 들면, 치료사의 반응을 눈여겨보도록 하여 그것이 내담자가 염려했던 것과 같은 반응인지를 확인해 보도록 한다. 이것은 내담자의 일상적인 각본에 근거한 눈에 두드러지는 편견들을 우회함으로써 내담자의 각본신념들의 부당성을 체계적으로, 경험적으로 깨닫도록 만드는 기회를 제공한다.

관점의 변화를 강화하고 입증하기

치료에서 우리는 내담자가 새로운 자각을 얻었거나 또는 변화된 관점을 경험하고 있다는 것을 감지할 때가 있다. 이러한 일이 일어날 때는, 변화가 일어났다는 것을 확인하고 그 변화를 강화하기 위하여 그것에 대해 언급해 주는 것이 좋다. 이런 때는 이런 말이 좋을 것이다.

'이제 세상을 다르게 보는 것 같습니다. 전에 보이지 않았던 것들 중 지금 보이는 것은 무엇입니까?
'이제 새로운 깨달음이 있는 것 같습니다. 지금 자각하는 것이 무엇입니까?'
'자신이 그런 말을 하는 것을 들으니 어떠십니까?'

:: 특별한 증상에 대한 전략

수면장애

내담자가 수면 문제(특히 불면증)에 대해 상의해 올 때, 기본적 개입은 수면 섭생 방법(부록 2의 '우울증 스스로 돕기' 권장사항)을 추천하는 것이다.

낮은 에너지

운동은 아마도 에너지 수준을 증강시키는 가장 좋은 방법일 것이다. 내담자에게 운동을 하도록 권하라. 운동은 단 5분간의 운동에서부터 출발하여, 점차 매주 적어도 3회 이상 30∼50분간의 운동으로 발전시키도록 한다. 내담자에게 '조금이라 하더라도 전혀 아무것도 안 하는 것보다 낫다'라는 원칙을 가지고 실행하도록 격려하라. 우울증을 가진 사람들은 대부분 동기와 에너지에 어려움을 갖기 때문에 운동의 처음 시작이 매우 어렵다. 이런 경우에는 내담자에게 아주 간단한 활동, 예를 들면, 동네 가게까지 걸어가기, 길 끝까지 갔다가 돌아오기, 승강기 대신 계단 이용하기 또는 아침 출근 시 다음 버스 정거장으로 걸어가기 같은 것을 권장할 수 있다.

희망이 없음

경험이 부족한 치료사들은 때때로 자기가 적극적이 되어 내담자로 하여금 적극적으로 생각하도록 격려함으로써 내담자를 절망으로부터 구출하려 한다. 전략적으로 이 방법은 성공 가능성이 낮다. 내담자가 어떠한 상황에 처해 있다 할지라도, 치료사의 경험에 의하면, 상황을 호전시킬 수 있는 방안은 언제나 존재한다는 것을 알도록 하는 것이 좋다. 내담자가 어른자아상태(A)로 상황을 재평가하여, 다른 관계적 상황에서의 변화 가능성을 생각해 내도록 격려하는 것이 좋다. 우울증에 빠진 사람들은 일반적으로 디스카운팅 메커니즘을 사용하여, 부정적 상황을 안정적이고, 보편적이고 또 불변하는 것으로 보는 경향이 있다. 문제해결 방법의 사용은 문제에 압도당하는 느낌을 가진 내담자들에게는 유익하다.

치료 결과에 대하여 희망이 없음은 초기 회기에서 다루어져야 한다. 첫째, 치료가 우울증에 매우 효과적이라는 충분한 증거가 있다는 것을 내담자가 알도록 하라. 처음 4회기에 실시하는 결과 측정(지)이 보여 주는 진척은 내담자가 치료에 대하여 좋은 반응을 보인다는 표징이다. 내담자에게 이 점을 알려 주는 것은 유용하며 또한 내담자에게 희망을 고취시킨다.

우유부단

최근 연구에 의하면, 신경증 척도(neuroticism scale)에서 높은 점수를 갖는 사람들은 시간을 오래 끄는 것보다 빠른 시간 내에 훨씬 좋은 결정을 내리는 것으로 밝혀졌다(Bella, Mawn & Poynor, 2013). 우울증의 경우에도 환자들은 간단한 사항에 대한 결정에서까지도 시간을 너무 오래 끎으로써 우유부단하다고 느낀다. 보다 복잡한 문제에 대한 결정을 할 때는, 문제해결 방법과 같은 구조화된 프로토콜의 사용이 도움이 된다. 우리가 복잡하고 어려운 결정을 내려야 할 경우에, 누구라도 100% 옳다고 생각되는 해결책이나 행동과정을 찾기는 어렵다는 것, 설혹 그런 해결책이 존재한다 하더라도 상황이란 대부분 그 문제에만 해당되는 것도 아니며, 따라서 해결책을 쉽사리 적용할 수 있는 그런 상황이란 실재하기 어렵다는 것을 강조하는 것은 유용하다. 현실에서는 복잡하고 어려운 결정이란 우리에게 '균형을 이루는 것이 더 좋은 것이며 또는 보다 더 바람직한 행동'에 근거하는 선택을 따라야만 하는 경향이 있다.

두려움

우울증을 가진 사람들은 어느 정도의 불안을 경험한다. 이것은 자유부동성(自由浮動性, free-floating)이고 보편적일 수도 있으며, 또는 상황에 따른 특수한 것일 수도 있다. 내담자로 하여금 대재앙적 상상(catastrophic fantasies)을, '그래, 여기에서 일어날 수 있는 최악의 사태는 무엇입니까?' 또는 '그것이 얼마나 나쁩니까?'와 같은 질문과 함께 탐색하도록 인도하는 것이 좋다. 여기에서의 의도는 내담자의 어

른자아상태(A)로 하여금 상황을 재평가하도록 하는 것이다. 이것은 또한 내담자가
자신의 각본신념을 재평가하도록 돕는다.

수치심

때로 내담자들은 자신이 부끄러워하는 자신의 부분을 공개적으로 드러내려 하지
않는다. 내담자들은 만약 당신이 자신의 그런 부분에 대해 알게 되면, 당신이 거절
하거나 또는 경시하지 않을까 두려워한다(Gilbert, 2007). 수치심이 온몸에 배어 있
는 경우에는, 우울증을 앓고 있는 사람들은 쉽게 스트로크를 거절하거나 디스카운
트한다. 어떤 수준에서는 그들은 이렇게 생각하기 쉽다. '당신이 정말로 나를 알게
되면, 그렇게 생각하지 않겠지' 또는 '당신은 내게 친절하려니까 그렇게 말하겠지.
내 맘속은 진짜 나쁘고 당신은 그걸 아직 모르고 있을 뿐이야.' 내담자가 수치심
을 경험하지만 표현할 수 없다고 느낄 때 내담자는 흔히 간접적으로 나타내며, '나
는 바보라고 느낍니다' 또는 심지어 '내가 애처로워 보이죠? 또 내가 당신의 시간
을 허비하고 있다고 생각하지요?' 같은 자기비판적이거나 때로는 분노의 말을 한
다. 수치심의 문제를 내담자에게 부드럽게 제기하기 위해서는 다음과 같은 말을 사
용하는 것이 적절하다.

> '당신은 매우 상처받기 쉽고 연약하다고 느끼는 것 같습니다.'
> '당신은 그렇게 느끼고/생각하는 것이 부끄럽다고 느끼는 것 같군요.'
> '당신은 내가 이 문제로 당신을 판단하거나 경멸하지나 않을까 염려합니
> 까?'
> '아닙니다, 나는 절대 당신을 판단하지 않습니다만, 당신은 자신을 판단하고
> 있는 듯합니다. 당신은 자신이 불쌍한 모습이고 나의 시간을 허비하고 있다
> 고 생각하는 것 같군요. 내 추측으로는 당신은 여러 가지 복합적인 감정을
> 느끼는 듯합니다. 예컨대 자신에 대한 실망감, 이러한 개인적인 일들을 나와
> 상의하고 있다는 수치심 같은 것 말입니다.'

만약 내담자가 이에 동의하고 그런 감정들을 처음으로 인정하는 것이라면, 다음과 같이 말하는 것이 생산적이다.

'이해됩니다. 그런 감정들을 인정한다는 것이 매우 어렵고 고통스럽게 느껴지리라는 것을 잘 압니다만, 우리의 회기 중에 당신이 이 수치스런 감정을 느낄 때 내게 알려 줄 수 있다면 정말로 좋은 일이지요. 어렵겠지만, 우리가 상담할 때는 '부끄럽다'는 단어에 괘념하지 말고 감정을 내게 말해 주겠습니까?'

Gilbert(2007)는 내적(internal) 그리고 외적(external) 수치심 사이의 흥미로운 차이를 설명한다. 내적 수치심은 자기 자신과 자기에게 일어날 사건에 대한 두려움과 믿음(신념)과 연관되어 있다. 외적 수치심은 다른 사람들이 어떻게 자기를 보고 또 장래 볼 것인가에 관한 두려움과 예상, 이에 뒤따를 자기가 예상하는 판단과 거절과 연관되어 있다. 내담자가 부끄러움의 경험에 관한 이 두 가지 면에 대한 정보를 분류하도록 치료사가 격려하는 것은 도움이 된다. 이때 내담자의 외적 수치심이 치료사와의 관계에서 어떻게 작용하는지를 함께 탐색하는 것은 특히 유용하다. 이때 다음과 같은 질문이 적절할 것이다. '그러면 나도 당신에게 그렇게 반응할 것이라 느낍니까?'

수치심을 다루는 가장 좋은 접근방법은 공감적이고, 인내하고, 허가하며, 긴장을 풀어 주고, 그리고 인정하는 개입의 스타일을 개발하는 것이다.

'미해결 과제'

내담자가 과거의 특정 인물 또는 사건과 중대한 '미해결 과제'가 있을 경우에는 빈 의자 치료 기법을 사용할 수 있다. 여기에서 내담자는 미해결 과제가 있는 인물(또는 상황)을 빈 의자에 앉히고 표현되지 못했던 감정을 표출한다. 이것은 내담자가 의자를 번갈아 옮겨 앉는 두 의자 작업과는 차이가 있는데, 빈 의자 작업에서는 내담자가 역할을 바꾸지 않는다.

강박 그리고 재앙화

재앙화는 내담자가 사건의 부정적 심각성을 극대화하는 과장(grandiosity; Schiff et al., 1975)의 특별한 형태이다. 이것은 일반적으로 상황에 대응하는 자기의 능력을 디스카운트하는 것을 수반한다. 따라서 디스카운팅과 과장을 해결하는 개입은 적절하다. 내담자가 재앙화에 빠져 있을 때는, 상황을 재평가하고 정확한 판단능력을 찾을 수 있도록 어른자아상태 A의 사용을 도와주라. 예를 들면 다음과 같다.

> '당신은 이것이 견딜 수 없을 만큼 정말로 끔찍하다고 자신에게 말하고 있는 것 같네요.'
>
> '크게 본다면, 이것이 얼마나 중요합니까? 6개월 동안? 1년? 10년?'

흑백 사고

누군가가 말했듯이, '스펙트럼 내의 다양한 모든 색상'이 존재하는 것처럼 '수많은 서로 다른 명도의 회색'이 있을 수 있다는 내담자의 사고를 격려하는 것은 좋다. 이것은 여러 가지 방법으로 할 수 있는데, 예컨대 미묘한 차이를 나타내는 여러 가지 단어를 찾아낸다든가, 또는 한쪽 끝과 반대쪽 끝을 '좋은–나쁜', '성공–실패'와 같은 반대의 개념을 표시하는 스케일을 그리고, 내담자에게 양극과 관련한 그의 위치를 표시하도록 하고 회색의 명도들을 어떻게 구별할 수 있는지 탐색하도록 요구한다(예를 들면, 살인자는 당신보다 더 나쁜 사람인가 아니면 덜 나쁜 사람인가?). 이런 훈련은 내담자가 공격받는다든가, 수치심을 느낀다든가 또는 방어적이 된다고 느낄 상황을 회피하면서 즐거운 놀이처럼 할 때 효과가 높다(Gilbert, 2007).

과도한 안도감 구하기

내담자와 함께 그의 과도한 안도감 구하기의 동기를 탐색하는 것은 가치 있는 일이다. 예컨대 아무도 자기를 좋아하지 않을 것이라고 믿도록 하지만, 동시에 인정을 받으려는 강렬한 욕망을 만들어 내는 힘은 그의 자기가치에 근거하는 것인가? 내담자가 언제 과도하게 안도감을 구하는가를 자신이 자각할 수 있도록 하고 또한 그런 안도감을 얻었을 때 그의 내적 반응들을 확인하도록 인도하라.

부정적 피드백 구하기

이 경우, 내담자는 자기의 각본신념들을 확인하는 부정적 스트로크를 적극적으로 구하는 것이 관찰된다. 이것은 대체로 행동적 그리고 교류적 문제로 표현되며 내담자에게는 이런 행동을 덜 하도록 권고한다. 한편 치료에서는 각본신념의 기저를 이루는 자기가치와 관계적 기대를 탐색한다.

자기주장을 하지 않음

많은 사람들이 자기주장이 갖는 문제들에 의견을 같이하지만, 우울증을 가진 사람들은 자기주장의 결여가 우울증을 유발하는 인간관계 패턴을 유지시키며 또한 증오심을 일으킬 수 있다는 것을 경험한다. 자주 그들은 자기들이 자기주장을 내세우면, 거절당하거나 공격당할 것이라는 두려움 때문에 자기주장 내세우기를 어려워한다. 또한 때로는 자기들은 자기주장을 할 권리를 가지고 있지 않으며, 심지어 타인들에게 학대받을 만하다고 느끼기까지 한다. 이러한 두려움, 염려 그리고 믿음은 그 사람이 보다 더 자기주장적 행동을 실험하기 이전에 해결되어야 한다. 주장이 담긴 행동의 표현과 보고에 주의를 기울이라. 그리고 내담자가 그렇게 행동하는 것에 대해 스트로크를 주고 또 지속적인 자기주장을 지원하라.

∷ 종료 국면

종료 국면은 치료의 중요한 부분이어서 이 국면이 효율적으로 관리되기 위해서는 충분한 시간을 할애하는 것이 중요하다. 16회기 치료에서는, 마지막 두 회기를 치료 종료와 관계된 문제에 초점을 두는 것이 좋다. 종료 기간은 매우 간단한 치료의 경우에는 한 회기로 단축될 수 있으며, 장기 치료의 경우에는 적절하게 늘릴 수 있다.

이 책은 단기 치료 프로토콜이기 때문에 치료 초기에 종료에 대한 고려를 하는 것이 현명하며, 치료사는 내담자와의 작업을 통하여 정기적으로 종료를 언급하는 것이 좋다. 비록 어떤 내담자는 그와 같은 종료에 대한 언급에 대해 괴롭게 느낄 수도 있다는 것을 감안하더라도 이렇게 하는 것이 치료의 진행을 유지하는 데 도움이 된다. 이런 상황은 파열된 애착이나 정신적 외상을 줄 정도의 상실의 경험을 가진 사람들의 경우 특히 그렇다. 이런 경우에는, 내담자에게 종료에 대한 언급을 회피하지 말라. 그러나 내담자가 실망을 느끼고 종료에 대한 자기의 감정을 탐색할 수도 있다는 것을 잊지 말라. 다음과 같은 말을 내담자에게 하는 것은 유익하다. '이런 논의를 하는 것이 고통스럽다는 것을 나도 압니다. 그리고 당신은 이런 논의를 회피하고 싶어 한다는 것도 압니다. 그러나 우리가 치료의 종료에 대해 적절히 준비한다는 것은 중요한 일입니다.' 이렇게 하면 공개적이고 솔직한 논의를 할 수 있을 것이다. 내담자가 고통스러워할 때는, 공감을 표시하고, 정서통제 전략을 사용하라. 내담자에게 종료의 경험에 대하여 생각해 보도록 요청하고, 어떻게 하면 종료과정이 자신에게 최대한 치료에 도움이 될 수 있을까를 질문하는 것은 유익한 방법이다.

진척(회복)의 검토

내담자가 치료과정에서 이룬 진척을 검토하도록 도우라. 첫 회기로부터 시작된 기록을 점검하여 내담자의 현재 문제와 관련하여 내담자 자신이 어떤 진전을 이루었다고 느끼는지를 확인하라. 내담자 증상의 호전 정도를 강조하기 위해 결과 측정지로 얻은 데이터를 사용하는 것은 바람직하다. 이것은 내담자가 치료 종료 후에도 해결이 필요할지도 모르는, 치료과정에서 다루지 않은 잔존 증상 또는 영역이 있는지 사정하는 데 있어서도 실용적이다. 내담자가 지속적으로 호전되기 위해서는 행동 계획이 있어야 한다는 것을 명심하라. 만약 잔존 증상이 남아 있는 경우에는, 치료 자체의 연장이나 유지 치료의 사용을 생각해 보아야 한다.

내담자의 치료 목표를 검토하여 각 계약 목표와 관련하여 얼마만큼의 진전을 이루었는지 확인하는 것은 적절한 것이다. 종종 내담자들은 치료 중에 예상치 않았던 놀라운 변화를 성취하는 경우가 있다. 내담자에게 이러한 놀랄 만한 변화에 대해 설명해 주고 또 곰곰이 생각해 보도록 하는 것은 매우 유익한 정책이다.

이러한 변화에 대해 내담자에게 스트로크를 주고 또 축하해 주는 것은 종료 과정에서의 중요한 부분으로서, 내담자가 어떻게 변화를 인정하고 스스로에게 스트로크를 주는가를 보이는 모델이다.

치료사는 내담자가 자신이 성취한 변화를 인정하고 그 과정은 아직도 고무적이고 긍정적인 상태라는 것을 확인하도록 격려하는 것이 필요하다.

진전이 충분치 않음에 대해 적절히 이해시키고 또 개념적 설명을 해 주는 것은 중요하다. 우울증을 가진 내담자들이 충분히 호전되지 못한 것을 자신의 결점과 관련이 있다고 이해하며, 진전을 방해했던 치료외적 요인들의 영향을 디스카운트(무시)하는 경우는 흔히 있다.

미래 행동 계획하기

내담자에게 치료가 끝난 후에도 어떻게 변화를 계속해 나가 증상의 호전을 가져올 것인가에 대한 행동계획을 만들도록 하는 것은 유익하다. 일반적으로, 내담자는 치료가 종료된 후에도 계속 호전되는 것을 느끼며, 치료사에게 이런 사실을 알리는 것이 고무적이란 것을 알게 된다.

비상사태에 대한 계획

때때로 인생이 어려워진다는 것은 피할 수 없다. 그런 것이 인간 조건의 일부이니까. 비록 장래 어떤 일이 일어날지 항상 예측할 수는 없지만, 우리는 제아무리 미래에 대한 계획을 잘 세운다 해도 불행, 이별, 질병 그리고 문제가 어느 때인가 일어나리라는 것을 예상할 수 있다. 또한 인생의 성쇠, 부침의 기복에 따라 자연스럽게 기분이 변동한다.

내담자가 재발을 막기 위해 장래의 문제를 다룰 수 있는 적절한 자원을 스스로 가지고 있다고 느끼는 것은 중요하다. 장래 어떤 문제가 일어날 수 있다고 예상하는지 그리고 그런 문제들을 어떻게 다룰 수 있다고 생각하는지를 내담자에게 물어보는 것은 유용하다. 그들의 감정을 관리하거나 지원을 받기 위해 내담자가 보유하고 있는 자원에 대해 질문하는 것 역시 좋은 전략이다. 여기에서, 장래에도 필요할 경우, 언제라도 치료에 복귀할 수 있다는 사실을 알려 주는 것은 내담자에게 안도감을 준다.

전조 증상의 확인

비상계획과정에는 재발의 전조 증상 또는 내담자가 알고 있는 '조기 경보 조짐'이 무엇인지, 어떻게 대처하는 것이 좋은지를 함께 상의하는 것이 포함되어야 한다. 기분의 기복은 극히 정상적인 것이지만, 기분을 정상으로 회복하는 것이 중요하다. 어쩌면 기분을 정상화하는 제한 시간을 설정하고, 증상이 지속할 경우에는 도움을 요청하도록 알려 주는 것도 중요하다. 일반적으로, 우울증상이 2주간 지속되면 도움을 요청하는 것이 좋다. 이러한 조기 경보 증상이 조기에 감지된다면 전면적 재발을 방지하여야 하는데, 단 몇 회기의 치료로 내담자가 정상 기능을 회복할 수 있다.

유지보수치료와 재발방지

'유지보수치료' 회기들은 진척을 유지시키고 재발을 방지하는 데 효과적이라는 믿을 만한 증거가 있다(Frank, 1991; Frank et al., 2007). 치료가 끝나 갈 무렵 유지보수치료 회기를 사용하여 치료를 계속할 것인지를 내담자와 협의하는 것이 좋다. 유지보수치료 회기들은 협의에 의해 정하며 1개월에서 3개월 사이의 간격으로 시행하는 것이 좋다.

핵심적 개입/중요한 회기 확인하기

내담자에게 어느 개입 또는 회기가 가장 도움이 되었고 중요한 것이었다고 느끼는지, 또는 치료에서 무엇이 가장 중요한 것이라고 느끼는지 물어보라. 한 가지 전략은 마지막 직전 회기에서 내담자에게 치료에서 가장 도움이 되었던 점은 무엇이었다고 생각하는지 물어보고, 이것을 마지막 회기에서 논의하도록 하는 것이다.

치료를 끝내고 헤어지는 감정을 탐색하기

내담자는 때때로 치료를 종료하는 데 대한 불안감을 나타내며, 치료사 없이 어떻게 해 나갈지 걱정한다. 이에 공감하는 것도 중요하지만, 그동안 내담자가 이룬 변화와 진전이 항상 함께하는 것이 중요하다.

치료를 요약하라

조금 시간을 내서 내담자와 함께 전체 치료를, 예컨대 전 과정을 통한 주요 주제와 변화는 무엇이었는지 검토하는 논의를 갖는 것이 유익하다.

요란하지 않은 종료

종료는 담백 단순하여야 한다. 어떤 요란함도 불필요하다. Berne(1966: 314)은 성공적인 치료의 끝에 내담자가 하는 말은 '이게 전부예요?'라고 말했다.

제 3 부

우울증에 대한 신경과학 및 의학적 치료

제9장 뇌에 대한 기초지식과 우울증에 대한 신경과학

제10장 우울증에 대한 의학적 치료

9

뇌에 대한 기초지식과
우울증에 대한 신경과학

:: 소개

성인 인간의 뇌의 무게는 대략 체중의 2%이고, 약 1.5kg이다. 그럼에도 불구하고
몸 전체 산소의 20%, 혈당의 25%를 소비한다. 뇌는 두부와 같은 물질로 구성되어
있으며, 뇌 세포를 구성하고 있는 주요 부분들은 필수지방산이다.

:: 신경세포와 신경교세포

인간 뇌의 기본 구성물질은 신경세포와 신경교세포이다. 인간의 뇌는 약 1,000억
개의 방대한 숫자의 신경세포를 포함하고 있다. 각 신경세포는 다른 신경세포들과
1,000～7,000개의 시냅스 연결(synaptic connections)을 가지고 있다(신경세포는 수만
개의 시냅스 연결을 가질 수도 있다). 이는 인간 뇌가 100～500조의 시냅스 연결을
가지고 있다는 것을 의미하며, 이는 우리 은하계에 있는 별의 수보다 많은 수이다.
만일 그것이 충분히 인상적이지 않다면 신경세포는 우리 뇌의 세포 가운데 약 10%
를 포함하고 있으며 나머지 90% 뇌 세포는 신경교세포이다(그럼에도 신경교세포는
뇌 중량의 단지 절반 정도에 불과하다). 신경교세포는 3가지 유형이 있는데 그 하나
는 지방질의 미엘린 수초(fatty myelin sheath)로서 신경세포의 긴 축삭(axons of the
neurons)을 보호하고, 전기 신호가 원활하게 흐르도록 돕는 기능을 한다. 또 하나

는 뇌에 면역세포와 같은 역할을 하며, 셋째는 성상세포(astrocytes)로서 수천 개의
시냅스를 둘러싸고 있으면서 신경세포에 영양을 공급하고 화학적 신호 전달을 향상
시키고, 세포 파편들을 청소하며, 혈류를 조절할 뿐만 아니라 시냅스 연결을 형성하
고, 보호하고 보존하는, 결정적으로 작용하는 '가사도우미'와 같은 역할을 한다.

  뉴런의 긴 부분을 따라 전달되는 신호는 원래 전기적인 것이지만 신호가 세포의
끝부분에 도달하면 화학적 신호로 바뀐다. 신경전달 화학물질은 세포사이의 갭(시
냅스)을 가로질러 통과하여 인접 신경세포에게 신호를 전달한다.

⠿ 신경전달물질

신경전달물질은 시냅스에서 신경세포 사이에 신호를 보내는 데 사용되는 뇌 화학
물질이다. 이러한 화학물질은 뇌 안에서 아미노산(단백질)과 비타민 B6 및 비타민
C 등 여러 비타민으로부터 합성된다. 뇌 안에는 많은 상이한 신경전달물질이 있으
며 여러 주요 범주로 분류할 수 있다. 심리치료사들이 가장 관심을 가지고 있는 범
주는 다음과 같다 : 아미노산[글루탐산 및 감마-아미노부티르산(GABA) 포함], 모
노아민(도파민, 노르아드레날린과 세로토닌 포함), 펩티드(엔도르핀, 엔케팔린과 오피
오이드 포함), 그리고 호르몬(옥시토신, 프로락틴 등). 이 많은 신경전달물질들은 흥
분제 또는 진정제 중 한 가지의 주된 효과를 가지고 있으나, 이 중 어떤 것은 그것
이 어디에서 작용하는가에 따라, 그리고 어느 신경세포 수용체를 활성화시키는가
에 따라 두 가지 효과를 다 가지고 있는 경우도 있다. 뇌는 일반적으로 매우 효율
적으로 신경전달물질을 사용하며, 재흡수과정에서 이들을 자주 재활용한다. 치료
사들이 이들 몇 가지 신경전달물질에 대해 기본적인 것들을 이해하게 되면, 두뇌가
어떻게 기능하는가를 알게 되고, 우울증이나 다른 질병을 이해하고, 여러 약물들이
어떻게 작용하는가를 알 수 있게 된다.

  글루타메이트(glutamate)는 뇌의 주요한 흥분성 화학물질로서 기억 시스템을 형성
하는 핵심 요소이며, 뇌 안에서 시스템을 수정하는 데도 관여하기 때문에 학습 및

뇌 가소성(brain plasticity)에서 중심적인 역할을 하는 것으로 생각된다. GABA는 뇌의 주요 억제성 화학물질로서 많은 진정제나 안정제들은 GABA 시스템을 활성화함으로써 약효를 니다낸다. 낮은 GABA 수준은 불안과 연관되어 있기 때문에 왜 안정제가 불안에 효과가 있는지 알 수 있다. 노르아드레날린(noradrenaline, 미국에서는 norepinephrine으로 표기)은 각성상태를 만들어 내거나 기억을 형성하는 데 관여하며, 자율 신경계를 자극하여 신체에 영향을 미치기도 한다(예를 들면 싸울 것인가 도망갈 것인가의 결정반응). 도파민(dopamine)은 보상 시스템과 긍정적인 감정을 만들어 내는 데 관여한다. 많은 중독성 약물들은 도파민을 대규모로 방출하도록 자극하고 그것의 재흡수를 방지함으로써 효과를 나타내는데, 이러한 약물효과를 다시 경험하기 위해 반복적으로 약물을 하도록 갈망하고 강제하는 중독효과를 가지고 있다. '기분을 좋게 만드는' 신경전달물질로 널리 알려져 있는 세로토닌(serotonin)은 대부분은 내장 주변에 위치하고 있지만, 뇌에 존재하는 세로토닌은 주로 기분, 수면, 식욕, 기억, 그리고 신체시스템의 조절에 관여하고 있다. 아세틸콜린(acetylcholine)은 기억의 형성에 관여하고 있는데 특히 해마에 보내져서 기억의 형성을 돕고, 또한 REM 수면(rapid-eye-movement sleep)에도 관여하고 있다. 극단적인 상황이나 외상성 상황에서는 과량의 아세틸콜린이 분비되어 해마를 '잼'상태로 만들어 기억 형성의 과정을 방해하는 효과를 내기도 한다. 몇몇 호르몬들은 신경전달물질로서 기능한다. 옥시토신(oxytocin)은 성적 흥분, 유대감 및 애착심에 관여하며, 신뢰와 공감을 증진시키고, 불안 진정 효과가 있다. 프로락틴(prolactin) 또한 유대감 및 애착심과 관련되어 있으며, 웰빙 감정을 만들어 내는 것과도 관련되어 있다. 정신치료 약물은 한두 개의 신경전달물질에 대해서 효과를 나타내는 경향이 있다. 그러나 정신상태는 복잡하고 수많은 신경전달물질들의 조합에 의해 영향을 받기 쉽기 때문에 한두 개의 신경전달물질을 목표로 삼는 개입은 그 효과가 어느 정도 제한적일 수밖에 없다.

최근 관심을 끄는 또 다른 뇌 화학물질로서 뇌유래신경영양인자(腦由來神經營養因子, brain-derived neurotrophic factor, 이하 BDNF)가 있다. 이것은 새로운 뇌 세포(신경 생성)의 생성을 자극할 뿐만 아니라 중요한 신경세포의 생존이나 신경세포의 연결에 관여한다. BDNF는 장기기억을 강화하고 학습과 기억 일반에도 중요한 역할을 하는 것으로 나타나고 있다. 우울증을 가진 사람은 BDNF의 수준이 낮다는 것을 나타내는 증거들이 있다(Krishnan & Nestler, 2010). 이는 뇌에서의 코르티솔의 증가로 인한 것으로 생각된다. BDNF의 낮은 수준은 해마에서 가장 두드러지게 나타나는데, 우울증에서 보여지는 기억의 부정적인 편향과 관련이 있다. 지적 자극, 운동, 칼로리 억제 및 여타 우울증 처방(항우울제 포함)은 뇌 안의 BDNF 수준을 증가시키는 것으로 알려져 있다.

시상하부-뇌하수체-부신(hypothalamic-pituitary-adrenal, HPA) 축(axis)은 우울증에 의한 장애를 받는 것으로 생각된다. 이 시스템은 수많은 신체 호르몬 시스템의 중심을 차지하며, 인간의 신체적·감정적 웰빙의 모든 측면에 지대한 영향을 미칠 수 있다. 스트레스 호르몬인 코르티솔의 수준은 우울증을 가진 사람에게서 만성적으로 증진되기 쉽고, 뇌의 특정 부위 특히 편도체(끊임없이 스트레스 자극을 보내는 효과), 해마(신경생성과 기억기능의 손상), 전두엽피질(PFC : 정서조절, 논리적 사고, 실행기능의 손상) 등에 부정적으로 작용할 수 있다. 우울증이 없는 사람은 잠자리에서 깨어나기 직전이나 직후 잠깐 동안 코르티솔 수준이 높아지는 경향이 있다. 이것이 침대를 박차고 일어날 에너지와 의욕을 만들어 낸다. 흥미롭게도 우울증이 있는 사람은 일반적으로 각성효과가 있는 코르티솔 수준이 낮아서 아침에 잠자리에서 일어나고 의욕을 가지는 데 어려움을 겪은 경험을 가지고 있다(Krishnan & Nestler, 2010). HPA 축에서 혼란이 생기면 우울증이 있는 사람들은 자기 활성화, 에너지 수준, 자신의 신체 시계와 식욕 등에서 문제가 생길 수 있다(Sharpley, 2010).

:: 좌뇌와 우뇌

뇌는 좌뇌와 우뇌라는 2개의 반구로 구분된다. 뇌 기능의 대부분은 좌뇌와 우뇌를 가로지르는 상호작용하에 이루어지고 있지만, 각 반구는 각각 특정 기능에서 지배적으로(여기서 지배적이라는 의미는 '배타적으로 기능한다'는 의미는 아니다) 작용하고 있다는 증거들이 제기되고 있다. 특히, 우뇌는 감정, 특히 부정적인 감정에 대해 보다 큰 영향을 가지고 있으며, 좌뇌는 합리적이고 논리적인 사고와 언어에 대해서 더 큰 영향을 미치고 있는 것으로 보인다. 반구 지배 모델의 한계에도 불구하고 우울증을 가진 사람은 우뇌가 과도하게 활성화되고 좌뇌는 미흡한 활성화를 보이는데, 이것이 우울증 상황에서 부정적인 사고 유형과 부정적인 정서를 나타내도록 만든다는 증거들이 있다(Hecht, 2010).

:: 뇌의 엽

뇌는 4개의 엽(우리의 뇌는 방사형으로 갈라져 나간 잎 모양의 조각들로 구성되어 있는 바, 이들 조각을 엽[葉]이라 함)과 소뇌(cerebellum, 운동제어 및 조정과 관련)로 분할된다. 4개의 엽은 전두엽(frontal lobe), 두정엽(parietal lobe), 측두엽(temporal lobe) 및 후두엽(occipital lobe)이다. 후두엽은 시각적 자극을 처리한다. 두정엽은 감각적 과정의 처리 및 신체적 감각을 처리하는 강력한 역할을 담당한다. 측두엽은 기억, 언어와 의미형성에서 역할을 한다. 전두엽은 특히 고급 인지, 합리적 · 사회적 과정의 처리, 정서적 조절과 관련이 있다.

:: 뇌의 구조

뇌의 중심들(중추신경계에서 특정 기능을 통제하는 신경세포의 집단) 사이에는 많은 연관성이 있다. 신경세포는 고립적으로 작동하는 것이 아니라 전체 뇌에 산재하는 다른 많은 신경세포의 네트워크와 연결되어 있다. 그럼에도 불구하고 뇌 내의 특정 중심들은 특정 기능에 영향을 미친다. 심리치료에서 특별히 관심을 가지는 것이 바로 이러한 뇌 구조 중의 어떤 중심들이다.

변연계

변연계는 중점적으로 감정에 관여하는 뇌의 아주 오래된 부분이다. 편도(amygdalae, 단수는 amygdala)는 2개의 작은 아몬드 모양의 구조로서 모든 감각 데이터를 처리하며, 싸우거나 도망치는 반응(fight-or-flight response)을 활성화한다. 그들은 또한 우울증 상태에서 다른 부정적인 감정상태가 과도하게 활성화되는 데 관여하는 것으로 생각된다(Auerbach, Webb, Gardiner & Pechtel, 2013; Sacher et al., 2011; Sharpley, 2010).

시상(視床, thalamus)은 뇌의 중계 센터이다. 시상은 생체의 항상성과 신체 시계 및 각성 상태를 조절하는 데 관여하고 있는 것으로 생각된다. 시상하부(hypothalamus)는 기분 및 보상과 관련된 다양한 신경전달물질의 합성과 방출에 특별한 역할을 한다. 해마(hippocampus)는 기억과 관련해서 중요한 역할을 수행한다. 특히 새로운 기억의 생성과 기억 인출과 관련되어 있다. 몇몇 연구에서는 우울증을 가진 사람들에게서 해마 부피의 감소가 발견되었다(Harrison, 2002; Sharpley, 2010). 전측대상회(anterior cingulate gyrus, 前側帶狀回, 대상회의 전측 부분으로서 전두엽 한가운데에 있는 뇌 구조)는 주의, 집중력, 동기부여, 정서적 자각과 관련이 있으며, 이 영역의 혼란스러운 활동은 우울증과 관련되어 있다(Harrison, 2002; Sacher et al., 2011). 복측선조체(ventral striatum, 腹側線條體)와 측위신경핵(nucleus accumbens, 側位神經核)은 보상기대와 쾌락의 경험과 관련된 뇌의 두 영역이다(Sacher et al., 2011). 이들 영역은 우울증을 가진 사람들에게 활성화 수준이 낮아서 쾌락 불감증에 빠지거나 적극적인 활동에 대한 관심이나 흥분이 없어진다.

감정과 관련된 뇌 구조상의 다른 부분들

전전두피질(前前頭皮質, Prefrontal Cortex, 이하 PFC)과 특히 안와전두엽피질(眼窩前頭葉皮質, Orbitofrontal Cortex)은 감정조절, 동기부여, 사회적 대인관계 기능과 합리적인 사고에 있어 주된 역할을 한다. PFC는 대체로 우울증이 있는 사람들에게서 덜 활성화된다. 그들의 감정을 효과적으로 조절하고 정보를 합리적으로 처리하기 위해서는 뇌의 이 영역을 활성화시킬 전략을 개발할 필요가 있다는 것을 의미한다.

　PFC에서의 파괴적인 활동은 우울증을 가진 사람들에게서 관찰된다는 것이 여러 연구에서 확인되고 있다(Harrison, 2002; Sacher et al., 2011; Sharpley, 2010). 특히 우울증을 가진 사람들에게서 배외측(dorsolateral, 背外側) PFC에서 문제행동이 있다는 점이 계속 보고되고 있다(Auerbach et al., 2013). PFC의 이 부분은 주의 집중과 관련이 있으며, 이 부위에 손상이 있으면 우울증 환자들은 부정적인 자극에 과도하게 집중하게 될 가능성이 있으며, 그 현상은 오래 지속될 수 있다. 대체로 우울증을 가진 사람에게서 PFC 기능 저하 현상이 관찰되고 있으며, 감정을 조절하고 생각을 명확하게 하는 인간 능력에 부정적인 영향을 미치게 된다. 그러면 '스트레스 증가-편도체의 활성화-코르티솔 수준의 상승'이라는 자기강화 루프가 형성되며, PFC 활동을 더욱 약화시키게 된다(Sharpley, 2010).

　인슐라(insula, 腦島, 뇌섬엽, 측두엽의 측열에 '섬'처럼 깊게 놓여 있는 삼각형의 뇌부분)는 감정의 신체적 경험과 정서적 자각에 관련되어 있다. 최근의 한 소규모 연구에 따르면, 전방 뇌섬(anterior insula, 전방 腦島)이 덜 활성화되면 인지행동치료에 양호한 반응을 보이고, 선택적 세로토닌 재흡수 억제제에는 반응을 덜 보이고, 반대로, 과도하게 활성화된 전방 뇌섬은 선택적 세로토닌 재흡수 억제제에 양호한 반응을 보이고, 인지행동치료에 대해서 덜 반응한다는 연구 결과가 있다(McGrath et al., 2013).

　　전방 뇌섬이 주요 우울증에 대해 역할하고 있다는 사실은 잘 밝혀져 있다. 뇌섬은 내장의 경험을 주관적인 감정 상태로 바꾸어 내는 과정을 매개하는 데 결정적인 역할을 한다. 게다가 전방 뇌섬 활동은 신체 내면으로붙터의 자극에 대한 감각, 정서적 자각, 의사결정 및 인지 통제 등을 포함하여 우울증 행동과 관련되어 있다. 전방 뇌섬은 전두대상피질(anterior cingulate cortex, 前頭帶狀皮質, 전두대상피질은 심장박동, 혈압 등 신체의 자율기능을 제어함과 동시에 어떠한 행동이나 상황에서 오류와 갈등요소를 검출하고 뇌가 이에 대응하도록 유도하는 자동오류수정기능을 수행하는 것으로 알려져 있음)과 편도체 및 시상하부 등 다양한 전두엽, 변연계 및 뇌간 영역과 널리 연결되어 있다. 후방 섬엽의 볼륨 감소 없이 전방 섬엽의 볼륨만 감소하는 경우는 건강하게 통제되고 있는 사람들과 대비하여 회복 중의 주요우울장애(remitted MDD) 환자를 포함하여 주요우울장애(MDD) 환자로 분류한다. 인슐라 활동상의 변화는 항우울증 반응과 회복을 보다 일반적으로 매개하는 역할로 간주되는 약물처방, 미주신경(vagus nerve, 迷走神經) 자극, 뇌 심부 자극 및 명상훈련 등을 포함하는 MDD에 대한 다양한 처치와 함께 나타난다(McGrath et al., 2013).

이 연구는 어느 정도 한계가 있다. 우선 샘플 크기가 작을 뿐만 아니라 함께 결합하여 처방한 방법들에 가장 좋은 반응을 보인 사람들이나 전혀 반응을 보이지 않은 사람들을 제외했기 때문이다. 그럼에도 불구하고 이 연구는 흥미 있고 잠재력이 풍부한 유망한 연구방식이다.

:: 우울증에 관한 이론

현재 통용되고 있는 한 이론은 뇌 안에서 일어나는 스트레스와 염증 반응이 BDNF의 생산을 감소시키고, 따라서 신경 가소성을 제한하는 것이 아닌가 추측하고 있다. 염증 반응(코르티솔과 연계)은 일부 신경 손상을 일으키고 나아가 염증을 진행시키고, 주기적, 지속적으로 악화되는 반응을 유발하게 된다. BDNF 생성의 감소가 해마, 변연계 및 피질에서 가장 두드러지게 나타난다는 연구 결과가 있다. 그리고 그것은 우울증에서 경험하는 부정적으로 고착화된 인지-감정의 순환 주기와도 관련이 있다. 운동과 (비만인 사람의) 체중 감소, 지적인 자극과 신체적 및 항우울제와 같은 약물치료 등이 BDNF 생성을 증가시키며 그에 따라 신경조직의 생성을 증가시킨다는 확실한 증거가 있다. 그래서 우울증 치료는 여러 가지 치료 방법을 통합적으로 활용할 필요가 있다. 또한 운동이 GABA의 생성을 증가시켜 진정효과가 있다는 사실도 밝혀졌다.

신경인성 가설(神經因性假說, neurogenic hypothesis)은 '적절한 정서 통제와 항우울 효과(antidepressant efficacy)를 위해서는 성인의 뇌 안에서 새로운 신경세포의 형성이 필요하다'(Eisch & Petrik, 2012: 338)고 주장한다. 여러 연구에 따르면 감정조절과 기억에 관여하는 해마의 용량이 미치료 우울증 환자군에서 감소했음이 관찰된다(Sheline, Gado & Kraemer, 2003 참조). 다른 연구에서는 해마에서의 새로운 세포 생성 감소가 우울증과 관련이 있다고 보고 있다(건강한 성인은 해마에서 매일 700개 의 새로운 세포를 만들어 낸다). 해마는 기억 기능과 밀접한 관련이 있기 때문에, 뇌 구조에서의 신경세포 생성은 전반적으로 신경 가소성을 증가시키고, 패턴 분화와 적응 기억에 긍정적으로 영향을 미친다. 우울증에 있어 기억은 부정적으로 편향되 며 지나치게 부정적인 자극에 집중하기 때문에 개인들이 자신의 부정적인 지각을 지지하게끔 만드는 우울증 기억을 강화하게 된다. 불행하게도 이것은 스트레스를 낳고 코르티솔이나 다른 스트레스와 관련된 호르몬 분비의 증가로 나타난다. 이것 은 다시 신경조직 생성을 억제하고 우울증을 더욱 고착화하게 된다(Spalding et al., 2013).

오랫동안 지속된 스트레스는 코르티솔의 만성적인 고양(高揚)상태를 낳는다. 게 다가 면역 억제 상태를 야기하고 이것이 다시 기억에 부정적으로 작용하며, 세로토 닌, 도파민, 내인성 아편(endogenous opiates) 등과 같은 긍정적인 기분과 관련된 신 경전달물질의 수준을 낮추고, 지속적으로 위협받고 있다는 느낌을 만들어 다시 코 르티솔 분비를 자극하게 된다(Gilbert, 2007).

미치료 우울증 환자들이 뇌의 여러 영역에서 신경세포 생성의 감소를 경험할 뿐 만 아니라, 우울증은 일련의 단계반응(cascades) 촉발의 신호가 되는 내분비물과 신 경전달물질 간의 복잡한 상호작용을 포함하고 있는 것처럼 보임에도 불구하고 제 이론들 간에는 논란이 있으며 나름대로의 비평가들이 없지 않다.

우울증에 대한 유전적 영향

짧은 형질의 5-HTTLPR 유전자(세로토닌 운반 유전자 중 하나)는 우울증을 야기하 는 특정의 유전적 소인을 만들어 내고 불안과 노이로제를 증가시키는 것과 관련되 어 있다는 몇 가지 연구 결과가 있다. 그러나 이러한 유전자가 존재한다고 해서 반 드시 우울증 환자가 된다는 의미는 아니라는 점에 유의할 필요가 있다. 그것이 나 타나려면 상당한 유전자-환경의 상호작용이 존재해야 한다. 즉 그 사람의 환경적 영향은 이 유전자의 영향을 조절할 수 있으며, 실제 이 유전자의 스위치를 '온-오 프' 상태로 조작할 수 있다(Gottlib & Joorman, 2010).

:: 심리치료의 효과

심리치료는 코르티솔 수준을 정상 범위로 유지하고, 세로토닌 수준을 증가시키며, 편도체 활성도를 낮추고, 편도체-전두엽피질 간 연결성을 증가시키며, 해마 내부 의 정상 활성화 수준을 회복시키는 등 여러 효능을 보여 주었다(이 연구에 대한 검 토는 Sharpley, 2010 참조). 뇌과학과 심리치료의 분야는 아직 초기 단계이지만, 심 리치료는 신경 통합성을 촉진시키고, 활성화가 저조한 영역은 상향조정하고, 과도 하게 활성화된 영역은 하향조정하는 것으로 나타났으며, 웰빙과 관련된 신경전달 물질의 최적 분비를 돕고, 오래된 기억은 재편성하고 새로운 기억을 만들어 내는 등 새로운 시냅스 연결의 생성을 돕는다. 심리치료는 최적의 신경 가소성을 촉진 하는 관계적 환경을 제공하는 것이라고 볼 수 있다. '심리치료사들은 뇌기능과 정 신건강을 증진시키기 위해서 설계된 풍부한 맞춤형 학습 환경을 만들어 내는 응용 뇌과학자들이다'(Cozolino, 2010: 341).

10

우울증에 대한 의학적 치료

주 : 이 장은 안내용으로만 사용된다. 약물치료는 의사나 유자격 처방자에 의해서만 처방될 수 있다. 약물처방과 관련된 어떤 변경도 의사나 처방자, 약사와 상의해야 하며 의학적인 감독하에서 이루어져야 한다는 것은 필수적이다. 이 책에서 제공하는 정보는 집필 시점에 한해 정확성이 보장되며, 의학은 끊임없이 변화한다는 점에 유념할 필요가 있다. 이 문서는 미국과 영국에서 사용되는 프로토콜을 기반으로 하며, 다른 나라에서는 이와 다른 치료 프로토콜이 있을 수 있다.

항우울제 사용에 대한 수치는 엄청나게 많다. 영국에서만 2011년 한 해 동안 4,670만 건의 항우울제에 대한 처방이 발부되었다. 2012년에는 5,010만 건이었고, 2013년에는 5,330만 건으로 증가하였다. 이러한 약물에 대한 2013년도 영국의 국민건강 서비스 비용은 2억 8,210만 파운드에 달했다. 항우울제 처방 비율을 둘러싼 많은 공개 토론과 논란에도 불구하고 항우울제 사용은 여전히 높은 수준이다. 심리치료사는 상담과정에서 항우울제 약물을 복용하는 고객을 일상적으로 만난다. 이들 고객을 잘 도와주기 위해서 치료사들은 우울증에 관한 주요 약물을 이해하고 있어야 한다.

NICE(National Institute for Health and Care Excellence) 가이드라인에 따르면 심리치료는 경증이나 중간 정도의 우울증에서 선택할 수 있는 치료방법이며, 중증 우울증은 통상 심리치료와 약물치료를 결합한 방법을 쓸 필요가 있다. 경증 우울증에 약물을 사용하는 것은 별로 효과가 없으며, 속임약(placebo)과 똑같다는 것이 연구에서 밝혀졌다. 그러나 중증 우울증의 경우, 항우울제 처방이 상당히 효과가 있었다(Fournier, De Rubeis, Hollon et al., 2010; 표 10.1). 약물 처치는 심각한 수면 및 식욕, 집중력 장애나 자살 충동이 있는 경우 특히 효과가 있다.

약물 처치만으로 우울증 치료가 효과적일 수 있지만 감추어진 취약성이나 우울증을 야기하는 심리적 어려움이나 또는 인간관계에서 어려움을 겪는 경우에는 약

표 10.1　우울증 심각도와 선호되는 치료 방안

구분	심리치료	약물치료	심리치료와 약물치료의 병행
경증	예(심리치료만)	아니요	아니요
중간	예(심리치료 단독 또는 약물치료와 병행)	가능(약물치료 단독 또는 심리치료 병행)	가능
중증	예(약물치료와 병행)	예(약물치료 단독 또는 심리치료 병행)	예(권장)

물처방을 하지 않는다. 그런 경우에는 약물이 중단되면 재발할 가능성이 높기 때문이다(Evans et al., 1992; Feldman & Feldman, 1997).

　무증상(잠재성)과 경증 우울증에 대한 성과는 상대적으로 미미하고(Baumeister, 2012), 그런 경우에는 심리치료가 선호됨에도 불구하고, 항우울제는 우울증 가운데 상대적으로 경증에 속하는 사람들에 대해서 흔하게 처방된다. 이런 현상은 이해하기 어려울 것 없다. 일반적으로 의사들은 그들의 치료에 대한 수요가 너무 많다. 그들은 점점 짧아지는 진찰시간에 더 많은 사람들을 치료해야 한다. 의료 서비스 가운데 심리치료 제공도 감당할 수 없을 정도로 늘어나지만 담당인력은 모자란다. 환자들은 검사 약속을 잡으려면 몇 달을 기다려야 한다. 이 기간 동안 우울증 환자는 증상이 상당히 악화되는 경우도 있다. 그 결과 그만큼의 의료 서비스에 대한 수요가 생기게 된다. 이런 상황에서는 일반적으로 안전하고 효과적이며 쉽게 수용되고 신속하게 대처할 수 있는 약물 처방이 개인적으로 심리치료 비용을 감당할 수 없는 환자들에게는 합리적인 대응방안이 될 수 있다.

　심리치료와 약물치료를 병행하는 것은 중증환자들에게 적용할 수 있는 치료법이다. 많은 연구에서 심리치료와 약물 처방의 효과가 좋다는 것이 입증되고 있다. 증상이 심각하고 상당한 신체적 장애(예를 들면 수면 또는 식욕 장애)를 야기하고 있는 경우, 자살 관념이나 심리치료의 효과가 잘 나타나지 않는 경우에는 약물치료를 권유하게 된다(다음 참조). 수면 박탈은 특히 고통스럽고 집중력을 약화시켜서

치료에 온전히 몰입할 수 없게 만든다. 고객이 아무런 차도도 볼 수 없을 것이라고 느끼는 깊은 절망감 또한 약물치료와 심리치료를 결합시킬 지표이다. 이 경우 내담자가 기분 개선 없이 협력관계를 형성하고 치료에 정서적으로 몰입하는 것이 어려울 수 있다.

:: 내담자에게 어떻게 약물치료를 권유할까?

내담자가 심각한 난치의 우울증을 겪고 있다면 약물치료가 바람직하다. 내담자가 약물 처방에 대해 의사와 협의하도록 제안하는 것은 내담자에게 관계적 그리고 전이적 중요성을 야기할 수 있음을 고려하는 것이 중요하다. 어떤 내담자들은 치료사로부터 약물치료에 대한 조언에 대해서 많은 도움과 배려를 받았다고 느낄 수도 있는 반면에, 다른 사람들은 부정적인 반응을 보이고 치료사에게 자신의 문제는 너무 '버거운' 과제라고 생각하든가, 아니면 치료사가 자신을 나약하다고 생각하는 증표라고 해석할지도 모른다. 이런 경우에는 '내가 이 문제를 제안하니 어떤 생각이 드십니까?'라고 물어보는 것이 도움이 된다.

　다른 고객들은 의존이나 중독에 관심이 있다. 고객이 조금이라도 그런 염려를 하고 있는지 알아 둘 가치가 있다. 약물치료 시 다음과 같이 제안하면 좋다.

　　약물치료는 지금까지의 상담치료를 생화학적으로 보완함으로써 치료효과를 극대화할 수 있습니다. 또한 이것이 치료 속도를 상당히 향상시킬 수도 있습니다. 물론 약물치료 없이 치료를 해낼 수도 있을 것입니다. 그러나 심리치료를 약물치료와 병행하면 훨씬 쉽고 빠른 효과가 있습니다. 그러나 결정은 당신에게 있습니다. 또한 어떤 사람들에게는 약물치료가 기분을 약간 들뜨게 하기 때문에 일상 생활에 도움이 될 수도 있습니다. 그것이 문제를 해결해 주지는 않지만 환자들이 스스로를 쉽게 관리하게 해 줍니다. 그 사이에 우리는 당신의 상황에 집중하여 당신이 겪고 있는 우울증에 대한 근원적 민감성을 다루게 됩니다. 지금까지의 논의에 대해 당신의 생각을 정리하여 결정을 다음 회기에 알려 주시겠습니까?

:: 의사와 협의하기

종종 내담자의 일반의(GP, 종합병원에 가기 전에 지역에서 1차진료를 담당하는 초진의)에게 협력치료와 약물치료의 시작 및 중지에 관한 의학적 소견을 문의할 일이 생기는 바, 이때 간단한 편지를 이용하면 좋다. 일반의에게 그의 환자와 심리치료를 시작했다는 것을 알리는 정중한 편지를 보내는 것은 좋은 대처방식이다. 이것은 특히 약물처치를 받고 있는 내담자의 경우라면 더욱 그러하다. 약물치료를 받고 있지 않은 내담자들 가운데서는 치료사가 그들의 일반의에게 자신이 우울증을 앓고 있다는 사실을 알리거나 진료 기록에 올리는 것을 꺼릴 수 있다. 경미하거나 중간 정도의 우울증을 앓고 있어서 이를 일반의가 알기를 원치 않는 경우 치료사는 자신의 임상적 판단과 재량에 따라 치료를 진행할 수 있다. 내담자가 중증의 우울증을 앓고 있는 경우나 약물치료 중인 경우, 내담자를 설득할 필요가 있다. 이는 직업적 서비스일 뿐만 아니라 내담자가 확실하게 제대로 된 치료를 받도록 하기 위함이다. 고객에게 치료 회기의 내용은 비밀이 유지될 것이며, 편지는 주로 내담자의 우울증과 일반적인 경과에 한정될 것이라고 안심시키라. 내담자가 편지에 대해서 염려하는 경우 편지를 내담자에게 주어서 그의 일반의에게 직접 전달하게 하여 조언을 구하도록 하는 것도 좋은 방법이다.

환자 이관 요청 편지문 예시

○○○박사님, 안녕하세요.
○○○씨[생년월일]와 관련된 내용입니다.

저는 최근 상담 관계로 귀하의 환자 ○○○씨를 만났습니다. 제 소견으로는 그는 우울증을 앓고 있으며, 주요 증상은 다음과 같습니다. 제가 ○○○기법을 사용하여 검사한 결과 그는 ○○○등급이었습니다. 선생님께서 이 환자를 진찰해서 항우울증 약물치료의 가능성을 살펴 주신다면 감사하겠습니다. 우리는 ○회기의 상담을 함께하기로 약속했습니다. 저는 우리가 치료를 마무리하거나, 또는 ○○○씨의 상황이 악화되는 경우에는 다시 연락드리겠습니다.

○○○올림

약물치료 중인 내담자에 관한 의례적 편지문 예시

○○○박사님, 안녕하세요.

○○○씨[생년월일]와 관련된 내용입니다.

저는 최근 귀하의 환자 ○○○씨의 우울증 치료를 시작했습니다. 그는 [약물, 복용량 및 회수]의 ○○○ 약물치료 처방을 받고 있다는 것을 알고 있습니다. ○○○ 결과측정기법을 사용하여 검사한 결과, 그는 지금 ○등급의 우울증을 겪고 있습니다. 그의 증세의 진행경과를 계속 지켜보고 귀하께 증세가 개선되는지, 아니면 악화되는지 알려드리겠습니다.

○○○ 올림

약물치료의 중단을 제의하는 편지

○○○박사님, 안녕하세요.

○○○씨[생년월일]와 관련된 내용입니다.

박사님께서도 아시다시피 저는 ○○○씨와 우울증 치료를 위해서 ○차례의 상담을 진행하고 있습니다. ○○○씨는 박사님으로부터 [약물, 복용량]의 약물치료를 받아온 것으로 알고 있습니다. 그의 증세는 많이 호전되었습니다. 시작시점에 그는 ○○ 결과측정기법의 검사를 했고, 그때 ○급 상태였습니다. 그는 지금 ○급 상태입니다. 그래서 저의 소견으로는 박사님께서 약물치료의 중단 여부를 판단해 주시면 어떨까 생각합니다. ○○○씨도 박사님의 약물치료를 중단하고 싶다는 견해를 피력했습니다. 저희들은 ○○ 회기를 더 지속하기로 합의하였습니다. 그 기간 동안에, 저는 환자가 금단증후군에 대해 잘 관리할 수 있도록 도움을 줄 것이며 또한 재발의 징후를 모니터링할 예정입니다. 환자의 증상이 악화될 경우에는 물론 박사님과 다시 협의하겠습니다.

○○○ 올림

최근 STAR*D(the Sequenced Treatment Alternatives to Relieve Depression) 연구에서 발견한 사실들은 우울증 환자가 6주 동안이나 지나도록 약물 처방에 대해서 아무런 반응이 없을 경우에는 처방을 바꾸는 것이 좋다고 권유하고 있다. 약물 처방을 바꾸는 과정은 적절한 반응이 나타날 때까지 지속할 수 있다. 그러나 STAR*D 연구는 다른 종류의 약물로 변경할 것을 권장한다.

항우울제[1]

항우울제는 아는 바와 같이 주로 우울증과 기분장애에 대한 처방이다. 이는 또한 종종 불안장애, 강박장애, 통증장애 및 섭식장애에 대해 처방되기도 한다. 항우울제 처방을 시작한 지 3개월 후 많이 개선된 우울증 환자의 비중은 50～65%였다. 반면 위약 처방을 한 사람은 25～30%의 개선효과를 보여 서로 비교가 되었다. 항우울제는 50%의 증상 완화를 보이면 '충분한 반응'이 있었다고 간주되며, 25%의 증상 완화에 대해서는 '부분적인 반응'이 있었다고 본다. 경감(remission)이란 거의 완전한 증상의 감소를 의미하며, 회복(recovery)이란 모든 증상에서 완전한 차도가 유지되고 완전히 정상적인 기능으로의 복귀를 의미한다.

항우울제 처방을 받은 사람 가운데 30～50%는 그 약물에 대해서 반응을 보이지 않았다. 약물 처방을 받은 사람이 4～6주가 지나도 충분한 반응을 보이지 않는 경우 약의 용량을 늘리거나 다른 약물로 바꾸어 그 사람에게 맞는 약물을 찾아낼 필요가 있다. 통상 선택적 세로토닌 재흡수 억제제(selective serotonin reuptake inhibitor, 이하 SSRI)가 최초의 항우울제로 선택된다. 충분한 반응이 없을 경우, 약물 복용량을 늘린다. 그래도 기대한 효과가 나타나지 않을 경우에는 주로 다른 SSRI로 바꾼다. 환자가 아직도 효과가 미미하거나 반응이 없을 경우, 세로토닌-노르아드레날린 재흡수 억제제(serotonin-noradrenaline reuptake inhibitor)로 바꾼다. 그래도 유익한 효과가 나타나지 않는다면 그때는 삼환계 항우울제(tricyclic antidepressant) 사용을 고려할 수 있다.

SSRI 약물은 뇌 안의 세로토닌 수준을 끌어올리기 위해서 처방한다. SSRI에 대한 완전한 효과는 3주까지는 못 느낄 수도 있으나 반응은 1주일 안에 확인할 수 있다. SSRI는 비교적 독성이 낮기 때문에 자살 기도의 위험이 있는 사람들에게는 더 안전하다.

치료의 반응이 나타날 충분한 시간은 4주 정도이다. 6주가 지나도 아무런 반응이 없다면 환자를 담당의사에게 보내 약물의 양을 조절하거나 바꾸도록 한다. 차도가 있더라도 재발 방지를 위해 6개월은 약물치료를 지속해야 한다는 것이 중요하다. 점진적으로 중지해 나갈 것을 권유한다(아래 참조).

이들 이론은 아직 불완전하고 현재로서는 모든 메커니즘이 충분히 밝혀지지는 않았지만, 대다수의 항우울제는 세로토닌과 노르아드레날린(미국에서는 노르에피네피린) 등 특정의 신경전달물질의 재흡수를 방해함으로써 효력을 나타낸다고 생각된다.

선택적 세로토닌 재흡수 억제제

SSRI는 세로토닌 수용체 시스템에 작용하며, 통상 약물치료에서 첫 번째로 선택하는 약물이다. 다른 약물들과 마찬가지로 몇 가지 부작용이 있지만 일반적으로 효력의 지속성이 우수하다. 이들 약물이 다른 약물들에 비해 부작용이 적다는 점은 중요한 장점이다. 또한 이들 약물은 상대적으로 독성이 없다(Von Wolff, Holzel, Westphal, Harter & Kriston, 2013). 낮은 독성은 고객들의 자살 위험을 관리하는 데 중요한 고려사항이다.

SSRI의 주된 항우울 효과는 치료 첫째 주에 경험할 수 있다. 효과는 치료의 처음 4주간 지속된다(Taylor, Freemantle, Geddes et al., 2006). 오늘날 시탈로프램(citalopram)은 가장 일반적으로 처방되는 SSRI이다(표 10.2). SSRI는 또한 종종 불안장애에도 처방된다[일화적 사례를 통한 보고서들을 보면 설트랄린(sertraline)은 불안에 특별히 효과가 있다]. 파록세틴(paroxetine)은 모든 SSRI 가운데서 가장 짧은 반감기를 가지고 있기 때문에 SSRI 약물 가운데서 최악의 치료중단 금단 증상을 가진 것으로 보고되고 있다.

표 10.2 통상의 항우울제와 사용 용량

약물의 명칭	약물 종류	최초 사용량	통상의 투약범위
시탈로프람	SSRI	20 mg	20~60 mg
에스시탈로프람	SSRI	10 mg	10~20 mg
플루옥세틴	SSRI	20 mg	20~60 mg
파록세틴	SSRI	20 mg	20~60 mg
서트랄린	SSRI	50 mg	50~200 mg
듀록세틴	SNRI	60 mg	60~120 mg
벤라팍신	SNRI	37.5 mg	75~375 mg
미르타자핀	NaSSA	15 mg	15~45 mg
네파조돈	SARI	50 mg	150~300 mg
트라조돈	SARI	150 mg	150~600 mg
아미트리프틸린	삼환계	25~50 mg	100~300 mg
독세핀	삼환계	25~50 mg	100~300 mg
이미프라민	삼환계	25~50 mg	100~300 mg

SSRI: 선택적 세로토닌 재흡수 억제제(selective serotonin reuptake inhibitors), SNRI: 세로토닌-노르아드레날린 재흡수 억제제(serotonin-noradrenaline reuptake inhibitors), NaSSA: 노르아드레날린 분비 자극 및 특정 세로토닌 분비 자극 항우울제(noradrenergic and specific serotonergic antidepressant), SARI: 세로토닌 길항 및 재흡수 억제제(serotonin antagonist and reuptake inhibitor).

세로토닌-노르아드레날린 재흡수 억제제

SNRI의 주요 작용모드는 뇌 안에서 세로토닌과 노르아드레날린 수용체 시스템에서 이루어진다. 게다가 이들 약품은 항우울제로서 사용되는데 때로는 불안, 섬유근육통, 신경통에도 사용된다. 임상 사례 보고서에 의하면 SNRI 금단 증상은 매우 불쾌할 수 있다.

노르아드레날린 분비 자극 및 특정 세로토닌 분비 자극 길항제(NaSSA)

미르타자핀(mirtazapine)은 이 종류(class)의 약물 가운데 대표적인 처방제이다. 이 약물은 SSRI가 듣지 않을 때나 수면장애가 있는 중증 우울증 환자에게 주로 처방된다. 이 약물은 졸음을 유발하기 때문에 통상 잠자리에 들어서 복용하도록 권장된다. 임상 사례에 따르면 미르타자핀은 특히 탄수화물 음식에 대해서 식욕을 증진시키는 것으로 보고되고 있다.

세로토닌 길항제 및 재흡수 억제제(SARI)

이 종류의 약물은 이제 더 이상 처방되지 않지만 만성 우울증 환자에게는 아직도 처방될 수 있으며, 치료사는 때로는 이러한 약물치료를 받는 환자를 만날 수도 있을 것이다. SARI는 특히 간에 유독하며, 자살성 사고를 가진 사람에게는 부적합하다고 알려져 있다. 트라조돈(trazodone)은 졸음을 유발하기 때문에 수면장애를 가진 우울증에 주로 처방된다.

삼환계 항우울제

삼환계는 오래된 유형의 항우울제이며 이 약물을 수년 동안 복용해 온 환자나 SSRI와 같은 다른 신약에 대해서 반응이 없는 환자에게 주로 처방된다. 이 약물들은 뇌 안의 노르아드레날린과 세로토닌에 영향을 준다. 이들 약물은 신속하게 반응하기 때문에 신속한 처방이 필요할 때 유용하다. 그러나 이들은 독성이 강하고 자살 기획을 하는 사람들에게는 적합하지 않다. 또한 그 약물들은 SSRI와 같은 신약에 비해 여러 가지 부작용 위험이 높다. 졸음은 보다 일반적으로 나타나는 부작용이기 때문에 초조성 우울증(agitated depression)에 대한 처방에 유용하다. 저용량 아미트리프틸린(amitriptyline)은 주로 노이로제나 신경통(예를 들면 대상포진 후기 통증)에 처방된다.

부프로피온(bupropion)은 새로 나온 항우울제로서 때로는 치료가 효과가 없는 우울증 환자에게 사용된다. 이는 도파민 노르아드레날린 재흡수 억제제이다. 이것은 통상 자이반(Zyban)이라는 이름으로 금연보조제로 처방된다. 이는 최신의 약물이기 때문에 다른 수많은 항우울제들과 비교해서 그 용법과 관련한 정보가 많지 않다.

약물 처방에 반응이 없는 환자들에 대한 이차 항우울제 처방 확대의 처방을 뒷받침하는 임상 증거는 충분치 않다. 그러나 몇몇 약물들[이 가운데 미르타자핀 (mirtazapine)은 주목의 대상임]은 진정효과와 식욕 자극효과가 있으며, 이는 유용하게 활용될 수 있다. 그럼에도 불구하고 2차적 항우울제의 추가 처방은 현행 문헌으로는 지지받고 있지 못하다(Rocha, Fuzikawa, Riera, Guarieiro-Ramo & Hara, 2013).

항우울제 약물 처방의 부작용

여타 대부분의 약물 처방처럼 항우울제도 약간의 부작용이 있다. 이들 부작용은 비교적 가벼운 것이지만 최초 몇 주가 지나면 대부분 개선된다. SSRI와 SNRI는 유사한 부작용을 야기한다. 입이 마른다든지, 졸음이나 두통, 성기능 장애(남성들의 경우는 일반적으로 사정 문제가 발생한다는 보고가 있음), 신경과민(때로는 불안 증세까지 보임), 위장장애(설사나 변비, 구역질), 불면증 및 식욕의 증진 또는 감퇴 등이 그것이다. 이들 약물이 유발하는 부작용은 통상적으로 가벼운 수준이다.

삼환계 약물의 공통적인 부작용은 심박수의 증가, 졸음, 구강건조증, 변비, 두통, 요폐(尿閉), 몽롱함, 현기증, 정신혼란과 성기능장애 등이다.

체중 증가와 식욕 증진은 모든 정신과 약물처방의 공통적인 부작용이지만 식이요법을 잘하고 정규적인 운동을 하면 이들 영향은 완화될 수 있다. 미르타자핀이나 트라조돈과 같은 몇몇 약물 처방은 졸음을 유발하며, 수면장애가 있는 사람들에게 특히 유용하다.

약물 중단

약물치료가 중단되는 데는 2가지 주된 원인이 있다. 그 하나는 최초 약물에 대한 반응이 불충분할 때 약물을 바꾸는 경우이다. 두 번째는 환자가 회복되어서 더 이상 증상이 나타나지 않는 경우이다. 통상 회복 후에도 6개월간은 항우울제 처방을 계속할 것이 권장된다. 이는 이 민감한 시기에 증상이 재발되는 것을 방지하기 위한 것이다. 항우울제 치료 중단은 점진적으로 이루어질 필요가 있다. 1주일 정도의 간격으로 약물의 양을 조금씩 줄여 나가야 한다. 재발의 위험은 약물 처방의 중단 이후 초기 2개월간 가장 크다.

약물 금단 증상(withdrawal symptoms)은 모든 항우울제 중단에서 공통적이며, 치료 중단은 조심스럽게 이루어져야 하고, 이상적으로는 상당한 기간을 두고 이루어져야 한다(특히 SSRI의 경우). 공통적인 금단 증상으로는 위장장애(설사 등), 수면장애(괴상망측하고 생생한 꿈 포함), 우울하거나 불안한 증상 등이 있으며, 때로는 매우 심각할 경우도 있다. 많은 사람들이 자신의 두뇌 속에서 전기 쇼크가 있었다든지 하는 것과 같은 기괴한 일시적인 신체적 감각을 느꼈다는 보고를 하는데 이는 고통스러운 것이다. 일부 약물은 다른 약물들보다 심한 금단 증상을 보이는 것으로 알려져 있다. 예를 들면 벤라팍신이나 듀록세틴, 파록세틴 등의 SNRI 약물 처방을 중단할 경우 그 증상이 특히 심하다는 임상 사례 보고가 있다.

약물치료를 중단한 내담자 돕기

갑작스러운 약물 중단은 권장할 만한 것이 아니며, 어떤 약물 중단도 의학적인 감독하에서 처방자의 동의하에 이루어져야 한다는 것을 내담자에게 강조하는 것은 중요한 일이다. 금단 증상은 며칠 후에 나타나는 경향이 있고, 이는 통상 중단 후 5일 내지 10일 사이에 심하게 나타난다는 것, 그리고 마지막 투약 후 14일 정도가 지나면 편안해진다는 것을 설명해 줄 필요가 있다.

∷ 여타 의학적인 치료법

보완적인 약물치료

S-아데노실 메티오닌(SAMe)이나 세인트존스워트(St John's wort)*는 우울증 약물치료의 보완제이다. 두 약물 모두 수많은 실험을 통해서 믿을 만한 효과를 인정받았

---

* 역주 : 세인트존스워트는 물레나물과 다년생 식물로서 이 식물의 성분 중에 약한 SSRI 작용이 있어서 이것을 주성분으로 하는 생화학 제제가 널리 사용되고 있다.

으며, 일반적으로 용인되고 있다. 세인트존스워트는 여러 가지 약물들 간의 상호작용이 있기 때문에 만일 환자가 다른 약물 처방을 받고 있다면 의사나 약사와의 상의 없이 사용해서는 안 된다는 것을 명심해야 한다. SSRI 약물을 투약하고 있으나 약물치료 효과가 없는 우울증 환자에게 SAMe를 보조 치료용으로 처방하여 성공한 사례가 많다(Papakostas et al., 2010). SAMe는 안전하며, 다른 약물과도 부정적인 상호작용이 없는 것으로 알려져 있다.

라이트 박스 치료법(light-box therapy)은 계절성 정서장애에 활용될 수 있다. 또한 비계절성 우울증에 시달리는 일부 사람들에게도 라이트 박스 치료법이 유용하다는 것이 밝혀졌다. 최근의 연구에 의하면 항우울제 처방을 받고 있는 비계절성 우울증에도 라이트 박스 치료법이 유용함이 확인되었다(Dollaspezia et al., 2012).

항우울제의 효과를 강화시키기 위해서 아연 보충제를 사용하는 안전한 영양요법에 대한 임상연구도 있다(Jacka, Maes, Pasco, Williams & Berk, 2012; Lai et al., 2012). 표준량의 아연 보충은 안전하고 약국이나 슈퍼마켓에서 비교적 저렴하게 구매할 수 있기 때문에 영양제나 보충제를 이용한 치료법에 관심이 있는 고객들은 이를 이용할 수 있다. 효력이 인정된 다른 영양제로는 비타민 D, 엽산, 마그네슘 등이 있다. 이들 식이용 보충제들은 쉽게 구할 수 있고 안전하다(Humble, 2010; Jacka et al., 2012).

항정신병 치료제

주로 정신병의 치료에 사용되고 있지만, 또한 정신과 의사들은 경우에 따라, 중증 우울증(특히 망상과 같은 정신병적 특성을 가진 우울증) 치료를 위해 항우울제와 함께 저용량의 항정신병 치료제를 처방하기도 한다.

항정신병 치료제는 어떤 경우에는 신경이완제라고도 부른다. 쿠에티아핀정은 제2세대 항정신병 치료제 신약으로서 저용량으로 우울증에 대한 (항우울제와 함께) 부가적 치료에 사용할 수 있다. 이는 중증 우울증이나 불안, 심각한 정서적 조절장애, 불면증에 유용하다. 어떤 사람들에게는 진정시키거나 잠을 재우기 위해 불가피한 경우에는 쿠에타핀정을 처방한다.

　흔히 사용되는 항정신병 치료제로는 할로페리돌, 클로르프로마진, 멜라릴, 스텔라진, 디픽솔, 크로픽솔, 클로자핀, 리스페리돈, 올란자핀 등이 있다. 최신 항정신병 치료제의 하나인 올란자핀은 종종 이전 처방 약물에 더하여 그 약효를 지속시키기 위해서 사용된다. 올란자핀은 가끔 중증 우울증이나 정신병, 양극성장애 환자에 대하여 항우울제와 함께 처방한다. 또 다른 제2세대 항정신병 치료제인 리스페리돈은 때로 치료효과가 없는 우울증이나 심각한 불안 합병증이 있는 우울증에 처방하기도 한다(Mahmoud, Pandina, Turkoz et al., 2007). 몇몇 구형 항정신병 치료제들은 뇌의 도파민 수용체에 작용하기 때문에 지발성(遲發性) 운동장애로 알려진 강력한 유사 파킨슨병 후유증을 유발할 수 있다. 항정신병 치료제는 자주 비만을 유발하며, 이러한 약물 처방을 받은 환자들을 심하게 괴롭힐 수 있다. 그것들은 또한 의욕에 부정적인 영향을 미치며 게으름과 기억장애를 야기한다. 구강건조증은 흔한 부작용이다. 어지럼증과 나른함, 구역질, 변비는 다른 공통의 부작용이다. 일반적으로 항정신병 치료제는 정신과 의사들이 처방하고 약물 처방을 받은 사람은 누구나 그 사용과 중단에 있어 주의 깊은 의학적인 감독을 필요로 한다.

벤조디아제핀

벤조디아제핀은 우울증 치료에서 사용하지는 않지만 환자가 다른 문제 때문에 이 약물을 복용하고 있는 경우에는 여기에 속하게 된다. 벤조디아제핀 약품(디아제팜이나 로라제팜, 테마제팜, 니드라제팜 등과 같은)은 최면, 진정, 항불안, 항경련, 근육이완의 특성을 가진 진정제이다. 그것들은 주로 급성의 불안에 대한 단기적 치료에 이용된다. 벤조디아제핀은 실제로 우울증 증상을 증가시키기 때문에 우울증에는 거의 사용되지 않지만, 병합하여 일어나는 불안을 단기적으로 관리하기 위해 처방될 수 있다. 그것들은 종종 정신병이나 조증 에피소드와 같이 정신의학상의 급성 응급 상황에서 약효가 빠른 약물로서 사용된다. 이들 약품들이 강박장애의 환자들에게는 사용이 금지된다는 것은 흥미롭다. 보통 비행 공포증이 있는 사람들은, 특히 장거리 비행일 때는, 그들의 담당의로부터 비행에 따른 불안을 다스리기 위해 소량의 디아제팜 처방을 쉽게 받을 수 있다. 벤조디아제핀은 약효가 신속하며, 체내에서 오랫동안 지속되기 때문에 지속적인 효과가 요구되는 경우에 유용할 수 있다. 그러나 복용하면 '숙취'를 경험하게 되는 문제가 생길 수 있다. 이 약물은 단기간 사용하면 안전하지만 알코올과 함께 사용해서는 안 된다. 호흡곤란을 유발하거나 과량 복용 시 높은 치사율을 초래할 수 있다.

디아제팜은 정신활성 치료에서 가장 일반적으로 처방되는 벤조디아제핀이다. 그것은 2, 5, 10mg 정제로 나온다. 벤조디아제핀은 중독성이 높고, 매일 복용하면 3주 안에 의존성이 생기기 때문에 단기 처방이 아니면 부적합하다. 갑작스럽게 약물을 끊으면 매우 위험할 수 있으며, 약물 중단은 의사의 감독하에 세심하게 관리되어야 하고 시간을 두고 약물의 투여를 조금씩 줄여 가면서 진행할 필요가 있다. 약물 중단은 수 주일이 걸리며, 장기간 의존해 온 경우에는 수년이 걸릴 수도 있다. 약물 중단 증상으로는 불안증상, 흥분, 수면장애, 자기가 생소해지거나 소외된 느낌을 갖는 이인증(異人症) 등이 있으며, 때로는 증상을 아주 강도 높게 경험할 수 있다. 이 때문에 많은 환자들은 공황상태에 빠지며 원래의 치료 전 증상들이 다시 나타난다고 느끼며, 이전의 투약량으로 돌아가 의존성이 지속되기도 한다. 환자들에게 금단 증상이 공통적인 현상이며, 불쾌하고 반드시 거쳐야 할 과정이라는 것과, 그러면 이들 증상들이 2~3주 안에 완화될 것이라는 것을 조언해 줄 필요가 있다.

베타 차단제

베타 차단제는 주로 협심증이나 부정맥과 같은 심장질환에 사용하도록 만들어진 약품이다. 그들은 교감신경계에 주로 작용하며 불안과 패닉 증상의 치료에 단기적으로 사용된다. 이들 약물은 심박수를 낮추고 불안 때문에 생긴 가슴 두근거림[心界亢進, 프로프라노롤은 진전(震顫)을 감소시키고 불안 치료에 널리 사용된다]을 멈추게 하여 불안할 때 생기는 피드백 루트를 차단시킨다(심박수가 증가함을 느끼면 불안이 증대한다). 불안은 흔히 우울증과 병합하여 나타나기 때문에 심리치료사들은 종종 불안증상을 다스리기 위해 이들 약물을 처방받은 내담자를 만날 수 있다. 프로프라노롤과 아테노롤은 베타 차단제로 흔히 처방된다. 부작용으로는 구역질, 두통, 현기증, 수면장애 등이 있다. 베타 차단제는 약효가 빠르기 때문에 대중연설 전과 같이 응급 불안상황에서 사용될 수 있다. 이들 약물을 장기간 복용하는 것은 권장하지 않고 천식이나 유사한 질환을 가진 환자에게는 적합하지 않다.

기분 안정화 약물

기분을 안정시키는 약물들은 양극성장애의 치료에서 핵심요소이며, 정신과의사들이 표준적인 약물치료로 효과를 보지 못하는 중증의 만성 우울증 환자에 대해서 부가적인 치료제로 종종 처방한다. 기분 안정화 약물인 리튬과 카바마제핀과 소디움 발프로에이트와 같은 특정의 경련진정제도 이러한 목적으로 사용될 수 있다. 기분 안정화 약물은 종종 항우울제와 함께 사용한다. 항우울제(특히 SSRI)는 조증이나 경조증 상태로 되기 쉬운 사람들에게 이들 증상을 촉발할 수 있다. 리튬 투여 용량은 세심하게 관찰할 필요가 있고, 신장 손상을 피하기 위해 올바른 용량이 확립될 때까지 환자를 종합병원에서 치료할 수 있다.

전기경련 요법

전기경련 요법(Electroconvulsive Therapy, ECT)은 최신 정신치료에서는 거의 사용하지 않으며, 중증 우울증 및 치료저항성 우울증 환자에게 적용하는 경우가 있다. 또한 이 요법은 산후 우울증과 정신병에 사용되며, 때로는 중증의 긴장성 우울증에 대한 유일한 치료법이다. ECT는 효과적이며 치료에 대한 반응도가 높다. 이 요법은 통상 입원환자에 대해서 몇 주에 걸쳐 6~12차례의 치료가 행해진다. 그러나 이 요법은 극단적인 치료법이고 대부분의 사람들은 겁을 먹을 수 있다. 최근에는 경두개 자기 자극(transcranial magnetic stimulation)이 ECT에 대한 더 안전하고 덜 외과적인 대안으로 시험되고 있으며, 치료 효과가 없는 중증 우울증에 사용할 수 있는 좋은 전망을 보이고 있다.

신체적 및 실험적 요법

다양한 신체적 실험적 요법들이 잠재적인 우울증 치료법으로 개발되고 있다. 예를 들면, 라이트 박스가 우울증 환자들에게 시험되어 왔는데 부가적인 요법으로 사용할 수 있다는 것이 입증되었다(상기 참조). 여러 연구들에 따르면 수면 박탈과 광선치료 프로토콜은 중증 우울증에 대한 입원치료에서 사용할 수 있다는 것도 밝혀졌다(Echizenya, Suda, Takeshima & Inomata, 2013). 특히 특정 호르몬에 문제가 있는 환자의 경우, 호르몬 치료법도 사용될 수 있다. 테스토스테론 젤을 사용하는 치료법이 테스토스테론 수치가 낮고, 다른 치료법으로 효과를 보지 못하는 우울증 환자에게 효과적이라는 것을 밝힌 연구가 있다(Pope, Cohane, Kanayama, Siegel & Hudson, 2003). 다른 실험적인 치료법들이 지금도 연구되고 있다. 예를 들면 여러 연구들에서 케타민(마취제로서 오락 삼아 이용하는 소위 '클럽 약물'*이다)이 몇 가지 항우울제 효과를 가질 수 있다는 것을 밝혔다.

신체적 운동

우울증 치료에 신체적 운동이 도움이 된다는 연구 결과가 있다(Cooney et al., 2013). 운동만으로는 단지 약한 항우울 효과밖에 없을 수 있다. 우울증 치료에 대한 영국의 NICE 가이드라인은 매주 세 차례의 45~60분 정도의 운동을 권장하고 있다. 신체적 건강에는 아무런 문제가 없는 우울증 환자들(또는 건강문제가 있는 사람들의 경우, 담당의사가 동의한 사람들)에게 그들의 치료 프로그램의 일부로 정규적인 운동을 권유하는 것을 지지하는 강력한 논쟁이 있다는 것은 분명하다.

주

1. 약물 용량 자료는 American Psychiatric Association(2010), *Practice Guideline for the Treatment of patients with Major Depressive Disorder*에서 가져온 것이다.

---

* 역주 : '클럽 약물'은 심박수를 증가시키고 체온을 급상승시키며, 혈압이 올라가고, 경련이나 탈수증을 유발하기도 한다.

결론

⋮

이 책이 여러분에게 우울증에 대한 TA 심리치료의 이론과 실제의 토대가 되는 것이 저자의 바람이다. 또한 여러분이 우울증 환자를 치료할 때 보다 확신을 느끼게 되기를 바라며, 여러분은 이 책에서 서술한 지식과 임상적 제안들을 얻어서 이를 여러분의 임상에서 창의적으로 적용할 수 있기를 희망한다. 이 책의 주된 초점은 우울증이지만, 여러분은 이 책에서 서술하고 있는(역할 도출 과정과 같은) 여러 가지 전략을 다양한 내담자들에게 적절하게 적용할 수 있을 것이다. 이 책의 자료들을 경직되게 적용하지 않기 바란다. 오히려 탐구와 호기심의 정신을 가지고 활용하라. 제시한 방법들을 시도해 보고 효과를 거두기 바란다.

비록 우울증과 심리치료에 관한 연구 문헌은 방대하지만 아직도 변화의 절차와 메커니즘에 대해서 공부할 것이 많다. TA 치료사 간에는 내담자들을 어떻게 치료할 것인가와 관련해서 상당한 의견 차이가 있다. 표면상으로는 이 접근법들은 서로 상충되는 것으로 보일 수도 있다. 그러나 경험적 변화 메커니즘들이 이들을 통합할 것이며, 주요한 변화과정은 차이보다는 유사성이 많다는 것이 나의 견해이다. 시간이 말해 줄 것이다. 그리고 연구를 좀 더 진전시키면 치료적 변화의 특성이 임상에서의 효과를 극대화시킬 수 있는 방법에 관해 더 상세한 사항을 제공해 줄 것이다.

나는 치료사를 위한 자료를 지속적으로 개발하고, 훈련 워크숍과 샐퍼드대학교에서의 TA 심리치료의 과정과 성과를 위한 연구를 계속할 것이다. 부담 없이 필자와 접촉하거나 대학 또는 세계 각처의 TA 조직들을 통해 최신의 연구 성과들을 얻기 바란다. 또한 *International Journal of Transactional Analysis Research*의 공개 사이트 인 www.ijtar.org에 무료 회원가입을 통해 현재 TA 연구 성과들을 얻을 수 있다.

나는 이 책에 대한 여러분의 피드백을 환영하며, 특히 이 책에서 제시한 자료와 관련한 여러분의 혁신성과와 발견을 듣고 싶다. TA 심리치료는 성장하고 발전하는 치료법이며 그 생명력은 변화를 촉진시키려는 TA 활용자들의 에너지로부터 나온 다. 이 책은 연구로부터 직접적으로 도출한 것에 바탕을 두고 있다. 나는 심리치료 연구의 발견 사실들이 실제적이며 임상에서 쉽게 적용되고, 치료과정을 확장시키 는 데 어떤 길을 열어 주었기를 바란다. 여러분이 어떤 방식으로든 가능한 방식으 로 TA 진화에 동참하도록 초대한다.

치료사로서의 작업은 험난하고, 많은 것이 요구되며, 상당한 감정적인 에너지를 필요로 한다. 동시에 엄청난 보상을 제공하며, 지적인 자극을 주고, 깊이 빠져들게 한다. 그리고 그 과정에는 눈물과 고통보다 훨씬 더 많은 웃음이 있다. 이 책이 여 러분이 힘들 때 여러분을 지탱해 주고 이끌어 주며, 만족스러운 시간을 상호 창조 하는 데 도움이 되기를 희망한다.

부록

부록 1 심리치료에서 최대 효과 얻기

부록 2 우울증의 자가치료

부록 3 기초적 TA 이론

심리치료에서 최대 효과 얻기

치료는 고객과 치료사 간의 치료관계를 확립하는 것을 포함하며, 그것은 특성과 구조에 있어 여타의 어떤 관계와도 다르다. 치료작업의 대부분은 특성상 대화이며, 당신이 일상생활에서 경험하는 관계나 대화의 정상적인 패턴과는 다르다. 그래서 심리치료는 처음에는 조금 이상하게 보일지도 모른다. 그것이 어떻게 진행되며, 당신이 기대할 바가 무엇인지, 그리고 그로부터 여러분이 어떻게 최대의 효과를 거둘 수 있는지에 관해 몇 가지 아이디어를 가지는 것이 도움이 된다.

치료관계가 다른 관계와 다른 것 중의 하나는, 치료에서 치료사와 내담자 모두 내담자에게 초점을 맞춘다는 것이다. 당신의 치료사가 해야 할 일은 당신 자신과 당신이 처한 상황에 대한 당신의 이해를 증진시키고, 당신의 생활을 변화시켜야 할 필요성에 관한 자원을 얻도록 돕는 것이다. 치료관계는 최적의 성장을 촉진하는 지지적이고 도전적인 환경을 만들어 내도록 설계된다.

우선 치료와 치료사에 대해 당신이 기대하고 있는 바를 당신의 치료사와 토론하면 매우 도움이 된다. 초기단계에서 이것이 분명하지 않으면 다음 과정에서도 이를 얻을 수 있다. 서로에게서 그리고 전체 치료과정에서 무엇을 기대하는가 하는 분명하고도 현실적인 감각을 갖는 것은 매우 필요하다.

우리는 내담자가 치료에 적극적으로 참여하면 치료에서 더 좋은 결과를 얻는다는 것을 수많은 선행 연구들로부터 배웠다. TA 치료에서 내담자는 모든 치료과정에서 능동적인 참여자가 될 것이 기대된다. 치료는 무언가 당신에게 '주어지는 것'이 아니라 당신이 능동적으로 참여하는 무엇이다.

당신은 치료에 대한 당신 자신의 목표와 목적을 설정하도록 초대될 것이다. 이러한 관점에서 내담자는 의제를 설정하는 당사자이다. 당신이 치료에 임하기에 앞서 치료에서 원하는 것이 무엇인지에 대해서 몇 가지 생각을 가질 수 있다면 큰 도움이 된다. 당신이 시작할 때 분명하지 않더라도 상관없다. 실제로 많은 사람들은 그러한 상황에서 치료를 시작한다. 그런 상황에서 치료의 초반부는 탐색에 초점을 맞추고, 당신이 원하는 바를 분명히 하고 당신의 목표를 설정하는 것을 돕는 데 초점을 맞춘다. 만일 당신의 현 상태와 당신이 도달하고자 하는 곳이 어디인지가 분명하다면 이는 마음속으로 목적지를 가진 차에 탑승한 것과 같고, 당신은 지도를 가지고 있으며, 지금 지도상의 어디에 있는지 분명한 생각을 갖고 있는 것이다. 당신이 가고자 하는 곳이 어디인지 분명한 생각을 갖고 있다면 경로를 주파하는 것은 식은 죽 먹기다!

때로 내담자들은 매우 크고 야심찬 목표를 설정한다. 야심찬 목표를 가지는 것은 좋지만 때로는 치료가 비교적 단기간이라면 이들 목표는 현실적이고 달성 가능한 목표로 재설정할 필요가 있다. 당신의 치료사는 당신이 현실적이고 달성 가능한 목표를 만드는 것을 도와줄 것이다.

당신의 치료에서 능동적인 참여자가 되는 한 부분으로서 그리고 변화의 과정을 촉진하기 위해서 치료사와 당신은 회기 사이에 주어진 '과제(숙제)'를 해결하기 위해서 애쓰는 것과 비슷하다. 이것은 긴장완화 기법을 사용하는 것과 무언가에 대한 당신의 생각과 느낌을 글로 쓰는 것, 또는 새로운 행동을 시도해 보는 것 등을 포함한다. 당신이 함께 다루거나 치료사가 제안한 어떤 '과제'도 당신의 문제의 어떤 측면을 돕거나, 치료에서 배운 것을 일상생활에서 적용하는 것을 돕기 위해 특별히 고안되었을 것이다. 심리치료에 대한 선행 연구는 과제를 약속하고 이를 완료하는 것이 치료에서 긍정적인 결과를 내는 데 상당히 기여한다는 것을 보여 주고 있다. 치료사가 '과제'를 권유하는 것과 무관하게, 회기 사이에 당신이 전향적으로 치료에 대해 생각해 보고, 특히 치료에서 얻은 통찰을 당신의 일상생활에 적용하고, 새로운 사고나 감정, 행동을 실험해 보고, 치료사와 가졌던 대화의 결과를 가지고 다른 사람들과 교류한다면 큰 도움이 될 것이다.

회기에 들어와서는 회기에 대한 분명한 의제를 가지는 것이 좋다. 그리고 의제 없이 들어오더라도 괜찮다. 단 하나의 올바른 치료법이란 없다. 치료사가 특정 시점에 당신에게 올바른 해결책을 도출하기 위해서 서로 다른 시간에 서로 다른 일을 시도할 수 있다.

치료는 당신이 온전히 이 순간에 임하여 그것을 경험할 것을 요구할 뿐만 아니라, 동시에 회기 중에 일어나는 것에 대해서 어떻게 대응하고 반응하는가, 당신 자신을 관찰하는 당신의 '분신'을 가지라고 요구한다. 치료에 충분히 몰입하려면 높은 수준의 정직성, 사고와 감정의 투명성, 통상적으로는 말하지 않으려 하던 일들에 대해서 기꺼이 말하는 마음을 요구한다. 그렇게 하면 당신은 마음속에 떠오르는 모든 것을 토론하지 않고 있으며, 당신의 생각 중 어떤 것들은 감추고 있음을 알게 될 것이다. 그것은 매우 고통스럽고, 당혹스러울 것이며, 당신이 말하려고 하는 것 속에 포함된 의미에 대해서 두려움을 느낄 수도 있다. 또한 당신이 생각하는 바가 너무 시시껄렁하다고 생각할 수도 있을 것이며, 치료사가 당신에 대해서 어떻게 생각할까 걱정도 될 것이다. 이와 같은 것들이 치료 중에 대다수의 사람들에게서 어떤 식으로든 일어나는 것들이다. 우리가 이와 같이 마지못해서 억지로 하는 것 같은 마음이 들 때는 어떤 어려움이 있더라도 치료사에게 당신이 주저하고 있거나 당혹감 또는 걱정하는 마음이 있음을 말하는 것이 최선의 처치이다. 당신의 감정과 생각은 소중하게 다루어져야 하기 때문이다. 매우 사적인 이슈나 이전에 누구에게도 말한 바 없는 것을 토론하는 것은 매우 힘들 수 있다. 흔히 우리가 토론하기에 매우 내키지 않는 일들은 결국 치료에서 토론하는 가장 중요한 일이기 마련이다. 치료사의 일이 당신을 판단하는 것이 아니며, 치료사가 당신이 말하는 것을 듣고 충격을 받지 않으리라는 것을 기억하는 것은 중요하다. 당신은 말하고 싶은 모든 것을 말할 수 있으며, 말하고 싶지 않으면 과거사를 들춰낼 필요가 없다. 치료사가 특별히 관심을 가지고 있는 것은 그것들이 당신에게 어떤 영향을 미치고 있으며, 당신 자신과 다른 사람들과 세계에 대해서 사고하고 느끼고 경험하는 당신만의 독특한 방식이다.

회기 중에 치료사는 많은 질문을 할 것이고, 여러 가지 일에 대한 당신의 사고와 감정, 감각, 대응, 바람, 두려움 등에 대해 그 나름대로 많은 것을 찾아낼 것이다. 여기에는 당신의 일상생활의 경험과 해결하고자 치료에 가지고 온 문제와 상황, 당신이 회기 중에 경험한 것, 과거로부터의 경험도 포함된다. 치료사는 이들이 어떻게 당신의 관점으로부터 나왔는지를 이해하고, 당신이 어떻게 느끼고, 무엇을 생각하는지를 이해하기 위해 최선을 다할 것이다. 이들 질문은 치료사에게 정보를 제공할 것이다. 그러나 무엇보다 중요한 것은 그것들이 당신 문제의 특성에 대해 당신이 보다 큰 통찰과 이해를 얻고, 당신의 자기인식을 증진시키도록 도와줄 것이라는 점이다. 치료과정에서 고객이 자기발견 과정에 참여하는 것을 매우 강조한다.

그 일환으로 당신이 당신을 위한 일을 개선하는 데 무엇을 할 수 있는지, 어떻게 처한 상황에 도달할 수 있는지를 찾아볼 것이다. 치료사는 일련의 도전과제를 제공하고 당신이 새로운 방식으로 이들을 살펴보도록 초대할 것이다.

일반적으로 치료사들은 조언을 하지 않고, 당신이 무엇을 해야 하고, 당신의 인생에서 중요한 결정을 하는 데 무슨 선택을 해야 할지에 대해서 말하지 않는다. 그러나 치료사는 당신이 대안을 만들어 내고, 특별한 행동과정을 해결하고, 각각의 행동과정의 장단점을 따져 보고, 대안에 대한 당신의 생각과 느낌을 점검하는 것을 도와줄 것이다.

때로 치료사는 당신에게 무슨 일이 일어나고 있는지, 그리고 어떻게 지금 당신이 이 처지에까지 이르게 되었는지를 이해하도록 돕기 위해 설명을 해 줄 수 있을 것이다. 비록 그것이 서두를 일은 아니고 때로는 서로 다른 퍼즐조각을 맞추는 데는 오랜 시간이 걸릴지도 모르지만, 당신이 직접 이해를 구해도 괜찮다. 그 일환으로 당신의 치료사는 당신이 유용함을 발견하게 될 아이디어나 해당 이론을 나눌지도 모른다.

만일 당신이 과도하게 사물을 분석하거나 '너무 생각이 많은' 경향이 있다면, 치료사는 대신 좀 더 경험적인 접근법을 제시할 수도 있을 것이다. 반면에 설명과 이론은 혼란스럽고 고통스러운 상황을 이해하고 여러 가지 대안을 만들어 내고, 상이한 상황에서 반응하는 방법을 찾아내는 것을 도와줄 수 있다. 가장 좋은 방법은 바로 그 특정 시점에서 당신에게 딱 맞는 것이다. 치료사는 그가 각 치료단계마다 최적의 치료를 제공한다는 것을 당신이 믿게끔 자신이 할 수 있는 최선을 다할 것이다.

치료사는 아마 '지금-여기'와 그 회기에 당신에게 어떤 일이 일어나고 있는가에 많은 강조점을 둘 것이다. 치료사들은 일반적으로 지금 여기를 이해하는 것이 당신에게 무엇이 일어나고 있는지를 밝혀내고 앞으로 나아갈 방법을 찾아내는 열쇠라고 믿는다. 여기에는 당신이 회기 중에 치료사와 어떻게 관계하는가에 관해 토론하는 것이 포함될 수 있다. 이것을 설명하기는 쉽지 않은데, 회기 중에 곧 경험하게 될 것이며, 처음에는 약간 이상하게 느껴질지라도 당신은 곧 그러한 솔직하고 개방적인 토론에 익숙해질 것이다.

치료는 때로 고통스럽고 당혹스러울 수 있다. 만일 당신이 그렇게 느낀다면 치료사에게 정직하게 알리는 것이 중요하다. 사람들이 치료와 치료사에게 가지는 감정은 흔히 결정적으로 중요하다. 이러한 감정에 주의를 기울이고 그것을 함께 탐색함으로써 당신과 치료사는 당신의 문제점과 당신이 사물을 보는 방식, 사고 패턴 그리고 당연히 당신이 어떻게 사람들과 관계를 맺는가에 대해서 많은 것을 배울 수 있다. 치료는 이것을 정확하게 진행할 독특한 환경을 제공한다. 예를 들면, 때때로 사람들은 약간 걱정스럽게 느끼고 불가사의하게도 부끄럼을 타고, 때로는 심지어 치료사가 당신을 판단할지도 모른다고 걱정하기 시작한다. 이 모든 감정은 중요하다. 처음에는 약간 이상하다고 느낄지도 모르지만 당신의 마음속에 어떤 생각이 있더라도, 특히 치료에 임하고 치료사에게 오는 것과 관련된 것이라면, 그것이 아무리 낯설고 화가 나더라도 용기를 내서 이것을 함께 나누라는 격려를 받게 될 것이다.

치료가 진행되면서 작업은 더욱 깊어지고 당신의 느낌 또한 매우 강화되는 것처럼 보인다. 이것은 매우 낯설게 느껴질 수 있고, 때로는 약간 놀랍기조차 하다. 중요한 것은 당신이 치료사에 대해서 어떤 것을 느끼더라도 치료관계는 중요하다는 것이다. 그리고 그러한 느낌에 대해 정직해지고 그것을 공개리에 끄집어내서 보고 그것을 이해하는 것이 중요하다. 그 일환으로 당신은 때로는 치료사에 대해서 매우 화가 나거나 심지어는 어떤 식으로든 상처받은 것을 발견하게 될지도 모른다. 이러한 감정은 매우 중요하며 비록 당신이 그럴 필요까지는 느끼지 않더라도 그것을 치료사에게 표출할 방법을 찾아낸다는 것이 중요하다. 당신의 감정은 진지하게 받아들여질 것이며, 치료사는 당신이 전향적인 길을 발견하도록 도울 것이다. 치료사가 어떻게 생각하고 있다고 당신이 생각하는 바를 그에게 이야기하는 것이나, 치료사에게 무엇을 생각하느냐고 물어보는 일은 전혀 문제가 되지 않는다. 일반적으로 치료사는 그가 비록 간접적으로 반응할지라도 당신에 대해서는 분명하고 직설적일 것이다. 만일 그가 간접적인 방식으로 반응한다면 반드시 그렇게 하는 이유가 있을 것이다. 그리고 그는 당신에 대해서 그와 관련하여 의심할 여지 없이 분명할 것이다.

회기 중에는 그것이 관련성이 없고 천방지축인 것처럼 보이더라도, 주제에 대해서 말하는 것은 절대적으로 괜찮다. 치료사는 이것을 다룰 줄 알 것이고, 당신을 멈추게 하고, 필요하다면 명확한 것으로 만들 것이다. 일반적으로 주제들 간에는 어떤 종류의 연계가 있고, 치료사는 드러난 패턴과 주제, 그리고 당신이 토론하는 사물들 간의 연계를 밝혀낼 것이다. 또한 당신의 말을 주의 깊게 듣는 가운데서 치료사는 당신이 어떻게 생각하는지를 더 밝혀낼 것이다. 그는 단지 내용을 듣기만 하는 것이 아니다. 이리저리 혼란스럽게 들쑤시는 것조차도 치료사의 관점에서는 유용할 수 있다. 때로 회기 중에는 사물들의 맥락이 잘 이해되지 않을 수 있다. 그리고 회기 사이에 시간을 갖고 토론하였던 것이나 당신의 생각을 좀 더 진행시킬 시간을 갖게 되었을 때 사물들이 좀 더 이해되기 시작할 것이다. 몇몇 회기는 매우 치열하게 느껴질 것이고, 다른 회기는 논의되었던 것에 대해서 확신을 갖지 못하고 아무런 맥락도 이어지지 않는 느낌일 수 있다. 이러한 느낌을 치료사에게 말로 표현하는 것이 중요하다. 또한 때로는 당신이 느끼기에 혼란스럽던 회기에서 핵심적인 이슈가 껍데기를 벗기 시작하고, 마침내는 당신과 치료사가 당신의 혼란이 어디서 비롯되었는지를 밝혀낼 수 있게 될 것이다.

타이밍이 중요하며 치료과정은 서두른다고 해결될 일이 아니다. 그것은 시간이 가면 언젠가는 밝혀지게 되어 있다. 그에 대한 사고방식의 하나는 새로운 건물을 짓는 것을 상상하는 것이다. 기초를 만드는 데는 오랜 시간이 걸릴지도 모른다. 그러나 이들이 새로운 건축물의 강도를 결정하는 데 결정적인 것이다.

02

우울증의 자가치료[1]

우울증은 성인 10명 중 1명 정도가 일생의 어느 시점에서든 경험하게 되는 매우 흔하게 발생하는 질환이며, 슬픔, 절망감, 희망 없음 및 자기혐오에 압도당하는 것과 함께, 활동 또는 삶 자체에 대한 기쁨이나 흥미에 대한 상실감, 무가치감, 죄책감, 열등감, 무능력감, 무기력감 등의 다양한 증상을 나타내는 복잡한 질환이다. 우울증은 또 집중력과 기억의 저하, 우유부단함과 강한 자기비판의 원인이 될 수 있으며, 다양한 강도의 자살에 대한 생각도 우울증을 경험하는 사람들의 매우 흔한 증상이다. 또한 우울증은 피로, 무기력, 수면장애, 불안, 초조, 두통, 근육통, 요통, 체중의 증가 및 감소, 식욕의 변화 및 성욕 감퇴 등 여러 가지 육체적 증상을 동반하기도 한다.

다행히도, 이러한 증상을 개선하기 위해 당신이 할 수 있는 여러 가지 조치방안이 있는데, 문제는 당신을 도우려는 어떤 시도가 희망이 없을 것이라는 당신 자신의 느낌이다. 이와 같이 우울증은 사람들에게 절망감을 주고 행위에 대한 동기를 빼앗아 간다. 희망이 없다고 느끼는 것, 피로감을 느끼는 것 그리고 무엇인가를 하는 데 동기가 부족한 것이 우울증을 앓는 사람들의 기분을 나쁘게 하는 악순환의 역할을 한다.

사람들이 우울하게 되면, 그들의 일상을 하고 싶은 마음이 없어지므로 활동량이 적어지게 되고, 이것이 문제를 악화시키며, 결과적으로 우울한 사람들이 행동을 적게 하게 되고, 그들 자신에 대해 나쁜 느낌을 갖게 된다. 우울한 사람들이 행동을 적게 한다는 것은 또 그들의 삶에 있어서 좋은 기분을 만들어 내고 유지시키기 위해 긍정적이고 재미있는 일을 할 기회도 없어진다는 것을 의미한다.

당신이 피곤하고, 희망이 없고, 동기부여가 되지 않는다고 해도 당신의 우울증을 회복하기 위해 활동적인 단계를 밟아 나가는 것이 필요하다. 우울증이 있더라도 회복을 위해 노력하는 사람들이, 자신의 우울증이 우연히 개선되기를 희망하며 기다리는 사람들보다 현저하게 높은 회복률을 보이며, 재발률이 낮다는 조사 자료가 많이 있다. 유사한 조사연구에서 입증된 바에 따르면, 치료를 받는 환자가 회기 중에 상담사의 지시대로 지속적으로 과제를 잘 수행하면 치료효과가 우수한 것으로 나타났다.

여기에서 소개하는 모든 방법은 웰빙의 분위기 및 기분을 향상시키는 데 도움이 된다고 입증된 것들인데, 장기간 지속적으로 실천하는 것이 가장 효과적이다. 이 중에 어느 것도 만병통치약과 같은 치료효과를 내서 모든 것을 즉시 변화시키지는 않겠지만, 치료와 함께 지속적으로 사용하면 기분을 향상시키는 데 많은 도움이 될 것이며, 인내심을 가지고 장기간 꾸준히 사용하다 보면 점차 효과가 나타날 것이다.

당신 자신이 현실을 직시하는 것이 중요한데, 모든 사람의 기분은 때에 따라서 어느 정도 변화하기 마련이므로 이 방법을 사용한다고 해서 늘 기분이 좋아지는 것은 아니라는 것을 인식할 필요가 있다. 그렇다고 해서 전혀 효과가 없다는 것은 아니며, 그날따라 효과가 나타나지 않을 수도 있다는 것이다. 지속적으로 꾸준히 실행하다 보면 기분이 훨씬 더 좋아지는 효과가 나타날 것이다.

또한 기억해야 할 것은, 이 방법들에 대해 오해할 수도 있으며, 이 방법대로 실행하는 것을 잊어버릴 때도 있고, 때로는 실수해서 일을 엉망으로 만들어 버릴 수도 있는데, 이것은 정상이며 사람이 살아가는 하나의 단면이라고 보면 된다. 우리 모두가 수시로 일을 망치기도 하고 오해하기도 하며, 잊어버리기도 하는 것이다. 실수했다고 해서 자신을 괴롭히지 말기 바란다.

당신 자신의 기분 향상을 위해서 시간을 내기는 쉽지 않다. 대부분의 사람들은 살아가기에 바쁘며 시간에 쫓겨 살아간다. 여기에서 추천하는 방법들의 목적은 당신 자신에 대해 좋게 느끼도록 돕는 데 있는데, 당신 자신에 대해 좋게 느끼게 되면 당신 삶의 질적 향상을 위한 다른 일도 잘 찾아낼 수 있게 된다. 당신 자신을 우선적으로 생각하고 기분 향상을 위해 전념하는 것이 중요하다. 느끼는 방법에 변화를 가져오는 것은 많은 시간과 노력이 필요한데, 당신을 회복시키는 일에 하루 20분 이상 투자할 것을 권한다.

만일 당신이 집안일이나 공부할 게 산더미처럼 쌓여 있으면, 그 전체를 보고 낙심하게 되고 압도당하게 되어 그 일을 할 엄두가 나지 않게 된다. 이럴 때는 일을 세분화하는 것이 도움이 될 수 있는데, 예를 들면 집안일이나 공부 또는 어떤 운동을 하는 것과 같이 하기 싫은 일에 15분 정도를 투자하는 것이 변화를 가져오기 시작한다. 처음에는 이것이 별 거 아닌 것 같지만, 이것이 큰 효과를 가져오게 하는 원동력이 된다. 여기에서 소개하는 안내를 따르다 보면 당신의 치료에 크게 도움이 될 것이며 단기간에 훨씬 더 기분이 좋아지게 될 것이다.

:: 육체적 운동

1주일에 세 번 운동을 하는 것이 다소 항우울 효과가 있으며 웰빙의 분위기와 기분을 향상시킬 수 있다는 것을 보여 주는 증거 자료들이 많이 있다. 당신이 즐겁게 할 수 있는 운동(걷기, 수영, 근력운동 등)을 선택하여 꾸준히 하는 것이 중요하다.

우울증을 앓는 대부분의 사람들에게 운동을 할 마음이 생기는 것은 어려운 일이지만, 억지로라도 운동을 하도록 자신에게 채찍질하는 것은 그만큼 가치가 있는 일이다. 기력이 없다고 생각될 때는 10분간 걷기라도 시작하고 점차 늘려 나가도록 하라. 당신이 1주일에 세 번, 하루에 45분 정도의 운동을 하게 되면, 몇 주 안에 기력이 좋아지고 기분이 훨씬 좋아지는 것을 느낄 것이다.

∷ 다이어트

사람에 따라서는 다이어트에 신경을 씀으로써 기분이 좋아지는 경우가 있다. 어떤 영양사는 다음과 같은 도움이 될 만한 방법을 추천한다.

- 지방이 많은 생선을 주기적으로 먹거나 보조제를 섭취함으로써 오메가3 지방의 수준을 높여라.
- 신선한 과일과 야채를 많이 섭취하고 보조제를 섭취함으로써 비타민과 미네랄을 충분히 섭취해라.
- 매일 두 종류의 단백질원을 섭취하는 것이 당신의 기분에 영향을 주는 세로토닌과 뇌화학물질을 생성하게 한다.
- 설탕과 정제식품의 섭취를 줄여라(예를 들면, 흰 밀가루 빵보다 통밀 빵으로 바꾸기).

이와 같은 추천들은 모두 매우 현실적이며 정부의 건강식단 안내와도 일치하는 것들이다. 기분이 우울할 때 음식을 가려 먹을 마음이 생기기는 어려운 일이지만, 이렇게 하는 것이 당신의 기분을 향상시킬 수 있는 좋은 기회가 된다는 것을 명심할 필요가 있다. 건강함을 느끼는 것이 기분이 좋아지는 데 많은 도움이 된다는 것도 잊지 말아야 한다.

∷ 어려운 생각과 감정 다루기

어떤 생각이나 감정을 회피하거나 억제하려고 노력하는 것은 별로 효과적인 전략이 아니다. 기분이 좋아지기 위해서는 우리가 어떻게 생각하고 느끼는지에 대해 알아차리고 변화시키는 것이 필요하다. 나쁜 느낌은 어쩔 수 없는 것이다. 속상하고 불안하며 화가 날 때가 있는 것인데, 그것은 누구나 겪는 자연스러운 삶의 한 단면이며, 인간은 원래 그런 것이고, 그것이 인간의 삶인 것이다. 우리가 속상한 감정을 피할 수 없는 때도 우리는 힘들고 고통스러운 그 감정을 다루는 방법을 배우게 되고 삶을 살아가게 되는 것이다.

아무리 나쁜 감정이라고 하더라도 감정은 단지 감정일 뿐이며 결국은 지나가 버린다는 것을 기억하는 것이 도움이 될 것이다. 감정조절이 안 될 때 무슨 행동을 어떻게 할 것인지를 선택하는 것은 매우 중요하다.

항상 기분이 좋아야 한다고 생각하거나 기분이 좋을 때만 중요한 일을 할 수 있다고 생각하는 것은 비현실적이다. 기분이 나쁘다고 해서 하던 일을 멈출 필요는 없으며, 속상한 일이 있더라도 여전히 삶을 살아갈 수 있는 것이다. 당신이 어떤 특정한 감정으로 인해 곤란을 겪고 있다면, 상담사와 상의하고 감정을 다루는 방법을 찾기 위해 도움을 요청하도록 하라.

:: 자기돌봄과 자기양육

사람들은 마음이 울적해지면 때때로 자기 자신을 부정하게 된다. 당신 자신을 돌보는 것이 중요하다는 것을 잊지 말고 즐거운 일 또는 기분이 좋아지는 일을 하라. 경우에 따라서 우리가 어떻게 느끼는가를 알기 위해 일상생활 중의 어떤 일에 접근 방법을 달리할 수 있다. 예를 들면, 우리의 일상 중에 어떤 행위를 우리 자신을 돌보는 기회로 삼을 수 있는데, 신문을 읽으면서 실제로는 그것을 좋아하지 않지만 겉으로는 노력을 하면서 '나는 지금 긴장을 풀기 위해 이 일을 하고 있어'라고 마음을 정하는 것과 같은 것이다. 이와 같은 일은 많은 시간이나 노력이 필요하지도 않고 비용도 들지 않으며 우리의 기분을 좋게 하는 데 도움이 된다.

:: 사회적 접촉

주기적으로 사회적 접촉을 하는 것이 웰빙의 분위기와 기분을 향상시킨다는 것을 보여 주는 자료들이 많이 있다. 우울할 때 사회적 교제를 유지하기는 매우 어려운 일이지만 주기적으로 사람들을 만나는 것은 매우 중요한 일이다. 사람은 사회적 동물이며 다른 사람과의 교류가 우리를 정서적으로 건강하게 만드는 '정서적 비타민'을 제공하기 때문이다. 물론, 어떤 교류는 우리에게 상처를 주기도 하고 기분을 나쁘게 하기도 하는데, 그렇게 기분을 나쁘게 하는 사람은 될수록 만나지 않거나 교제를 끊는 것이 상책일 수 있다.

어떤 것이든지 최소 1주일에 한 번 이상 사회적 접촉을 할 것을 권하며, 당신이 어떻게 관계를 향상시키는지, 관계 개선을 위해 그리고 당신과 상대를 만족시키기 위해 어떻게 교류하는지에 대해서 상담사와 상의하는 것이 바람직하다.

∷ 수면과 생체시계의 개선

우울할 때 숙면을 취하는 것이 매우 중요하다. 불행하게도, 우울한 사람들 대부분이 수면 패턴이 좋지 않은데, 잠을 잘 이루지 못하고, 자다가 자주 깨기도 한다. 다음에 제시하는 방법을 따르면 좋은 수면 패턴을 갖게 되며 수면의 질을 향상시킬 수 있게 된다. 그러나 충분한 효과가 나타나려면 몇 주간 꾸준히 실행해야 한다는 것을 명심해야 한다. 왜냐하면 생체시계는 서서히 변화하며 변화하는 데 몇 주가 걸리기 때문이다. 당신의 수면 패턴을 향상시키기 위해서 좋은 습관을 들이는 것이 매우 중요하다.

- 매일 일정한 시간에 잠자리에 들도록 하라.
- 매일 일정한 시간에 잠자리에서 일어나라.
- 매일 운동을 하라. 하루에 10분만 해도 효과가 있으며, 문 밖에 나가 신선한 공기와 햇볕을 쐬기만 해도 도움이 된다. 그러나 밤늦게 운동하는 것은 피하는 것이 좋다.
- 침실의 온도를 집 안의 다른 곳보다 약간 낮추라. 실내온도가 너무 높으면 수면을 방해하게 된다.
- 잠들려고 할 때는 가능한 소음을 차단하며 침실을 조용하게 하라.
- 침실을 어둡게 하는 것이 수면에 도움이 된다. 빛이 수면 호르몬의 방출을 방

해하므로 커튼이나 블라인드로 빛을 차단하거나 눈가리개를 하고 자라.

- 침대는 잠을 자거나 섹스를 할 때만 사용하라. 침대에서는 절대로 TV를 보지 말라.
- 잠자리에 들기 전에 컴퓨터 게임을 한다거나, 자극적이고 흥분되는 내용의 TV 시청 또는 그런 내용의 책을 보지 말라.
- 저녁에는 차, 커피, 콜라, 초콜릿 등 카페인 섭취를 피하라.
- 너무 배가 고프거나 부르면 수면을 방해받게 된다. 잠들기 전에 배가 고프면 가벼운 스낵을 조금 먹는 것이 수면에 도움이 될 수 있으나, 포만감을 느끼거나 속이 거북할 정도로 먹지는 말아야 한다.
- 가능한 낮잠을 자지 말라. 매우 피곤하거나 수면이 부족할 경우에는 어쩔 수 없겠지만, 대체로 낮잠을 자는 것은 밤잠의 질을 떨어뜨리게 된다.
- 수면장애가 있는 경우라면, 화를 내거나 짜증을 내지 않도록 하라. 30분 이상 침대에서 잠들지 못하고 있다면 일어나서 조용하고 마음을 이완시키는 일을 해 보라. 그러다가 졸음이 오면 침대로 돌아가라.

∷ 마음챙김

마음챙김은 명상에서 개발된 훈련인데, 우울하고 불안한 사람들의 기분을 향상시키는 데 매우 효과적이라는 최근의 조사 자료가 많이 있다. 우울증이 회복된 이후에도 마음챙김 훈련을 지속적으로 하는 것이 효과가 있다며 강력하게 추천하는 조사 자료도 있다.

마음챙김에서 사용하는 특별한 방법은 기본적으로 현재에 초점을 맞추고 집중하며 무비판적 의식의 훈련을 하는 것이다. 마음을 좋은 습관으로 바꾸는 데는 많은 훈련이 필요하지만, 주기적으로 하는 마음챙김 훈련이 성공한 사례는 많이 있으며, 8주간만 매일 마음챙김 훈련을 하면 훌륭한 효과를 경험할 수 있다.

정식의 마음챙김 명상과 응용 마음챙김, 2종의 마음챙김이 있는데, 정식의 마음챙김 명상은 매일 별도의 시간(약 5~15분 정도)이 필요한 데 비해 응용 마음챙김은 쉽게 적용할 수 있다. 하루에 20분 정도를 투자하여 2가지를 복합적으로 사용하면 최대의 효과를 올릴 수가 있다.

:: 마음챙김 호흡

마음챙김 호흡의 목적은 평온함과 무비판적 의식의 개발에 있으며 생각과 감정에 사로잡히지 않고 자유롭게 오고 갈 수 있도록 하는 데 있다.

- 허리를 펴고 편안하게 앉는다. 눈을 감는 것이 좋다.
- 숨 쉬는 것에 주의를 기울이라.
- 숨을 내쉬고(날숨) 들이쉬면서(들숨) 복부의 느낌에 주목하라. 들숨에 배가 나오고 날숨에 배가 들어가게 한다.
- 생각과 감정이 머리에 떠오르는데 그것은 정상이다. 왜냐하면 사람의 마음이 바로 그렇게 작용하기 때문이다. 생각과 감정이 마음에 떠오르면, 그냥 그대로 알아차리고 다시 숨쉬기에 주의를 기울여라.
- 마찬가지로 하면 소리, 냄새, 감각 등도 알아차리게 될 것이다. 이때 다시 그것들을 알아차리고 다시 숨쉬기에 주의를 기울이라. 마음챙김에서 이러한 생각과 감정을 따라가기보다는 그것들이 그냥 지나가도록 하며, 당신이 그러한 생각과 감정을 가지고 있는 것에 대해 판단하거나 비난할 필요가 없다. 당신이 그러한 생각과 감정에 대해 할 일은 없으며, 단지 그것들은 OK이고 그대로 놔두면 된다는 것을 알아차리면 된다. 생각과 감정을 알아차렸을 때, 그냥 흘러가게 놔두면 되고 다시 숨쉬기에 주의를 기울이면 된다.

당신의 주의가 산만해질 때마다, 주의가 떠다니고 있구나 하는 것을 알아차리고 다시 조용히 숨쉬기에 주의를 기울이면 된다. 마음챙김 훈련을 하는 동안 여러 가지 생각과 감정이 당신의 의식으로 들어오며 그것을 쫓아다니게 되는데 그것은 자연스러운 것이다. 이러한 것이 여러 차례 반복되더라도 계속해서 숨쉬기에 주의를 기울이도록 하라. 명심할 것은 마음챙김의 목적은 마음을 유지하는 것이며, 당신이 지금까지 해 오던 일상적인 사고방식이나 존재방식을 변화시키는 것이라는 것이다.

:: 정서와 함께 마음 챙기기

당신의 감정을 조절하는 데 마음챙김 기술을 활용하는 것이 매우 유용할 수 있다. 당신의 숨쉬기, 신체 및 정서적 경험에 주의를 기울임으로써 그 정서에서 한 발 물러나 그것을 이해하는 것을 배우게 될 것이다. 감정을 조절하는 데 마음챙김을 사용하는 목적은 대부분의 사람들이 그렇게 하는 것처럼 고통에서 교훈을 얻기보다 그것을 두려워하지 않는 것 또는 감정에 맞서서 싸우는 것을 경험을 통해 수용하는 것을 배우는 것인데, 이렇게 하는 것이 그들이 느끼는 마음의 고통을 줄이는 데 도움이 될 수 있다. 감정과 함께 마음 챙기기의 과정은, 감정을 알아차리기, 이름 붙이기, 수용하기 그리고 탐험하기다.

이렇게 마음챙김 훈련을 하기 위해서는, 조용하고 방해받지 않을 때 몇 분 정도만 있으면 된다. 숨쉬기에 주의를 집중하면서 시작하라. 숨쉬기에 주의를 기울이면서 들숨과 날숨 때 복부의 감각에 주목하라.

- 우선 당신이 느끼는 것이 무엇인지, 그리고 그 느낌이 어떤지 주목하라.
- 그 다음에 그 감정에 이름을 붙여라. 그 느낌에 가장 적합한 단어를 찾으라(예를 들면, 분노, 슬픔, 불안, 짜증, 두려움, 좌절 등).
- 그리고 그 감정을 수용하라. 즐거운 것이든지, 불쾌한 것이든지 여러 가지 감정이 생길 수 있는 것이다. 무엇이 그런 감정을 낳게 했고, 어떤 주변 상황이 그렇게 느끼도록 만들었는지 이해하는 것이 도움이 될 수 있다. 그 감정을 용납하거나 판단하지 말라. 저항하거나, 대항하거나, 부추기지도 말고 그냥 지나가게 하라.
- 마지막으로, 감정을 분석하라. 얼마나 강하게 그것을 느꼈는가? 그 감정을 느끼면서 어떻게 숨쉬기를 하였는가? 몸으로 느낀 것은 무엇인가? 어디에서 그

감정을 느꼈는가? 그 감정을 느낄 때 태도의 변화가 있었는가? 어떤 근육의 긴장을 느꼈는가? 얼굴에는 어떤 표정을 지었는가? 감정에 주의를 집중할 때 어떤 식으로든지 변화가 있었는가?(어떤 때는 그렇고 어떤 때는 그렇지 않을 것이다) 변화를 발견하면 어떻게 변화되는지 확인하라. 감정의 강도가 변하는지, 신체의 어느 부분에서 그것을 느끼는지, 또는 다른 감정으로 변하는지를 확인하라.

- 어떤 생각 또는 어떤 판단을 알아차렸는가? 그냥 그 생각을 알아차리고, 그 생각이 마음에 들어와서 지나가게 허락하라. 만일 당신이 생각에 빠져 있는 것을 발견하면, 그때마다 그런 당신 또는 그 생각을 판단하고, 믿으며, 그 생각에 대항하면서, 그 과정을 알아차리고, 몸이 경험하는 숨쉬기와 감각에 주의를 집중하라. 만일 어떤 다른 감정이 일어나거나 상황이 바뀌면, 그냥 알아차리고 위에 설명한 과정을 반복하라. 당신이 속상할 때는 이렇게 하는 것이 어려울 수 있지만, 훈련을 거듭할수록 용이하게 마음챙김 기술을 사용할 수 있게 된다.

∷ 응용 마음챙김 : 일상생활에서의 총합적 마음챙김 훈련

응용 마음챙김의 원리는 매우 단순한데, 그것은 세상과의 관계를 심화하는 것이며, 당신이 무엇을 하는지, 그 순간에 어떤 존재인지에 대해 초점을 맞추는 것이다. 마음챙김을 사용할 때, 당신의 마음이 계속 흔들리는 것을 보게 되는데, 이것은 정상적인 것으로 걱정할 필요 없다. 마음이 방황하거나, 다른 것을 생각하려고 할 때, 정신집중을 방해하는 것이 무엇인지 알아차리고 다시 훈련에 집중하도록 하라. 마음이 방황할 때마다 정신집중을 방해하는 것을 놓아 버리고 다시 주의를 집중하는 것을 반복하는 것이 마음챙김 훈련의 중요과정이다. 마음챙김 훈련의 목표는 한 번에 단지 몇 분간, 그러나 하루에 여러 차례 훈련하는 것을 목표로 한다.

- 샤워를 하면서 별도의 시간을 가지라.

- 그 상황에서 소리를 들어 보라.

- 몸 전체에서 느껴지는 다른 감각들에 집중하라.

- 어떤 순간에 당신의 자세에 집중해 보라.

- '천천히 걷기' : 걷는 속도를 늦추고 당신의 몸을 통해 동작의 흐름을 알아차
  리라.

- '천천히 먹기' : 조용히 그리고 평소보다 천천히 먹으면서 모든 음식의 색깔과
  맛 그리고 질감을 알아차리라.

- '마음챙김 집안일' : 집안일을 할 때도 마음챙김을 사용할 수 있는데, 허드렛
  일을 하는 그 순간도 기회로 만들라.

주

1. *The Transactional Analyst*, volume 1, issue 4, autumn, 2011에 최초 게재되었으며, 허가하
   에 재게재함.

기초적 TA 이론[1]

:: 자아상태 : 우리의 '내면 세계' 이해하기

1950년대 후반에 정신과 의사인 Eric Berne은 자아상태에 관한 자신의 이론을 개발하였다. Berne의 자아상태 모델은 단순하지만, 우리 그리고 다른 사람들의 '마음속에서 일어나고 있는 것'을 이해하는 데 효과적인 방법이다. 하나의 이론으로서 그것은 놀라울 만큼 유용하며 시험의 기간을 겪어 왔다. 자아상태에 대한 지식과 이해는 다음에 열거하는 것들을 포함하는 수많은 현상을 설명하고 이해할 수 있는 길을 제공해 주기 때문에 매우 유용하다.

- 우리 모두가 삶의 일상에서 경험하는 기분, 사고의 양식, 행동과 관계의 방식에서의 변동
- 각기 상이한 상황에서도 왜 우리는 어떤 특정한 방식으로 반응하는가
- 왜 우리는 우리 마음의 저 깊은 곳에서는 완전히 불합리하다고 알고 있는 어떤 존재 방식들에 집착하는가
- 우리의 내부 대화의 본질

TA 이론의 대부분을 이해하고 접근이 용이하도록 만들기 위하여 우리가 사용하는 용어는 쉬운 일상의 언어들이다. 자아상태 이론은 TA에서 내면의 세계를 이해하기 위해 사용하는 방법 중 하나이다. 여기에서는 내적 경험을 3가지 집합, 즉

3가지 서로 다른 상태로 구분한다. 이것을 부모자아상태(P : Parent), 어른자아상태
(A : Adult), 어린이자아상태(C : Child)라 부른다(그림 A1).

부모자아상태

부모자아상태 P는 우리가 살아오면서 외부의 근원으로부터 취한 모든 메시지로 구
성되어 있다. 여기에는 우리의 부모, 부모와 같은 인물들, 예를 들면, 할아버지 할
머니, 기타 친척들, 손위 형제들, 선생님들 그리고 심지어 전반적으로 사회적 권위
를 지닌 여타의 인물들이 포함된다. 이것은 타인과의 관계에서 우리가 경험하는 모
든 생각, 태도, 행동, 관계와 반응 양식의 기록과 같다.

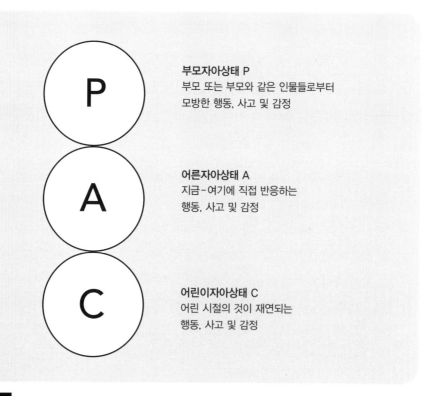

부모자아상태 P
부모 또는 부모와 같은 인물들로부터
모방한 행동, 사고 및 감정

어른자아상태 A
지금-여기에 직접 반응하는
행동, 사고 및 감정

어린이자아상태 C
어린 시절의 것이 재연되는
행동, 사고 및 감정

그림 A1 자아상태 모델(Berne, 1961 ; Stewart & Joines, 1987)

어른자아상태

어른자아상태 A는 '지금-여기'의 현실에 적응하는 우리 성격의 부분이다. 이것은 발달단계에 따른 적합성(age-appropriateness)을 의미한다.

어린이자아상태

어린이자아상태 C는 우리 자신의 모든 역사로 구성되어 있다. 그것은 '그 시절의 나(me who I was, back then)'이다. 우리 성격의 이 부분은 어린아이로서의 우리가 그랬던 것과 정확히 똑같이 내적, 외적 세계를 경험한다. 여기에는 우리가 어렸을 때 사용했던 사고, 느낌, 행동과 타인과 관계하는 방식이 포함된다.

비록 어느 특정한 순간에 어느 한 자아상태가 우리의 내부 세계를 지배하는 경향이 있다 할지라도, 각각의 자아상태는 지속적으로 활성화된다. 우리의 자아상태는 환경과 외부의 자극에 대하여 매우 반응할 뿐만 아니라 우리 자신의 생각, 감정, 원망, 욕망, 희망, 두려움과 환상에 대하여, 우리 자신의 행동 그리고 다른 사람들의 행동에 대해서도 역시 반응적이다.

내부 대화 이해하기

우리는 모두 내부대화를 가지고 있다. 우리의 생각은 때때로 마치 사물에 대한 대화 또는 지속적 해설처럼 구성된다. 대부분 우리는 이러한 내부의 수다(chatter)를 자각하지 못한다. 그것은 우리가 그것에 너무 익숙해 있기 때문에 그러한 대화의 존재에 둔감해졌기 때문일 것이다. 그것의 존재에 '주파수를 맞추는 것'은 우리의 생각과 반응을 이해하고 우리가 느끼는 양식과 우리의 행동을 변화시키는 매우 유용한 길이다. 당신이 자신의 내부 대화에 주의를 기울인다면, 당신은 어느 때에 어떤 자아상태가 작동하였는지 생각할 수 있게 된다. 일단 당신의 내부 대화를 확인·이해하기 시작하면, 당신은 그것을 변화시키기 시작할 수 있다. 그것은 실로 당신이 사고하고 느끼는 양식에 대하여 엄청난 영향력을 갖는 것이다.

:: 의사소통 이해하기

자아상태 이론은 우리와 타인의 마음속에서 무슨 일이 진행되고 있는가를 이해하는 데 도움을 줄 뿐만 아니라, 의사소통에 대해 생각해 보고 의사소통을 이해하는데 도움을 준다. 우리가 의사소통을 할 때는 우리의 어떤 한 가지 자아상태를 사용한다. 이것은 거꾸로 상대방도 어떤 한 자아상태에서 듣고 그에 반응한다는 것이다.

의사소통에 대해 이와 같이 생각하는 것은 우리가 보다 더 효율적으로 소통할 수 있도록 하며, 또한 소통이 잘못되거나 파탄 나는 상황에 대처하도록 돕는다.

모든 것이 순조롭다면 소통은 유연하게 진행된다. 〈그림 A2〉의 제일 위 다이어그램에서 어떤 사람이 누군가에게 '지금 몇 시예요?'라고 묻는다. 만약 질문을 받은 사람이 그의 어른자아상태 A를 사용하여 '3시입니다.'라고 대답한다면, 그 대화는 부드럽고 직접적이다. 그러나 만약 그 사람이 '왜, 시계가 없으세요?'라고 응대한다면, 소통과정에 불편한 무엇인가가 발생했다고 생각할 수 있다. 이것은 우리가 다른 사람들과 소통할 때 어떻게 상황이 때때로 잘못 진행될 수 있는지에 대해 생각하도록 만든다. 즉 우리 아니면 다른 사람이 각 상대가 예상했던 것과는 다르게 소통했다는 것을 의미하며, 모든 것이 매끄럽지 않다는 느낌을 남긴다.

때때로 소통은 보다 간접적인 양식으로 진행되는데, 이때 사람들은 자기가 의미하는 바를 그대로 말하지 않고 어떤 것을 암시한다. 아마도 이러한 경우의 가장 잘 알려진 예는 어떤 사람이 다른 이성 친구에게 커피 한 잔 하러 올 수 있느냐고 묻는 것인데, 표면적으로는 매우 단순하고 직설적인 초대이지만, 우리 모두는 어떤 사람이 이성에게 한밤중에 커피 마시러 오라는 것은, 초대한 사람의 마음속에는 분명 커피 이상의 무엇인가가 있을 것이라는 것을 안다!

:: 스트로크

'스트로크'란 말은 유아의 신체적 접촉에 대한 필요에서 유래했다. Berne은 성인이 되면 이러한 신체적 접촉 필요의 일부가 다른 형태의 인정(recognition)으로 대

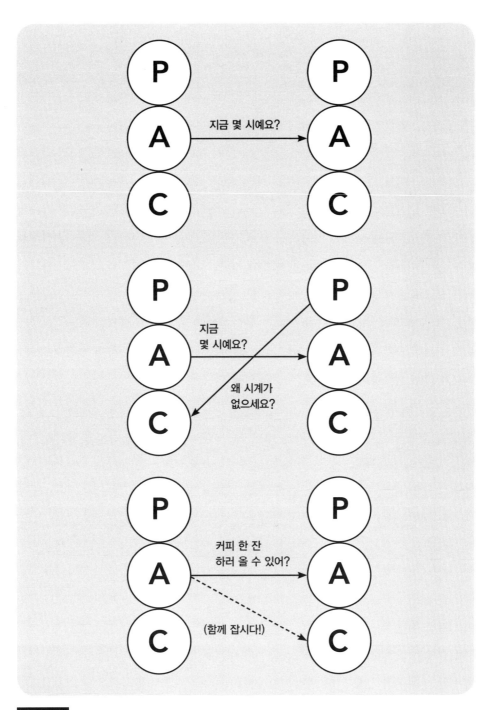

그림 A2 의사소통 이해하기

체된다는 것을 제시하였다. 이것은 우리의 존재가 인정받아 왔으며(인정기아: recognition hunger), 우리는 어떤 방식으로든 이 세상에서 받아들여졌다는 것을 보여 준다.

스트로크는

- 언어적 또는 비언어적
- 긍정적 또는 부정적
- 조건적 또는 무조건적일 수 있다.

어떤 교류도 스트로크의 교환이다. 어떤 스트로크도 스트로크가 전혀 없는 것보다는 낫다. 스트로크에는 다음 네 종류가 있다.

1. 긍정적 조건적 스트로크 : '당신이 한 일은 정말 훌륭해요.'
2. 긍정적 무조건적 스트로크 : '당신과 함께 있으면 정말 좋아요.'
3. 부정적 조건적 스트로크 : '당신이 전화하겠다고 하고는 안 하면 짜증나요.'
4. 부정적 무조건적 스트로크 : '난 당신을 미워해!'

스트로킹은 행동을 강화하며, 또한 스트로크는 우리에게 유용한 피드백을 준다. 긍적적 조건적 스트로크는 우리가 다른 사람들이 감사하고 좋아하는 무엇인가를 하고 있다는 것을 알려 준다. 부정적 조건적 스트로크는 우리가 다른 사람들이 싫어하는 것을 하고 있다는 것을 알려 준다. 긍정적 무조건적 스트로크는 우리의 존재 자체를 인정한다. 부정적 무조건적 스트로크는 우리가 이곳을 벗어나야 하며, 이 상황 또는 이 사람은 우리에게 적합하지 않다는 것을 알려 준다. 어떤 스트로크를 어떻게 해석하는가에 대한 책임은 스트로크를 받는 사람에게 있다.

스트로크 필터

스트로크는 받는 사람이 선호하는 종류가 아니거나 또는 원하는 강도에 맞지 않을 경우에는 무시되거나, 아예 자각되지 않고 필터로 걸러 내질 수 있다. 스트로크가 디스카운트되는 것이다. 때때로 이러한 현상은 불일치로 관찰될 수 있다. '고맙습니다'(얼굴을 돌리며 말한다) 또는 '이 옛날 것? 오래전부터 가지고 있지'(감사의 말을 생략하며) 우리의 스트로크 필터는 인생각본 속의 우리 자신에 대한 견해에 부합하지 않는 스트로크는 선별하여 디스카운트함으로써 우리의 자아상을 유지한다. Steiner는 주장하길, 우리는 성장하며 우리의 문화와 환경으로부터 스트로크에 관한 어떤 법칙을 '학습'한다는 것이다. 이 법칙의 몇 가지는 스트로크와의 관계에서 그 영향력이 매우 강하다. 이 법칙들은 다음과 같다.

- 줄 수 있는 스트로크가 있다 하더라도 주지 말라.
- 네가 필요해도 스트로크를 요청하지 말라.
- 스트로크를 갖고 싶다 하더라도 스트로크를 받아들이지 말라.
- 네가 원하지 않는 스트로크라도 거절하지 말라.
- 너 자신에게 스트로크를 주지 말라.

TA 애널리스트인, Adrienne Lee는 이러한 규제적 관행과 법칙으로부터 벗어나, 우리가 원하는 대로 자유롭게 스트로크를 주고 또 받는 허가를 갖도록 권한다. 이들 허가는 다음과 같다.

- 줄 수 있는 스트로크가 있을 때는 주라.
- 네가 원하는 스트로크를 요청하라.
- 네가 원하는 스트로크는 받으라.
- 네가 원하지 않는 스트로크는 거절하라.
- 너 자신에게 스트로크를 주라.

∷ 디스카운팅

디스카운팅(에누리하기)은 어떤 방식으로든 현실을 '왜곡'하거나 또는 사물을 우리의 각본을 강화하는 방식으로 보도록 만드는 메커니즘이다. Schiff와 그의 동료학자들은 디스카운팅을 '자기 자신, 타인 또는 현실 상황의 어느 면(성질)을 최소화하거나 무시하는 것'이라 정의했다. 디스카운팅은 알아차리기가 어렵지만, 그것은 우리가 우리 자신에 대하여, 타인에 대하여 그리고 우리 주변의 세상에 대하여 감지하는 방법과 양식에 심대한 영향을 미친다. 디스카운팅은 일반적으로 거대한 과장(grandiosity)을 수반하는 경향이 있다. 이것은 어떤 사람이 자기가 다른 사람들보다 훌륭하다거나 '웅장한 아이디어'를 가지고 있다는 것이 아니라, 현실의 어떤 특성을 극도로 과장하거나 부풀리는 것을 의미한다. 과장은 마치 '두더쥐가 파고 지나간 흙 두덩을 산으로 묘사하는 것'과 같은 생각이며, 디스카운팅은 반대로 '산을 마치 두더쥐가 판 흙 두덩'으로 생각하는 것과 같은 생각이다.

수많은 문제에 직면하는 상황에서 사람들은 디스카운팅과 과장을 모두 한다. 예를 들면, '나는 너무나 두려워 생각을 할 수 없었다'라는 말에는 느낌의 극대화와 동시에 두려움 때문에 사고 능력이 극소화되었다는 의미가 들어 있다. 불안감을 느낄 때, 사람들은 두려움을 느끼도록 만드는 것과 관련된 위협의 정도를 과대평가하며, 또한 그에 대처하는 자신의 능력을 디스카운트하는 경향이 있다. 디스카운팅과 과장은 인생각본을 강화할 뿐만 아니라 문제를 해결할 선택을 제한하며, 또한 의도한 것은 아니지만 그 문제가 유지될 수 있도록 돕는 결과를 가져온다.

::: 인생각본

인간으로서 우리는 우리 주변 세상의 의미를 이해해야 할 태생적 필요를 가지고 있다. 이 세상의 의미를 명료화하기 위해 우리는 하나의 이야기 또는 인생각본을 만들기 시작한다. 본질적으로 이 인생각본은 우리가 이 세상을 살아 나가기 위해 가지는 3가지의 기본적 질문을 우리에게 던진다.

1. 나는 어떤 종류의 사람인가? 나는 자신을 어떻게 보는가?
2. 모든 타인은 어떤 사람들인가? 나는 타인들을 어떻게 보는가?
3. 이 세상은 어떤 종류의 세상인가? 인생은 어떤 것인가? 나는 무엇을 기대할 수 있는가?

유아는 다른 사람들이 자기와 관계를 맺는 방법과 자기가 다른 사람들과 관계할 때 어떤 일들이 일어나는가를 경험하기 시작하며, 또 자기를 둘러싼 세상과 자기가 이 세상을 경험하는 방법에 대해 의미를 이해하려 하며, 각본을 형성하는 과정은 생의 가장 어린 시절로부터 시작된다.

우리의 인생각본은 우리의 자각 밖에서 작동하는 경향이 있으며, 일종의 암시적 학습의 형태로 존재한다. 우리는 초기 경험과 다른 사람들이 우리에게 어떻게 반응을 보이는가에 기초하여 암묵적으로 우리 자신은 누구이며, 다른 사람들로부터 무엇을 기대하며, 세상은 어떤지에 대한 결론을 형성한다.

인생각본은 우리의 경험을 걸러 내고 우리가 상황을 해석하는 방법에 영향을 미친다. 인생각본의 어떤 특성들은 긍정적일 수도 있다. 다른 측면들은 보다 문제가 많으며 인생에서 우리의 선택(권)을 제한한다(또는 적어도 우리에겐 선택이 제한적이라는 생각을 준다). 그렇기 때문에 이런 특성들은 자발성(spontaneity)과 유연성(flexibility)을 저해한다.

각본 결단은 종종 스트레스의 시간에, 선택들이 한정적인 상황에서 이루어진다. 이러한 결단들은 의식적으로 또는 무의식적으로 이루어질 수 있다. 대부분의 각본 형성은 어린 유아기에 이루어진다. 그러나 우리가 압력 또는 극심한 스트레스 상황을 겪는 성인의 인생에서 우리는 각본에 무엇을 더하거나 또는 내용에 수정을 가할 수 있다. 인생의 수많은 상이한 시간 시간마다 우리는 선택을 하여야 하며 우리 자신, 타인들, 인생의 본질에 대한 결론들을 이끌어 낸다. 각본 결단이란, 우리가 자신과 타인들을 어떻게 평가하는가를 포함하여, 우리의 행동과 세상을 해석하는 방법에 영향을 미치는 선택이다.

Woollams와 Brown은 어린이들은, 자기들의 힘과 선택의 상대적 결핍, 스트레스를 다룰 수 있는 능력의 부족과 미성숙한 사고능력 때문에 상황에 대해 부정적 결론을 내리기가 쉽다고 주장하였다. 이런 이유로, 성인의 관점에서 볼 때 각본 결단은 때로는 비합리적이거나 또는 극단적으로 보인다. 우리가 일반적으로 어떤 사람이 각본 결단을 하도록 만들었던 그런 상황과 환경을 깊이 생각하여 보면, 그런 결단들의 의미가 드러나기 시작한다. 결론적으로, 각본 결단은 그 당시의 급박한 어떤 문제를 해결하는 수단으로서, 그리고 당시 그 사람이 가지고 있던 정보와 자원에 대한 반응 양식으로 만들어졌다. 예컨대 오지도 않는 애정을 지속적으로 필요로 하는 어린아이는 다음과 같은 결론으로 이런 상황의 의미를 만들 것이다. 즉 만약 우리 성인들의 표현을 빌리면 '나는 무엇인가 잘못된 사람이다' 또는 '나는 내가 필요로 하는 것을 결코 얻을 수 없을 거야' 또는 심지어 '나의 감정을 느낀다는 것은 위험하다'일 것이다. 이러한 결론들은 효과적으로 '학습'되어 각본 결단이 된다.

각본 메시지의 전달

각본 메시지는 여러 가지 방법으로 전달된다. 이러한 방법들은 한 가지 또는 복합적으로 사용된다. 각본 메시지들은 직접적으로 또는 간접적으로, 언어적으로 또는 비언어적으로 전달된다. 메시지가 발신되는 방법과 메시지의 내용은 아이가 메시지를 수신하고 이해하는 방법과 반드시 일치하지는 않는다.

'하지 마라' 메시지

Bob Goulding과 Mary Goulding은 많은 내담자들이 어떤 일을 해서는 안 된다는 의식을 경험하며 심리치료에 찾아온다는 것에 주목하였다. 이들은 내담자들이 따르고 있는 듯 보이는 '하지 마라' 메시지들을 12가지 주제로 구분할 수 있으며, 이것들은 일반적으로 초기의 부정적 인생 경험들과 관련이 있다는 것을 발견하였다. Goulding 부부는 이러한 '하지 마라' 메시지들을 금지령이라 지칭하였다. 당신이 이 리스트를 읽으며 각 금지령에 대한 당신의 반응을 관찰하라. 많은 사람들이 메시지들이 자신에게도 해당되며, 자기도 역시 무의식 수준에서 그런 메시지를 지니고 있다는 강한 직관적 느낌을 경험한다.

존재하지 마라	소속되지 마라
너이지 마라	가까워지지지/믿지/사랑하지 마라

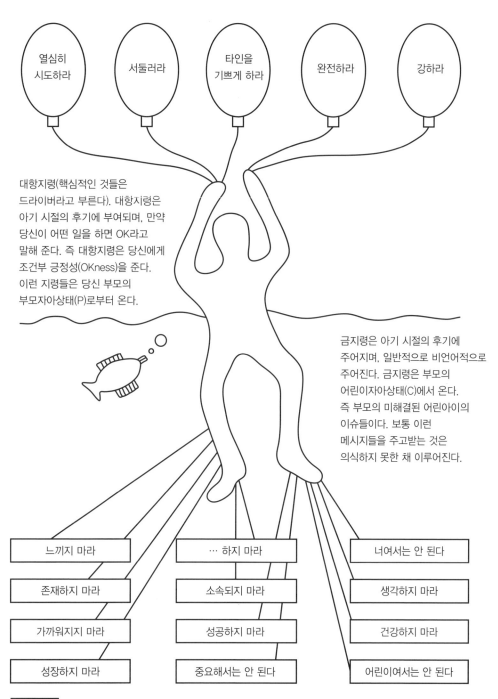

대항지령(핵심적인 것들은 드라이버라고 부른다). 대항지령은 아기 시절의 후기에 부여되며, 만약 당신이 어떤 일을 하면 OK라고 말해 준다. 즉 대항지령은 당신에게 조건부 긍정성(OKness)을 준다. 이런 지령들은 당신 부모의 부모자아상태(P)로부터 온다.

금지령은 아기 시절의 후기에 주어지며, 일반적으로 비언어적으로 주어진다. 금지령은 부모의 어린이자아상태(C)에서 온다. 즉 부모의 미해결된 어린아이의 이슈들이다. 보통 이런 메시지들을 주고받는 것은 의식하지 못한 채 이루어진다.

그림 A3　익사(溺死)하는 사람(Adrienne Lee, reprinted with permission)

어린아이이지 마라	건강하지/제정신이지 마라
성장하지 마라	느끼지 마라
성공하지 마라	생각하지 마라
중요한 사람이 되지 마라	…하지 마라

Lee는 이러한 금지령들이 우리에게 미치는 강력한 '침몰시키는(sinking)' 효과를 강조하는 다이어그램을 개발하였다(그림 A3). 여기에서 그녀는 사람들이 타인들에게 수용될 만하다는 느낌을 갖기 위해 금지령의 효력을 상쇄할 균형추로 사용하는 '드라이버(drivers)'로 균형을 잡고 있다는 것을 보여 준다.

〈그림 A3〉을 보며 당신이 개인적으로 확인할 수 있는 메시지가 있는가?

:: 도움이 되지 않는 관계 패턴

사람들은 때때로 도움이 되지 않는 관계의 역동 속에 빠진다. 종종 이런 상황에는 일종의 반복적인 느낌이 따르며 또한 어떤 패턴을 따르는 것으로 이해되기도 한다. 우리가 이런 과정 속에 잡힐 때, 우리는 보통 무슨 일이 벌어지고 있는지 자각하지 못하며, 이런 상황에서 관계되는 사람들은 혼란스러움을 느끼거나, 상처받거나, 상대방을 비난하고 싶어지는 것으로 끝이 난다. 이런 상황의 끝에 느끼는 특정한 감정은 어떤 의미에서 우리에게 매우 친숙한 것이며, 우리는 이러한 상황으로부터 암시적으로 우리의 각본을 강화하는 결론들을 추출한다.

이렇게 도움이 되지 않는 관계 패턴을 이해하는 한 가지 방법은 드라마 삼각형(drama triangle, 그림 A4)을 사용하는 것이다. 이 개념은 Karpman이 개발한 것으로, 때때로 사람들은 박해자(persecutor), 구원자(rescuer), 희생자(victim)의 3가지 심리적 역할 중 한 역할을 담당한다는 것을 확인하여 준다. 이것들은 심리적 역할이지 '실제의 역할(actual roles)'은 아니다. 예를 들면, 강물에 뛰어들어 물에 빠진 사람을 구하는 사람은 '실제의 구원자'이며, 반드시 심리적 역할의 구원자일 필요는 없다. 희생자의 포지션은 이미도 이해하기가 가장 쉬울 것이다. 우리는 자기가 힘이 없어 다른 사람들이 자기에 대해 책임을 져야 한다고 느끼는 듯한 사람들을 만난 적이 있기 때문이다. 비슷한 경우로, 우리는 마치 자기가 '곤경을 면하게 해 줄 수 있는' 사람처럼 행동하거나, 또는 누가 요구하지도 않았는데 다른 사람들을 위한 일에 전념하는 사람(구원자)들을 만난다. 또한 주변에서 우리는 흔히 사사건건 비난을 일삼거나, 갑자기 적대적으로 변하는 사람들(박해자)을 만나게 되는데, 이때 우리는 그 사람의 행동을 정당하다고 느끼지 않는다. 이러한 역할들에 관하여 흥미 있는 것은, 사람들은 종종 위치를 바꾸는 것이다. 즉 그 사람은 어떤 한 역할에서 시작하지만, 전혀 다른 역할로 마감을 한다는 것이다.

아마도 당신 자신이 시간마다 어떤 역할을 맡고 있는지를 생각해 보면 유익할 것이다. 각각의 역할을 담당하고 있는 우리 자신에 대해 생각해 보는 것은 비록 불편하다 할지라도, 우리가 어떻게 이런 위치에 있게 되었는지를 이해함으로써, 우리는 어떤 때에 보다 더 편안하게 그 위치에 있을 수 있는지를 확인하여 이 역할로부터 빠져나올 수 있다.

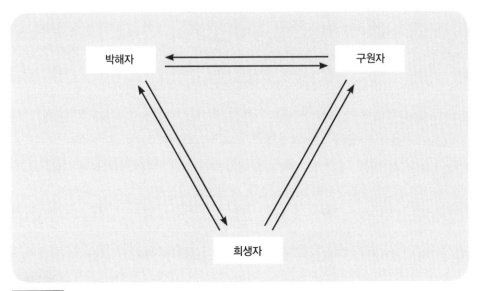

그림 A4 드라마 삼각형(Stephen Karpman, reprinted with permission)

:: 1차 감정과 2차 감정

유쾌한 것이든 불유쾌한 것이든, 우리는 여러 종류의 그리고 강도가 서로 다른 감정들을 경험한다. 감정들은 오고 또 간다. 때로 우리는 감정들이 '물결'처럼 밀려오는 것을 경험한다. 어느 한 순간에 우리의 정서상태는, 이질적인 많은 '성분들(ingredients)'을 함유하고 있어 각 정서적 요소들을 확인한다는 것은 어렵기 때문에 마치 수프와도 같다고 할 수 있다.

감정에는 여러 종류가 있는데, 우리가 나쁜 감정을 느끼게 될 때 그 감정의 의미를 이해하는 것은 도움이 된다. 1차 감정은 지금-여기의 상황에 대한 직접적 반응의 감정들이며 그 상황에 적절하며, 또한 그 강도는 상황에 비례적이다. 만약 우리가 1차 감정을 느끼고 그에 따라 반응한다면, 그 감정들은 대체로 스스로 해결이 된다. 만약 우리가 슬프다면, 이것은 어떤 상실을 경험하기 때문이다. 이때 만약 우리 자신이 슬픔을 느끼도록 허락하고 어쩌면 다른 사람들로부터 평안함을 구한다면 슬픔은 결국 진정될 것이다(상황에 따라서 시간은 좀 걸리겠지만). 만약 위험이 존재한다면, 우리는 두려움을 경험하며 우리는 도망가길 원하든가 또는 다른 사람들로부터 도움과 안전을 구한다. 만약 누군가가 용납하기 어려운 행동을 한다면 우리는 분노한다. 만약 우리의 분노에 대하여 그 사람이 사과하고 우리가 받아들인다면, 우리의 분노는 진정된다(비록 그렇게 되기 위한 시간은 좀 요한다 하더라도, 그동안에 우리는 자신에게 진정하도록 허락한다). 만약 우리가 행복하다면 우리는 이것을 다른 사람들과 나누길 원한다. 이때 만약 긍정적 반응을 얻는다면 우리의 기쁨은 증가하며 또한 만족감을 느낀다.

때때로 우리는 상황에 적합하지 않은 감정들을 느끼거나(예컨대 실제 위험이 없는데도 두려움을 느끼거나, 또는 실제 위험이 존재하지 않는데도 위험이 존재한다고 자신을 설득하려는 경우), 또는 사건과 비례적이지 않은 감정을 가지고 과잉행동을 한다. 또한 우리는 결코 해결할 수 없는 '고착된(움직일 수 없는)' 느낌을 갖는 경우도 있다. 또한 사람들은 다른 감정을 대체하는 하나의 감정을 느끼는 경우도 흔하다. 이런 경우는 우리에게 어떤 이유로든 '학습'되었으나, 타인들에게는 수용될 수 없는 감정들의 경우이다. 예를 들자면, 남자들의 경우에, 두려움을 느끼는 것은 남자답지 못하다는 믿음을 가지고 성장하는 것은 일반적이다. 결과적으로, 어떤 남자들은 재빠르게 두려움을 차단하고 대신 분노로 대응한다. 또 다른 형태의 2차 감정은 우리가 '어떤 느낌에 대한 또 다른 느낌'을 가질 때이다. 예를 들면, 우리는 임박한 사건에 대해 불안감을 느낄 수도 있는데, 그러나 이때 불안감을 느끼는 것에 대해 당황함을 느끼거나, 어떤 사람에 대해 분노를 느낄 수도 있는데, 이때 분노를 느끼는 것에 대해 죄책감을 느낀다. 사람들이 다른 사람들에게 수용되지 못할 것이라 느끼는 어떤 감정들이나, 부끄럽다고 느끼는 감정들을 효과적으로 '봉쇄'하는 경우는 매우 흔하다. 이 모든 것이 2차 감정의 예이다.

2차 감정은 '고착'되어 해결하기 힘든 감정이다. 2차 감정과 그 밑바닥의 1차 감정을 확인함으로써 우리는 우리의 엉킨 실타래와도 같은 감정들을 풀어 이들을 변화시키는 방향으로 나아갈 수 있다.

상태-의존적 기억(state-dependent memory)이라고 알려진 현상이 있다. 이것은 우리가 어떤 특정한 기분에 젖어 있을 때 어떻게 같은 정서를 가진 기억들에 비교적 용이하게 접근이 가능한가를 설명한다. 예를 들면, 당신이 만약 옛 친구와 함께 자리하고 옛날의 재미있는 이야기와 사건들을 회상하고 있으면, 점점 더 많이 아주 쉽게 그런 기억들을 회상할 수 있게 된다. 마찬가지로, 우리가 어떤 사람에 대해 속상하고 화난다면, 그 사람에 대해 똑같이 느꼈던 과거의 다른 경우들을 쉽게 상기할 수 있음을 알게 된다. 두 경우 모두 상태의존적 기억의 예이다.

감정은 생각과 기억을 촉발할 수 있다. 일반적으로, 이것은 무의식 수준에서 또는 적어도 자각의 밖에서 일어난다. 아주 작고 감지하기 어려운 것이라 할지라도 우리의 결합 네트워크(associative network)의 어느 부분을 격발시킬 수 있으며, 그러면 나머지 부분들도 자동적으로 활성화된다. 새로운 활성화가 이루어질 때마다 네트워크는 강화되며 활성화는 그때마다 점점 강해진다.

결합 네트워크는 부정적 풍미를 갖는 경향이 있으며, 따라서 부정적 내부 대화, 불쾌한 정서, 불쾌한 감각, 불쾌한 상상, 불쾌한 기대와 기억으로 구성되어 있다.

네트워크가 격발될 때마다 메모리 뱅크에 하나의 새로운 기억이 추가된다. 끈질긴 노력을 경주해야만 우리는 자신의 결합 네트워크를 변화시키고 우리의 감정을 다루는 보다 생산적 방안을 개발할 수 있다.

:: 드라이버

드라이버는 우리의 행동과 내적 경험에 '몰아대는(driven)' 충동을 행사한다는 것 때문에 붙여진 이름이다. 그것은 마치 우리가 드라이버를 언제나 어떻게 행동해야만 하는가에 대한 언어로 언급되지 않은 모토로서 간직함으로써, 만약 우리가 드라이버를 따르지 않으면 어째든 OK가 아니라고 믿는 것과 같다. 드라이버는 우리의 발달과정에 근원을 두고 있다. 그때 우리는 부모와 부모처럼 중요한 인물들에 의해 사회성을 익히며 사회적으로 수용되고, 인정받고, 사랑받기 위해서는 어떻게 행동해야 하며 또 어떤 성품을 가져야 하는가를 학습한다. 바꾸어 말하면, 우리는 이러한 메시지들을 내면화하여, 수용되고 거절을 면하기 위해서는 우리가 무엇을 해야 하는가를 알려 주는 암시적 법칙으로서 집착하며 삶을 산다.

각 드라이버는 긍정적, 유용하고 바람직한 면을 가지지만, 동시에 문제가 되며, 부정적이고 제한적인 면을 가지고 있다. 불행하게도, 각 드라이버의 부정적 특성들은 우리를 통제하는 힘을 가지며, 우리의 삶에 도움이 되지 않고 스트레스와 문제를 야기하는 삶의 방식으로 우리를 주도한다. 5가지 드라이버 패턴은 다음과 같다. 완벽하라(Be perfect)! 강하라(Be strong)! 열심히 시도하라(Try hard)! 다른 사람들을 기쁘게 하라(Please others)! 서둘러라(Hurry up)! 이 리스트를 읽으면서 당신은 드라이버 패턴을 바로 알아볼 수 있겠는가? 당신은 자신이 한 가지 또는 그 이상의 드라이버를 가지고 있다는 생각이 드는가?

드라이버에 대한 한 가지 주의해야 할 점은, 이 드라이버들은 사회적으로 어떤 의미에서는 바람직하게 여겨져 우리의 드라이버가 주위의 타인들로부터 격려받아 강화될 수도 있다는 것이다. 여기에서 중요한 것은 드라이버를 완전히 제거하기보다는 그것의 바람직한 특성을 유지하되 드라이버의 통제를 완화함으로써 상황에 반응하는 방식에 보다 유연함을 갖도록 하고, 반드시 드라이버의 메시지를 따라야만 한다는 자동적 강박을 느끼지 않도록 하는 것이다. 이제 각 드라이버를 자세히 살펴보자. 아래 설명을 읽어 내려가며 당신은 자신에게 가장 가깝게 해당되는 서술에 공감을 느낄 것이다. 이 드라이버들은 그 사람의 행동을 '몰아갈' 때, 그리고 이 드라이버를 따르지 않았을 때 자신이 OK가 아니라고 느낄 때만, 드라이버들이라고 할 수 있다. 물론 드라이버는 어느 한 가지 단서만을 근거로 판단되어서는 안 되며, 전반적 과정을 보고 판단하여야 한다.

완벽하라!

완벽하라!에 지배를 받는 사람들은 언제나 완벽함을 위해 엄청난 노력을 경주하거나 또는 타인들이 완벽하길 기대한다. 이 사람들은, 만약 자기가(또는 다른 사람들이) 완벽에 미치지 못하면 자기는 OK가 아니라고 믿는다. 이 사람들의 언어는 매우 정확하며 많은 하위 구절들을 포함한다. 자신을 소개할 때 외모는 깔끔하다. 이들은 근면하며 논리적이며 높은 기준을 가지고 있다. 이러한 높은 기준이 비현실적이고 완벽주의적이라면 문제를 일으킨다. 목표에 이르는 데 실패하는 것은 강력한 완벽하라!의 과정을 가진 사람들에게는 고통스러운 일이다. 이 사람들이 스트레스 상황에 있을 때는 사고와 행동을 통제하는 데 매우 엄격하고 유연성이 없다.

강하라!

강하라! 과정에 사로잡힌 사람들은, 조그만 감정의 낌새라도 연약함 그리고 자기들을 OK가 아니도록 만드는 어떤 것의 징표라 믿으며, 대담하게도 자기들의 감정을 엄격히 통제하려고 한다. 이들의 언어는 '나는 슬픔을 느껴'보다는 '그것이 나를 슬프게 만들어'와 같이, '멀리 있는' 느낌을 준다. 이들은 비교적 표현이 없으며 자세도 고정되어 있다. 이들은 매우 믿음을 주며 독립적이다. 이들은 반복적인 일이라도 신경 쓰지 않으며 혼자 힘으로 일하기를 좋아한다. 이 사람들은 지나치게 감정적이 되지 않기 때문에 위기 때 옆에 있으면 좋다.

열심히 시도하라!

열심히 시도하라!에 지배받는 사람들은 항상 무엇엔가 열심히 노력(투쟁)하고 있는 듯 보인다. 이들은 그와 같은 노력과 반복되는 시도들이 OK로 존재하기 위해서는 절대적이라고 믿는다. 항상 애씀으로써 이들은 자신이 원하는 바를 이루지 못하도록 하며, 경색 국면에 머물도록 만든다. 혹 진전을 이룬다 해도 그것은 매우 고되고 지지부진한 과정이 되기 쉽다. 이 드라이버의 이름은, 이런 사람들은 실제로 무엇을 하기보다는 그것을 하려고 '시도(try)'만 하기 때문에 붙여진 이름이다. 예를 들면, '그것을 끝내도록 노력(시도)해 볼게' 또는 '최선을 다해 볼게' 같은 것들이다. 이 사람들은 때로는 매우 긴장감을 보이는 듯하고, 많은 과제(업무)를 맡기로 동의하지만(그것이 현실적으로 가능하지 않을 때도), 일은 열심히 하지만 완성하지는 못한다. 열심히 시도하라! 과정을 가진 사람들은 매우 창의적이고 새로운 아이디어로 가득할 경우가 많다. 열심히 시도하라! 패턴을 가진 많은 사람들의 공통적 문제는 뒤로 미루기 또는 방해물을 발견하는 경향이 강하다는 것이다.

다른 사람들을 기쁘게 하라!

다른 사람들을 기쁘게 하라! 과정에 의해 행동하는 사람들은 자기가 언제나 다른 사람들을 먼저 평안하게 만들고 그들을 우선 생각하여야 하며 자기가 OK가 되기 위해서는 언제나 타인들이 자기를 좋아해야만 한다고 믿는다. 기쁘게 해 주기 위한 이들의 욕망은 자주 쓰이는, 양보하고 동의하는 말 속에 나타나 있다. 이들은 좋게 보이려고 노력하는 경향이 있다. 강한 다른 사람들을 기쁘게 하라! 과정을 가진 사람들은 일반적으로 다른 사람들을 다루고 또 그들을 돌보는 기술이 뛰어나다. 이들은 타인에게 매우 도움이 되고 명랑하며 옳은 일을 하는 데 관심이 많다. 이들은 누군가가 자기를 좋아하지 않는다는 생각과 누군가가 자기가 한 일에 대해 못마땅해한다는 생각 자체를 증오한다. 이들이 스트레스 상황에 있을 때는 매우 감정적이 되고 비이성적이 된다. 이들은 종종 다른 사람들을 '구원'하길 원한다(그러나 그 사람들이 스스로의 힘으로 그렇게 하도록 놔두지는 않는다).

서둘러라!

서둘러라! 과정에 지배되는 사람들은, 자기들이 만약 서두르지 않는다면 자기(또는 타인들)는 OK가 아니라고 믿으며, 언제나 서두르고 다른 사람들도 서둘도록 몰아간다. 이들은 빠르게 말하고 한꺼번에 한 가지 이상의 일을 한다. 이들은 일반적으로 끊임없이 많이 움직인다. 심하게 서둘러라!를 가진 사람들은 매우 생명력이 넘치고, 열정적이며 또 모험적이다. 이들은 매우 효율적이며 동시에 여러 일을 처리하는 데 능하다.

당신의 드라이버를 균형 잡기 위한 조언

- 드라이버의 문제는 본질적으로 그것은 실패할 수밖에 없다는 것이다. 아무도 언제나 항상 완벽하고/강하고/열심히 시도하고/타인들을 기쁘게 하고/서두를 수는 없다.
- 드라이버는 그 긍정적 특성들, 예컨대 스피드, 실험, 동조, 인내 그리고 탁월함과 같은 모든 긍정적 특성으로써 균형을 이룰 필요가 있다(Clarkson, 1992).
- 자신에게 친절하라. 그리고 당신의 드라이버 행동 뒤의 긍정적 의도를 인정하고, 당신이 완벽(강함, 등등)하지 못할 때 자신을 용서하고 그 과실로 자신의 OK-ness를 결정하지 마라.
- 당신의 드라이버를 추진시키는 연료를 공급하는, 거절에 대한 암시적 두려움과 타인들에게 받아들여질 수 있을까 하는 두려움의 문제를 해결하라. 그러면 드라이버를 사용할 필요가 줄고 당신이 이 세상과 관계하는 양식에 보다 큰 유연성을 줄 것이다.

주

1. Lee(1997)에서 수정.

참고문헌

Abramson, L.Y., Metalsky, G.I. & Alloy, L.B. (1989). Hopelessness depression: a theory based subtype of depression. *Psychological Review*, 96: 358–372.

Addis, M.E. & Krasnow, A.D. (2000). A national survey of practicing psychologists' attitudes toward psychotherapy treatment manuals. *Journal of Consulting and Clinical Psychology*, 68(2): 331–339.

Ainsworth, M. & Bowlby, J. (1965). *Child Care and the Growth of Love*. London: Penguin Books.

Aldao, A., Nolen-Hoeksema, S. & Schweizer, S. (2010). Emotion-regulation strategies across psychopathology: a meta-analytic review. *Clinical Psychology Review*, 30: 217–237.

Aldea, M.A., Rice, K.G., Gormley, B. & Rojas, A. (2010). Telling perfectionists about their perfectionism: effects of providing feedback on emotional reactivity and psychological symptoms. *Behaviour Research and Therapy*, 48: 1194–1203.

Alfano, M.S., Joiner, T.E. Jr., Perry, M. & Metalsky, G.I. (1994). Attributional style: a mediator of the shyness–depression relationship? *Journal of Research in Personality*, 28: 287–300.

Allen, J. (2010). Discussion paper for International Association of Relational TA colloquium, October 30–November 7.

Allen, J.R. & Allen, B.A. (1997). A new type of transactional analysis and one version of script work with a constructionist sensibility. *Transactional Analysis Journal*, 27(2): 89–98.

Alloy, L.B., Abramson, L. Y.B., Whitehouse, W.G., Hogan, M.E., Tashman, N.A., Steinberg, D.L., Rosee, D.T. & Donovan, P. (1999). Depressogenic cognitive styles: predictive validity, information processing and personality characteristics, and developmental origins. *Behaviour Research and Therapy*, 37: 503–531.

Alloy, L.B., Abramson, L.Y., Tashman, N.A., Berrebbi, D.S., Hogan, M.E., Whitehouse, W.G., Crossfield, A.G. & Morocco, A. (2001). Developmental origins of cognitive vulnerability to depression: parenting, cognitive, and inferential feedback styles of the parents of individuals at high and low cognitive risk for depression. *Cognitive Therapy and Research*, 25(4): 397–423.

American Psychiatric Association. (1994). *Diagnostic and Statistical Manual of Mental Disorder*, 4th edition (DSM-IV). Washington, DC: American Psychiatric Association.

American Psychiatric Association. (2010). *Practice Guideline for the Treatment of Patients with Major Depressive Disorder* (3rd edin). Arlington, VA: American Psychiatric Association.

Ansbacher, H.L. & Ansbacher, R.R. (Eds.) (1956). *The Individual Psychology of Alfred Adler*. New York: Harper Torch Books.

Auerbach, R.P., Webb, C.A., Gardiner, C.K. & Pechtel, P. (2013). Behavioral and neural mechanisms underlying cognitive vulnerability models of depression. *Journal of Psychotherapy Integration*, 23(3): 222–235.

Ayres, A. (2006). The only way out: a consideration of suicide. *Transactions*, 4: 4–13.

Bagby, R.M., Cox, B.J., Schuller, D.R., Levitt, A.J., Swinson, R.P. & Joffe, R.T. (1992). Diagnostic specificity of the dependent and self-critical personality dimensions in major depression. *Journal of Affective Disorders*, 26: 59–64.

Barkham, M., Rees, A., Shapiro, D.A., Stiles, W.B., Agnew, R.A., Halstead, J., Culverwell, A. & Harrington, V.M.G. (1996). Outcomes of time-limited psychotherapy in applied settings: replicating the second Sheffield psychotherapy project. *Journal of Consulting and Clinical Psychology*, 64: 1079–1085.

Barrett, M.S. & Barber, J.P. (2007). Interpersonal profiles in major depressive disorder. *Journal of Clinical Psychology*, 63: 247–266.

Baumeister, H. (2012). Inappropriate prescriptions of antidepressant drugs in patients with sub-threshold to mild depression: time for the evidence to become practice. *Journal of Affective Disorders*, 139: 240–243.

Beblo, T., Fernando, S., Klocke, S., Griepenstroh, J., Aschenbrenner, S. & Driessen, M. (2012). Increased suppression of negative and positive emotions in major depression. *Journal of Affective Disorders*, 141(2): 474–479.

Beck, A. T. (1975). *Cognitive Therapy and the Emotional Disorders*. Madison, CT: International Universities Press.

Beck, A.T. & Beck, J.S. (1995). *Cognitive Therapy: Basics and Beyond*. New York: Guilford.

Beck, A.T., Ward, C.H., Mendelssohn, M.J. & Erbaugh, J. (1961). An inventory for measuring depression. *Archives of General Psychiatry*, 4: 561–571.

Beck, A.T., Rush, A.J., Emery, G. & Shaw, B. (1979). *Cognitive Therapy of Depression*. New York: Guilford Press.

Bella, J.J., Mawn, L. & Poynor, R. (2013). Haste makes waste, but not for all: the speed-accuracy trade-off does not apply to neurotics. *Psychology of Sport and Exercise*, 14(6): 860–864.

Berne, E. (1961). *Transactional Analysis in Psychotherapy*. New York: Grove Press.

Berne, E. (1964). *Games People Play*. New York: Grove Press.

Berne, E. (1966). *Principles of Group Treatment*. Menlo Park, CA: Shea Books.

Berne, E. (1970). *Sex in Human Loving*. New York: Penguin.

Berne, E. (1972). *What Do You Say After You Say Hello*? London: Corgi.

Binder, J.L. & Betan, E.J. (2013). Essential activities in a session of brief dynamic/interpersonal psychotherapy. *Psychotherapy*, 50(3): 428–432.

Blatt, S.J. (1974). Levels of object representation in anaclitic and introjective depression. *Psychoanalytic Study of Childhood*, 29: 107–157.

Blatt, S.J. (1991). A cognitive morphology of psychopathology. *Journal of Nervous and Mental Diseases*, 179: 449–458.

Blatt, S.J. & Ford, R.Q. (1994). *Therapeutic Change: An object relations perspective*. New York: Plenum.

Blenkiron, P. (2010). *Stories and Analogies in Cognitive Behaviour Therapy*. Chichester: John Wiley.

Bohart, A., O'Hara, M. & Leitner, L. (1998). Empirically violated treatments: disenfranchisement of humanistic and other psychotherapies. *Psychotherapy Research*, 8(2): 141–157.

Bower, G.H. (1981). Mood and memory. *American Psychologist*, 36: 129–148.

Bowlby, J. (1979). *The Making and Breaking of Affectional Bonds*. London: Tavistock Publications.

Bowlby, J. (1988). *A Secure Base: Clinical applications of attachment theory*. London: Routledge.

Brown, G.W., Harris, T.O. & Hepworth, C. (1995). Loss, humiliation and entrapment among women developing depression: a patient and non-patient comparison. *Psychological Medicine*, 25: 7–21.

Bureau, J., Easterbrooks, M.A. & Lyons-Ruth, K. (2009). Maternal depressive symptoms in infancy: unique contribution to children's depressive symptoms in childhood and adolescence? *Development and Psychopathology*, 21: 519–537.

Burns, D.D. (1980). *The Feeling Good Handbook*. New York: New American Library.

Burt, D.B., Zembar, M.J. & Niederehe, G. (1995). Depression and memory impairment: a meta-analysis of the association, its pattern, and specificity. *Psychological Bulletin*, 117: 285–305.

Cacioppo, J.T., Hughes, M.E., Waite, L.J., Hawkley, L.C. & Thisted R.A. (2006). Loneliness as a specific risk factor for depressive symptoms: cross-sectional and longitudinal analyses. *Psychology and Aging*, 21(1): 140–151.

Campbell-Sills, L., Barlow, D.H., Brown, T.A. & Hofmann, S.G. (2006). Acceptability and suppression of negative emotion in anxiety and mood disorders. *Emotion*, 6: 587–595.

Carl, J.R., Soskin, D.P., Kerns, C. & Barlow, D.H. (2013). Positive emotion regulation in emotional disorders: a theoretical review. *Clinical Psychology Review*, 33: 343–360.

Carroll, K.M. & Nuro, K.F. (2002). One size cannot fit all: a stage model for psychotherapy manual development. *Clinical Psychology: Science and Practice*, 9(4): 396–406.

Carroll, K.M. & Rounsaville, B.J. (2008). Efficacy and effectiveness in developing treatment manuals. In A.M. Nezu & C.M. Nezu (Eds.) *Evidence-based Outcome Research: A practical guide to conducting randomized controlled trials for psychosocial interventions*. Cary, NC: Oxford University Press.

Chambless, D.L. & Steketee, G. (1999). Expressed emotion and behavior therapy outcome: a prospective study with obsessive-compulsive and agoraphobic outpatients. *Journal of Consulting and Clinical Psychology*, 67(5): 658–665.

Choy, A. (1990). The winner's triangle. *Transactional Analysis Journal*, 20(1): 40–46.

Clarkson, P. (1992). *Transactional Analysis Psychotherapy: An integrated approach*. London: Routledge.

Cooney, G.M., Dwan, K., Greig, C.A., Lawlor, D.A., Rimer, J., Waugh, F.R., McMurdo, M. & Mead, G.E. (2013). Exercise for depression. *Cochrane Database of Systematic Reviews 2013*, 9: CD004366.

Constantino, M.J., Manber, R., DeGeorge, J., McBride, C., Ravitz, P., Zuroff, D.C., Klein, D.N., . . . Arnow, B.A. (2008). Interpersonal styles of chronically depressed outpatients: profiles and therapeutic change. *Psychotherapy Theory, Research, Practice, Training*, 45(4): 491–506.

Constantino, M.J., Glass, C.R., Arnkoff, D.B., Ametrano, R.M. & Smith, J.Z. (2011). Expectations. In J.C. Norcross (Ed.) *Psychotherapy Relationships that Work: Evidence-based responsiveness* (2nd edn, pp. 354–376). New York: Oxford University Press.

Constantino, M.J., Ametrano, R.M. & Greenberg, R.P. (2012). Clinician interventions and participant characteristics that foster adaptive patient expectations for psychotherapy and psychotherapeutic change. *Psychotherapy*, 49(4): 557–569.

Cornell, W. & Landaiche, M. (2006). Impasse and intimacy: applying Berne's concept of protocol. *Transactional Analysis Journal*, 36(3): 196–213.

Cote, S.M., Boivin, M., Liu, X., Nagin, D.S., Zoccolillo, M. & Tremblay, R.E. (2009). Depression and anxiety symptoms: onset, developmental course and risk factors during early childhood. *Journal of Child Psychology and Psychiatry*, 50(10): 1201–1208.

Cox, B.J., Rector, N.A., Bagby, R.M., Swinson, R.P., Levitt, A.J. & Joffe, R.T. (2000). Is self-criticism unique for depression? A comparison with social phobia. *Journal of Affective Disorders*, 57: 223–228.

Cox, B.J., Fleet, C. & Stein, M.B. (2004). Self-criticism and social phobia in the US national comorbidity survey. *Journal of Affective Disorders*, 82: 227–234.

Cozolino, L. (2010). *The Neuroscience of Psychotherapy: Healing the social brain* (2nd edn). New York: W.W. Norton.

Crossman, P. (1966). Protection and permission. *Transactional Analysis Bulletin*, 5(19): 152–154.

Cuijpers, P., Straten, A. & van Warmerdam, E.H. (2007). Problem solving therapies for depression: a meta-analysis. *European Psychiatry*, 22(1): 9–15.

Cuijpers, P., van Straten, A., Schuurmans, J., van Oppen, P., Hollon, S.D. & Andersson, G. (2010). Psychotherapy for chronic major depression and dysthymia: a meta-analysis. *Clinical Psychology Review*, 30: 51–62.

Dallaspezia, S., Benedetti, F., Colombo, C., Barbini, B., Cigala Fulgosi, M., Gavinelli, C. & Smeraldi, E. (2012). Optimized light therapy for non-seasonal major depressive disorder: effects of timing and season. *Journal of Affective Disorders*, 138: 337–342.

Derogatis, L.R. (1983). *SCL-90-R: Administration, scoring and procedural manual-II*. Baltimore, MD: Clinical Psychometric Research.

Doran, G.T. (1981). There's a S.M.A.R.T. way to write management's goals and objectives. *Management Review*, 70(11): 35–36.

Duncan, E.A.S., Nicol, M.M. & Ager, A. (2004). Factors that constitute a good cognitive-behavioural treatment manual: a Delphi study. *Behavioural and Cognitive Psychotherapy*, 32: 199–213.

Dunkley, D.M., Zuroff, D.C. & Blankstein, K.R. (2003). Self-critical perfectionism and daily affect: dispositional and situational influences on stress and coping. *Journal of Personality and Social Psychology*, 84(1): 234–252.

Eberhart, N.K. & Hammen, C.L. (2006). Interpersonal predictors of onset of depression during the transition to adulthood. *Personal Relationships*, 13: 195–206.

Echizenya, M., Suda, H., Takeshima, M. & Inomata, Y. (2013). Total sleep deprivation followed by sleep phase advance and bright light therapy in drug-resistant mood disorders. *Journal of Affective Disorders*, 144: 28–33.

Ecker, B. & Toomey, B. (2008). Depotentiation of symptom-producing implicit memory in coherence therapy. *Journal of Constructivist Psychology*, 21: 87–150.

Ecker, B., Ticic, R. & Hulley, L. (2012). *Unlocking the Emotional Brain*. New York: Routledge.

Egan, S.J., Wade, T.B. & Shafran, R. (2011). Perfectionism as a transdiagnostic process: a clinical review. *Clinical Psychology Review*, 31: 203–212.

Ehring, T., Fischer, S., Schnulle, J., Bosterling, A. & Tuschen-Caffier, B. (2008). Characteristics of emotion regulation in recovered depressed versus never depressed individuals. *Personality and Individual Differences*, 44: 1574–1584.

Ehring, T., Tuschen-Caffier, B., Schnulle, J., Fischer, S. & Gross, J.J. (2010). Emotion regulation and vulnerability to depression: spontaneous versus instructed use of emotion suppression and reappraisal. *Emotion*, 10(4): 563–572.

Eisch, A.J. & Petrik, D. (2012). Depression and hippocampal neurogenesis: a road to remission? *Science*, 338: 72–75.

Ekman, P. (2003). *Emotions Revealed*. New York: Holt Paperbacks.

English, F. (1971). The substitution factor: rackets and real feelings. *Transactional Analysis Journal*, 1(4): 225–230.

English, F. (2010). It takes a lifetime to play out a script. In R.G. Erskine (Ed.) *Life Scripts: A transactional analysis of unconscious relational patterns* (pp. 217–238). London: Karnac.

Enns, M.W. & Cox, B.J. (1999). Perfectionism and depression symptom severity in major depressive disorder. *Behaviour Research and Therapy*, 37: 783–794.

Erikson, E.H. (1950). *Childhood and Society*. New York: W.W.Norton.

Erikson, E.H. (1959). *Identity and the Life Cycle*. New York: International Universities Press.

Ernst, F. (1971). The OK corral: the grid for get-on-with. *Transactional Analysis Journal*, 1(4): 231–240.

Erskine, R.G. (1980). Script cure: behavioural, intrapsychic and physiological. *Transactional Analysis Journal*, 10: 102–106.

Erskine, R.G. (1991). Transference and transactions: critique from an intrapsychic and integrative perspective. *Transactional Analysis Journal*, 21(2): 63–76.

Erskine, R.G. (1998). The therapeutic relationship: integrating motivation and personality theories. *Transactional Analysis Journal*, 28(2): 132–141.

Erskine, R.G. (2010). *Life Scripts: A transactional analysis of unconscious relational patterns*. London: Karnac.

Erskine, R. & Zalcman, M. (1979). The racket system: a model for racket analysis. *Transactional Analysis Journal*, 9(1): 51–59.

Evans, M., Hollon, S., DeRubeis, R., Piasecki, J., Grove, W., Garvey, M. & Tuason, V. (1992). Differential relapse following cognitive therapy and pharmacotherapy for depression. *Archives of General Psychiatry*, 49: 802–807.

Everaert, J., Koster, E.H.W. & Derakshan, N. (2012). The combined cognitive bias hypothesis in depression. *Clinical Psychology Review*, 32: 413–424.

Fairbairn, R. (1952). *Psychoanalytic Studies of the Personality*. London: Tavistock Publications.

Federn, P. (1952). *Ego Psychology and the Psychoses*. New York: Basic Books.

Fehlinger, T., Stumpenhorst, M., Stenzel, N. & Rief, W. (2012). Emotion regulation is the essential skill for improving depressive symptoms. *Journal of Affective Disorders*, 144: 116–122.

Feldman, L.B. & Feldman, S.L. (1997). Integrating psychotherapy and pharmacotherapy in the treatment of depression. *In Session: Psychotherapy in Practice*, 3(2): 23–38.

Feldman, G.C., Joorman, J. & Johnson, S.L. (2008). Responses to positive affect: a self-report measure of rumination and dampening. *Cognitive Therapy and Research*, 32(4): 507–525.

Festinger, L. (1957). *A Theory of Cognitive Dissonance*. Stanford, CA: Stanford University Press.

Fosha, D. (2000). *The Transforming Power of Affect: A model of accelerated change*. New York: Basic Books.

Fournier, J.C., DeRubeis, R.J., Hollon S.D. *et al.* (2010). Antidepressant drug effects and depression severity: a patient-level meta-analysis. *Journal of the American Medical Association*, 303: 47–53.

Frank, E. (1991). Interpersonal psychotherapy as a maintenance treatment for patients with recurrent depression. *Psychotherapy*, 28: 259–266.

Frank, E., Kupfer, D.J., Buysse, D.J., Swartz, H.A., Pilkonis, P.A., Houck, P.R., Rucci, P., Novick, D.M., Grochocinski, V.J. & Stapf, D.M. (2007). Randomized trial of weekly, twice-monthly, and monthly interpersonal psychotherapy as maintenance treatment for women with recurrent depression. *American Journal of Psychiatry*, 164: 761–767.

Freud, S. (1914). Remembering, repeating, and working-through (further recommendations on the technique of psycho-analysis II). Reprinted (1953–1974) in *The Standard Edition of the complete psychological works of Sigmund Freud* (trans. and ed. J. Strachey), vol. 12, (pp. 145–156). London: Hogarth Press.

Freud, S. (1917–1958). Mourning and melancholia. *The Standard Edition of the Complete Psychological Works of Sigmund Freud* (trans. and ed. J. Strachey), vol. 12 (pp. 157–173). London: Hogarth Press.

Garland, A., Fox, R. & Williams, C.J. (2002). Overcoming reduced activity and avoidance: a five areas approach. *Advances in Psychiatric Treatment*, 8(6): 453–462.

Garland, E.L., Fredrickson, B., Kring, A.M., Johnson, D.P., Meyer, P.S. & Penn, D.L. (2010). Upward spirals of positive emotions counter downward spirals of negativity: insights from the broaden-and-build theory and affective neuroscience on the treatment of emotion dysfunctions and deficits in psychopathology. *Clinical Psychology Review*, 30(7): 849–864.

Gentes, E.L. & Ruscio, A.M. (2011). A meta-analysis of the relation of intolerance of uncertainty to symptoms of generalized anxiety disorder, major depressive disorder, and obsessive–compulsive disorder. *Clinical Psychology Review*, 31: 923–933.

Gilbert, P. (2007). *Psychotherapy and Counselling for Depression*. London: Sage.

Gilbert, M. & Orlans, V. (2011). *Integrative Therapy: 100 key points and techniques*. Hove: Routledge.

Gilbert, P. & Procter, S. (2006). Compassionate mind training for people with high shame and self-criticism: overview and pilot study of a group therapy approach. *Clinical Psychology and Psychotherapy*, 13: 353–379.

Gilbert, P., Clarke, M., Kempel, S., Miles, J.N.V. & Irons, C. (2004). Criticizing and reassuring oneself: an exploration of forms, styles and reasons in female students. *British Journal of Clinical Psychology*, 43: 31–50.

Gilliom, M. & Shaw, D.S. (2004). Codevelopment of externalizing and internalizing problems in early childhood. *Development and Psychopathology*, 16: 313–333.

Goodman, S.H. & Gotlib, I.H. (1999). Risk for psychopathology in the children of depressed mothers: a developmental model for understanding mechanisms of transmission. *Psychological Review*, 106(3): 458–490.

Gottlib, I.H. & Joorman, J. (2010). Cognition and depression: current status and future directions. *Annual Review of Clinical Psychology*, 6: 285–312.

Goulding, M.M. & Goulding, R.L (1979). *Changing Lives Through Redecision Therapy*. New York: Grove Press.

Greenberg, L.S. & Watson, J.C. (2006). *Emotion Focused Therapy for Depression*. Washington, DC: American Psychological Association Press.

Gross, J.J. (1998). Antecedent- and response-focused emotion regulation: divergent consequences for experience, expression and physiology. *Journal of Personality and Social Psychology*, 74(1): 224–237.

Gross, J.J. & Thompson, R.A. (2007). Emotion regulation: conceptual foundations. In J.J. Gross (Ed.) *Handbook of Emotion Regulation* (pp. 3–24). New York: Guilford Press.

Hames, J.L., Hagan, C.R. & Joiner, T.E. (2013). Interpersonal processes in depression. *Annual Review of Clinical Psychology*, 9: 355–377.

Hammen, C. (1992). Cognitive, life stress, and interpersonal approaches to a developmental psychopathology model of depression. *Development and Psychopathology*, 4: 189–206.

Hankin, B.L., Kassel, J.D. & Abela, J.R.Z. (2005). Adult attachment dimensions and specificity of emotional distress symptoms: prospective investigations of cognitive risk and interpersonal stress generation as mediating mechanisms. *Journal of Personality and Social Psychology*, B31:136–151.

Harford, D. & Widdowson, M. (2014). Quantitative and qualitative outcomes of transactional analysis psychotherapy with male armed forces veterans in the UK presenting with post-traumatic stress disorder. *International Journal of Transactional Analysis Research*, 5(2): 35–65.

Hargaden, H. & Sills, C. (2002). *Transactional Analysis: A relational perspective.* Hove: Routledge.

Harrison, P.J. (2002). The neuropathology of primary mood disorder. *Brain*, 125: 1428–1449.

Hayes, J.A. Gelso, C.J. & Hummel, A.M. (2011). Managing countertransference. *Psychotherapy*, 48(1): 88–97.

Hecht, D. (2010). Depression and the hyperactive right-hemisphere. *Neuroscience Research*, 68(2): 77–87.

Hertel, P.T. (2004). Memory for emotional and non-emotional events in depression: a question of habit? In: D. Reisberg & P. Herte (Eds.) *Memory and Emotion* (pp. 186–216). New York: Oxford University Press.

Hicks, B.M., DiRago, A.C., Iacono, W.G. & McGue, M. (2009). Gene–environment interplay in internalizing disorders: consistent findings across six environmental risk factors. *Journal of Child Psychology and Psychiatry*, 50(10): 1309–1317.

Hobbes, R. (1996). Attachment theory and transactional analysis part one – understanding security. *ITA News*, issue 46, autumn.

Hobbes, R. (1997). Attachment theory and transactional analysis part two – developing security. *ITA News*, issue 47, spring.

Hoffman, I.Z. (1983). The patient as interpreter of the analyst's experience. *Contemporary Psychoanalysis*, 19: 389–422.

Holmes, J. (2001). *The Search for the Secure Base: Attachment theory and psychotherapy.* Hove: Routledge.

Hooley, J.M. & Teasdale, J.D. (1989). Predictors of relapse in unipolar depressives: expressed emotion, marital distress, and perceived criticism. *Journal of Abnormal Psychology*, 98: 229–235.

Horowitz, L.M., Rosenberg, S.E., Baer, B.A., Ureño, G. & Villaseñor, V.S. (1988). Inventory of interpersonal problems: psychometric properties and clinical applications. *Journal of Consulting and Clinical Psychology*, 56: 885–892.

Horvath, A.O., Del Re, A., Flückiger, C. & Symonds, D. (2011). Alliance in individual psychotherapy. In: J.C. Norcross (Ed.), *Psychotherapy Relationships that Work* (2nd edn). New York: Oxford University Press.

Howland, R.H. (2008). Sequenced Treatment Alternatives to Relieve Depression (STAR*D) –part 2: study outcomes. *Journal of Psychosocial Nursing*, 46(10): 21–24.

Humble, M. (2010). Vitamin D, light and mental health. *Journal of Photochemistry and Photobiology*, 101: 142–149.

Jacka, F.N., Maes, M., Pasco, J., Williams, L.J. & Berk, M. (2012). Nutrient intakes and the common mental disorders in women. *Journal of Affective Disorders*, 141(1): 79–85.

James, M. (1974). Self-reparenting: theory and process. *Transactional Analysis Journal*, 4(3): 32–39.

James, M. (1981). *Breaking Free: Self-reparenting for a new life*. Reading, MA: Addison-Wesley.

Jan Conradi, H. & de Jonge, P. (2009). Recurrent depression and the role of adult attachment: a prospective and a retrospective study. *Journal of Affective Disorders*, 116: 93–99.

Joiner, T.E., Jr. (1997). Shyness and low social support as interactive diatheses, and loneliness as mediator: testing an interpersonal-personality view of depression. *Journal of Abnormal Psychology*, 106: 386–394.

Joiner, T.E. (2000). Depression's vicious scree: self-propagating and erosive processes in depression chronicity. *Clinical Psychology: Science and Practice*, 7: 203–218.

Joiner, T.E., Alfano, M.S. & Metalsky, G.I. (1993). Caught in the crossfire: depression, self-consistency, self enhancement, and the response of others. *Journal of Social and Clinical Psychology*, 12: 113–134.

Joorman, J. & Siemer, M. (2004). Memory accessibility, mood regulation, and dysphoria: difficulties in repairing sad mood with happy memories? *Journal of Abnormal Psychology*, 113: 179–188.

Kannan, D. & Levitt, H.M. (2013). A review of client self-criticism in psychotherapy. *Journal of Psychotherapy Integration*, 23(2): 166–178.

Kapur, R. (1987). Depression: an integration of TA and psychodynamic concepts. *Transactional Analysis Journal*, 17: 29–34.

Karpman, S. (1968). Fairy tales and script drama analysis. *Transactional Analysis Bulletin*, 7(26): 39–43.

Kazdin, A.E., Sherick, R.B., Esveldt-Dawson, K. & Rancurello, M.D. (1985). Nonverbal behavior and childhood depression. *Journal of American Academy of Child Psychiatry*, 24: 303–309.

Keller, M.B., Lavori, P.W., Endicott, J., Coryell, W. & Klerman, G.L. (1983). Double depression: two-year follow up. *American Journal of Psychiatry*, 140: 689–694.

Kendler, K.S., Hettema, J.M., Butera, F., Gardner, C.O. & Prescott, C.A. (2003). Life event dimensions of loss, humiliation, entrapment and danger in the prediction of onsets of major depression and generalised anxiety. *Archive of General Psychiatry*, 60: 789–796.

Kerr, C. (2013). TA treatment of emetophobia: a systematic case study. *International Journal of Transactional Analysis Research*, 4(2): 16–26.

Kessler, R.C., Berglund, P., Demler, O., Jin, R., Koretz, D., Merikangas, K.R., . . . Wang, P.S. (2003). The epidemiology of major depressive disorder: results from the National Comorbidity Survey Replication (NCSR). *Journal of the American Medical Association*, 289: 3095–3105.

Kiesler, D.J. (1996). *Contemporary Interpersonal Theory and Research: Personality, psychopathology, and psychotherapy*. New York: Wiley.

Klein, M. (1975). *Envy, Gratitude and Other Works*. London: Hogarth Press and Institute for Psycho-Analysis.

Kopta, S.M., Howard, K.I., Lowry, J.L. & Beutler, L.E. (1994). Patterns of symptomatic recovery in psychotherapy. *Journal of Consulting and Clinical Psychology*, 62(5): 1009–1016.

Krishnan, V. & Nestler, E.J. (2010). Linking molecules to mood: new insight into the biology of depression. *American Journal of Psychiatry*, 167: 1305–1320.

Lai, J., Moxey, A., Nowak, G., Vashum, K., Bailey, K. & McEvoy, M. (2012). The efficacy of zinc supplementation in depression: systematic review of randomised controlled trials. *Journal of Affective Disorders*, 136(1–2): e31–e39.

Lee, A. (1997). The drowning man, workshop presentation. In T. Tilney (ed.) *Dictionary of Transactional Analysis*. London: Wiley Blackwell.

Lee, A. (2006). Process contracts. In: C. Sills (Ed.) *Contracts in Counselling and Psychotherapy*. London: Sage.

Levenson, R.W. (1992). Autonomic nervous system differences among emotions. *Psychological Science*, 3: 23–27.

Levitt, H.M., Neimeyer, R.A. & Williams, D.C. (2005). Rules versus principles in psychotherapy: implications of the quest for universal guidelines in the movement for empirically supported treatments. *Journal of Contemporary Psychotherapy*, 35: 117–129.

Lewinsohn, P.M. (1974). A behavioral approach to depression. In: R.J. Friedman & M.M. Katz (Eds.) *The Psychology of Depression: Contemporary theory and research* (pp. 157–178). New York: John Wiley.

Lister-Ford, C. (2002). *Skills in Transactional Analysis Counselling and Psychotherapy*. London: Sage.

Little, R. (2013). The new emerges out of the old: an integrated relational perspective on psychological development, psychopathology and therapeutic action. *Transactional Analysis Journal*, 43(2): 106–121.

Lorant, V., Deliege, D., Eaton, W., Robert, A., Philippot, P. & Ansseau, M. (2003). Socioeconomic inequalities in depression: a meta-analysis. *American Journal of Epidemiology*, 157: 98–112.

Luborsky, L. (1984). *Principles of Psychoanalytic Psychotherapy: A manual for supportive-expressive treatment*. New York: Basic Books.

Maggiora, A.R. (1987). A case of severe depression. *Transactional Analysis Journal*, 17: 38–43.

Mahmoud, R.A., Pandina, G.J., Turkoz, I. *et al.* (2007). Risperidone for treatment-refractory major depressive disorder: a randomized trial. *Annals of Internal Medicine*, 147: 593–602.

Malouff, J.M., Thorsteinsson, E.B. & Schutte, N.S. (2007). The efficacy of problem-solving therapy in reducing physical and mental health problems: a meta-analysis. *Clinical Psychology Review*, 27: 46–57.

Maroda, K. (2010). *Psychodynamic Techniques: Working with emotion in the therapeutic relationship*. New York: Guilford Press.

Marroquin, B. (2011). Interpersonal emotion regulation as a mechanism of social support in depression. *Clinical Psychology Review*, 31: 1276–1290.

Marshall, M.B., Zuroff, D.C., McBride, C. & Bagby, R.M. (2008). Self-criticism predicts differential response to treatment for major depression. *Journal of Clinical Psychology*, 64(3): 231–244.

Matthews, A. & MacLeod, C. (2005). Cognitive vulnerability to emotional disorders. *Annual Review of Clinical Psychology*, 1: 167–195.

Matt, G.E., Vasquez, C. & Campbell, W.K. (1992). Mood-congruent recall of affectively toned stimuli: a meta-analytic review. *Clinical Psychology Review*, 12: 227–255.

McCullough, J.P. (2000). *Treatment for Chronic Depression: Cognitive behavioral analysis system of psychotherapy (CBASP)*. New York: Guilford Press.

McCullough Vaillant, L. (1997). *Changing Character: Short term anxiety regulating psychotherapy*. New York: Basic Books.

McGrath, C.L., Kelley, M.E., Holtzheimer, P.E., Dunlop, B.W., Craighead, W.E., Franco, A.R., Craddock, C. & Mayberg, H.S. (2013). Toward a neuroimaging treatment selection biomarker for major depressive disorder. *JAMA Psychiatry*, 70(8): 821–829.

McKay, M. & Fanning, P. (1992). *Self-esteem: A proven program of cognitive techniques for assessing, improving and maintaining your self-esteem* (2nd edn). Oakland, CA: New Harbinger Publications.

McLeod, J. (1998). *Introduction to Counselling* (3rd edn). Maidenhead: Open University Press.

McLeod, J. (2009). *Introduction to Counselling* (4th edn). Maidenhead: Open University Press.

McLeod, J. (2013). Process and outcome in pluralistic Transactional Analysis counselling for long-term health conditions: a case series. *Counselling and Psychotherapy Research*, 13(1): 32–43.

McLeod, J. & McLeod, J. (2011). *Counselling Skills*. Maidenhead: Open University Press.

McNeel, J. (1976). The parent interview. *Transactional Analysis Journal*, 6(1): 61–68.

McNeel, J. (2010). Understanding the power of injunctive messages and how they are resolved in redecision therapy. *Transactional Analysis Journal*, 40(2): 159–169.

Mearns, D. & Thorne, B. (2000). *Person-centred Therapy Today: New frontiers in theory and practice*. London: Sage.

Mearns, D. & Thorne, B. (2007). *Person-centred Counselling in Action* (3rd edn). London: Sage.

Mellor, K. (1980). Impasses: a developmental and structural understanding. *Transactional Analysis Journal*, 10(3): 213–222.

Mellor, K. & Schiff, E. (1975). Discounting. *Transactional Analysis Journal*, 5(3): 295–302.

Miller, W.R. & Rollnick, S. (2002). *Motivational Interviewing: Preparing people for change* (2nd edn). New York: Guilford Press.

Moiso, C. (1984). The feeling loop. In E. Stern (Ed.) *TA, The State of the Art: A European contribution* (pp. 69–75). Utrecht: Foris Publications.

Morley, T.E. & Moran, G. (2011). The origins of cognitive vulnerability in early childhood: mechanisms linking early attachment to later depression. *Clinical Psychology Review*, 31: 1071–1082.

Morrison, K.H., Bradley, R. & Westen, D. (2003). The external validity of controlled clinical trials of psychotherapy for depression and anxiety: a naturalistic study. *Psychology and Psychotherapy: Theory, Research and Practice*, 76: 109–132.

Morrow-Bradley, C. & Elliott, R. (1986). Utilization of psychotherapy research by practicing psychotherapists. *American Psychologist*, 48(2): 188–197.

Mothersole, G. (1996). Existential realities and no-suicide contracts. *Transactional Analysis Journal*, 26(2): 151–159.

Moussavi, S., Chatterji, S., Verdes, E., Tandon, A., Patel, V. & Ustun, B.J. (2007). Depression, chronic diseases, and decrements in health: results from the world health surveys. *Lancet*, 370(9590): 851–858.

National Collaborating Centre for Mental Health (2009). *Depression: The treatment and management of depression in adults (update)*. NICE Clinical Guideline 90. London: National Institute for Health and Clinical Excellence.

Navajits, L.M., Weiss, R.D., Shaw, S.R. & Dierberger, A.E. (2000). Psychotherapists' views of treatment manuals. *Professional Psychology: Research and Practice*, 51(4): 404–408.

Neff, K. (2003). Self-compassion: an alternative conceptualisation of a healthy attitude toward oneself. *Self and Identity*, 2: 85–102.

Newton, T. (2006). Script, psychological life plans, and the learning cycle. *Transactional Analysis Journal*, 36(3): 186–195.

Nolen-Hoeksema, S., Stice, E., Wade, E. & Bohon, C. (2007). Reciprocal relations between rumination and bulimic, substance abuse, and depressive symptoms in female adolescents. *Journal of Abnormal Psychology*, 116: 198–207.

Nolen-Hoeksema, S., Wisco, B.E. & Lyubomirsky, S. (2008). Rethinking rumination. *Perspectives in Psychological Science*, 3: 400–424.

Norcross, J. (2002). *Psychotherapy Relationships That Work: Therapist contributions and responsiveness to patients*. Oxford: Oxford University Press.

Norcross, J.C. (2011). *Psychotherapy Relationships that Work: Evidence-based responsiveness*. New York: Oxford University Press.

Office for National Statistics. (2000). *Psychiatric Morbidity Among Adults Living in Private Households in Great Britain*. London: Office of National Statistics.

O'Reilly-Knapp, M. & Erskine, R.G. (2010). The script system: an unconscious organization of experience. In: R.G. Erskine (Ed.) *Life Scripts: A transactional analysis of unconscious relational patterns* (pp. 291–308). London: Karnac.

Papakostas, G.I., Petersen, T., Denninger, J., Sonawalla, S.B., Mahal, Y., Alpert, J.E., Nierenberg, A.A. & Fava, M. (2003). Somatic symptoms in treatment resistant depression. *Psychiatry Research*, 118: 39–45.

Papakostas, G.I., Mischoulon, D., Shyu, I., Alpert, J.E. & Fava, M. (2010). S-adenosyl methionine (SAMe) augmentation of serotonin reuptake inhibitors for antidepressant nonresponders with major depressive disorder: a double-blind, randomized clinical trial. *American Journal of Psychiatry*, 167: 942–948.

Parrott, W.G. (1993). Beyond hedonism: motives for inhibiting good moods and maintaining bad moods. In D.M. Wegner & J.W. Pennebaker (Eds.) *Handbook of Mental Control* (pp. 278–308). Englewood Cliffs, NJ: Prentice Hall.

Parrott, W.G. & Sabini, J. (1990). Mood and memory under natural conditions: evidence for mood incongruent recall. *Journal of Personality and Social Psychology*, 59: 321–336.

PDM Task Force. (2006). *Psychodynamic Diagnostic Manual*. Silver Spring, MD: Alliance of Psychoanalytic Organizations.

Perlman, D. & Peplau, L. A. (1984). Loneliness research: a survey of empirical findings. In: L.A. Peplau & S.E. Goldston (Eds.) *Preventing the Harmful Consequences of Severe and Persistent Loneliness* (pp. 13–46). Rockville, MD: National Institute of Mental Health.

Philips, W.J., Hine, D.W. & Thorsteinsson, E.B. (2010). Implicit cognition and depression: a meta-analysis. *Clinical Psychology Review*, 30: 691–709.

Piccinelli, M. & Wilkinson, G. (1994). Outcome of depression in psychiatric settings. *British Journal of Psychiatry*, 164: 297–304.

Pope, H.G., Cohane, G.H., Kanayama, G., Siegel, A.J. & Hudson, J.I. (2003). Testosterone supplementation for men with refractory depression: a randomized, placebo-controlled trial. *American Journal of Psychiatry*, 160: 105–111.

Pulleyblank, E. & McCormick, P. (1985). The stages of redecision therapy. In: L.B. Kadis (Ed.) *Redecision Therapy: Expanded perspectives*. Watsonville, CA: Western Institute for Group and Family Therapy.

Quilty, L.C., Mainland, B.J., McBride, C. & Bagby, R.M. (2013). Interpersonal problems and impacts: further evidence for the role of interpersonal functioning in treatment outcome in major depressive disorder. *Journal of Affective Disorders*, 150(2): 393–400.

Ravitz, P., Maunder, R. & McBride, C. (2008). Attachment, contemporary interpersonal theory and IPT: an integration of theoretical, clinical, and empirical perspectives. *Journal of Contemporary Psychotherapy*, 38: 11–21.

Rector, N.A., Bagby, R.M., Segal, Z.V., Joffe, R.T. & Levitt, A. (2000). Self-criticism and dependency in depressed patients treated with cognitive therapy or pharmacotherapy. *Cognitive Therapy and Research*, 24: 571–584.

Retief, Y. & Conroy, B. (1981). Conscious empowerment therapy: a model for counselling adult survivors of childhood abuse. *Transactional Analysis Journal*, 27(1): 42–48.

Riley, W.T., Treiber, F.A. & Woods, M.G. (1989). Anger and hostility in depression. *Journal of Nervous and Mental Disease*, 177(11): 668–674.

Rocha, F.L., Fuzikawa, C., Riera, R., Guarieiro-Ramo, M. & Hara, C. (2013). Antidepressant combination for major depression in incomplete responders – a systematic review. *Journal of Affective Disorders*, 144: 1–6.

Rogers, C. (1951). *Client-Centered Therapy: Its current practice, implications and theory*. London: Constable.

Rogers, C. (1957) The necessary and sufficient conditions of therapeutic personality change. *Journal of Consulting Psychology*, 21(2): 95–103.

Ryle, A. & Kerr, I.B. (2002) *Introducing Cognitive Analytic Therapy: Principles and practice*. Chichester: John Wiley.

Sacher, J., Neumann, J., Fünfstück, T., Soliman, A., Villringer, A. & Schroeteret, M.L. (2011). Mapping the depressed brain: a meta-analysis of structural and functional alterations in major depressive disorder. *Journal of Affective Disorders*, 140(20): 142–148.

Sachs-Ericsson, N., Verona, E., Joiner, T. & Preacher, K.J. (2006). Parental verbal abuse and the mediating role of self-criticism in adult internalizing disorders. *Journal of Affective Disorders*, 93: 71–78.

Schiff, J.L., Schiff, A.W., Mellor, K., Schiff, E., Schiff, S., Richman, D., Fishman, J., Wolz, L., Fishman, C. & Momb, D. (1975). *The Cathexis Reader: Transactional analysis treatment of psychosis*. New York: Harper and Row.

Schlenker, B.R. & Britt, T.W. (1996). Depression and the explanation of events that happen to self, close others, and strangers. *Journal of Personality and Social Psychology*, 71: 180–192.

Segrin, C. (1998). Interpersonal communication problems associated with depression and loneliness. In: P.A. Andersen & L.K. Guerrero (Eds.) *Handbook of Communication and Emotion: Research, theory, applications, and contexts* (pp. 215–242). San Diego, CA: Academic Press.

Segrin, C. (2000). Social skills deficits associated with depression. *Clinical Psychology Review*, 20(3): 379–403.

Seligman, M.E., Steen, T.A., Park, N. & Peterson, C. (2005). Positive psychology progress: empirical validation of interventions. *American Psychologist*, 60: 410–421.

Seligman, M.E., Rashid, T. & Parks, A.C. (2006). Positive psychotherapy. *American Psychologist*, 61: 774–788.

Shahar, B., Carlin, E.R., Engle, D.E., Hegde, J., Szepsenwol, O. & Arkowitz, H. (2011). A pilot investigation of emotion-focused two-chair dialogue intervention for self-criticism. *Clinical Psychology and Psychotherapy*, 19(6): 496–507.

Shahar, G., Blatt, S.J., Zuroff, D.C. & Pilkonis, P.A. (2003). Role of perfectionism and personality disorder features in response to brief treatment for depression. *Journal of Consulting and Clinical Psychology*, 71(3): 629–633.

Sharpley, C.F. (2010). A review of the neurobiological effects of psychotherapy for depression. *Psychotherapy Theory, Research, Practice, Training*, 47(4): 603–615.

Shea, M., Widiger, T. & Klein, M. (1992). Comorbidity of personality disorders and depression: implications for treatment. *Journal of Clinical and Consulting Psychology*, 60: 857–868.

Sheline, Y.I., Gado, M.H. & Kraemer, H.C. (2003). Untreated depression and hippocampal volume loss. *American Journal of Psychiatry*, 160: 1516–1518.

Sifneos, P.E. (1980). Motivation for change. In H. Davanloo (Ed.) *Short Term Dynamic Psychotherapy*. New York: Jason Aronson.

Sills, C. (2006). *Contracts in Counselling and Psychotherapy*. London: Sage.

Skinner, B.F. (1937). Two types of conditioned reflex: a reply to Konorski and Miller. *Journal of General Psychology*, 16: 272–279.

Spalding, K.L., Bergmann, O., Alkass, K., Bernard, S., Salehpour, M., Huttner, H., Boström, E . . . & Frisén, J. (2013). Dynamics of hippocampal neurogenesis in adult humans. *Cell*, 153(6): 1219–1227.

Spence, S.H., Najman, J.M., Bor, W., O'Callaghan, M.J. & Williams, G.M. (2002). Maternal anxiety and depression, poverty and marital relationship factors during early childhood as predictors of anxiety and depressive symptoms in adolescence. *Journal of Child Psychology and Psychiatry*, 43(4): 457–469.

Spitz, R.A. (1946). Hospitalism; a follow-up report on investigation described in volume I, 1945. *The Psychoanalytic Study of the Child*, 2: 113–117.

Steiner, C. (1968). Transactional analysis as a treatment philosophy. *Transactional Analysis Bulletin*, 7(27): 63.

Steiner, C. (1974). *Scripts People Live*. New York: Grove.

Steiner, C. & Perry, P. (1999). *Achieving Emotional Literacy*. New York: Bloomsbury.

Sterba, S.K., Prinstein, M.J. & Cox, M.J. (2007). Trajectories of internalizing problems across childhood: heterogeneity, external validity, and gender differences. *Development and Psychopathology*, 19: 345–366.

Stern, D.N. (1985). *The Interpersonal World of the Infant: A view from psychoanalysis and developmental psychology*. New York: Basic Books.

Stewart, I. (1992). *Eric Berne*. London: Sage.

Stewart, I. (1996). *Developing Transactional Analysis Counselling*. London: Sage.

Stewart, I. (2006). Outcome-focused contracts. In: C. Sills (Ed.) *Contracts in Counselling and Psychotherapy*. London: Sage.

Stewart, I. (2007). *Transactional Analysis Counselling in Action* (3rd edn). London: Sage.

Stewart, I. (2010a). The theory of ego. *The Psychotherapist*, 46: 8–10.

Stewart, I. (2010b). The "three ways out": escape hatches. In R.G. Erskine (Ed.) *Life Scripts: A transactional analysis of unconscious relational patterns*. London: Karnac.

Stewart, I. (2014). *Transactional Analysis Counselling in Action* (4th edn). London: Sage.

Stewart, I. & Joines, V. (1987). *TA Today: A new introduction to transactional analysis*. Nottingham: Lifespace.

Stewart, I. & Joines, V. (2012). *TA Today: A new introduction to transactional analysis* (2nd edn). Nottingham: Lifespace.

Stuthridge, J. (2010). Script or scripture? In R.G. Erskine (Ed.) *Life Scripts: A transactional analysis of unconscious relational patterns* (pp. 73–100). London: Karnac.

Taylor, M.J., Freemantle, N., Geddes, J.R. *et al.* (2006). Early onset of selective serotonin reuptake inhibitor antidepressant action: systematic review and meta-analysis. *Archives of General Psychiatry*, 63: 1217–1223.

Toth, S.L., Manly, J.T. & Cicchetti, D. (1992). Child maltreatment and vulnerability to depression. *Development and Psychopathology*, 4: 97–112.

Tryon, G.S. & Winograd, G. (2002). Goal consensus and collaboration. In: J.C. Norcross (Ed.) *Psychotherapy Relationships that Work*. New York: Oxford University Press.

Tudor, K. & Widdowson, M. (2008). From client process to therapeutic relating: a critique of the process model and personality adaptations. *Transactional Analysis Journal*, 38(1): 218–232.

Ustun, T.B., Ayuso-Mateos, J.L., Chatterji, S., Mathers, C. & Murray, C.J. (2004). Global burden of depressive disorders in the year 2000. *British Journal of Psychiatry*, 184: 386–392.

van Rijn, B. & Wild, C. (2013). Humanistic and integrative therapies for anxiety and depression: practice-based evaluation of transactional analysis, gestalt and integrative psychotherapies and person-centred counseling. *Transactional Analysis Journal*, 43(2): 150–163.

van Rijn, B., Wild, C. & Moran, P. (2011). Evaluating the outcomes of transactional analysis psychotherapy and integrative counselling psychology within UK primary care settings. *International Journal of Transactional Analysis Research*, 2(2): 34–43.

Veale, D. (2008) Behavioural activation for depression. *Advances in Psychiatric Treatment*, 14: 29–36.

Vearnals, S. & Asen, E. (1998). Depression and expressed emotion. *In Session: Psychotherapy in Practice*, 4/3: 93–107.

Von Wolff, A., Holzel, L.P., Westphal, A., Harter, M. & Kriston, L. (2013). Selective serotonin reuptake inhibitors and tricyclic antidepressants in the acute treatment of chronic depression and dysthymia: a systematic review and meta-analysis. *Journal of Affective Disorders*, 144: 7–15.

Watson, J.C., Goldman, R. & Greenberg, L.S. (2007). *Case Studies in Emotion-focused Treatment of Depression: A comparison of good and poor outcome*. Washington, DC: American Psychological Association Press.

Watzlawick, P., Weakland, J. & Fisch, R. (1974). *Change: Principles of problem formation and problem resolution*. New York: W.W. Norton.

Weeks, D.G., Michela, J.L., Peplau, L.A. & Bragg, M.E. (1980). Relation between loneliness and depression: a structural equation analysis. *Journal of Personality and Social Psychology*, 39: 1238–1244.

Weiss, E. (1950). *Principles of Psychodynamics*. New York: Grune and Stratton.

Westen, D. & Morrison, K. (2001). A multidimensional meta-analysis of treatments for depression, panic, and generalized anxiety disorder: an empirical examination of the status of empirically supported therapies. *Journal of Consulting and Clinical Psychology*, 69(6): 875–899.

Widdowson, M. (2008). Metacommunicative transactions. *Transactional Analysis Journal*, 38(1): 58–71.

Widdowson, M. (2010). *Transactional Analysis: 100 key points and techniques*. Hove: Routledge.

Widdowson, M. (2011). Depression: a literature review on diagnosis, subtypes, patterns of recovery, and psychotherapeutic models. *Transactional Analysis Journal*, 41(4): 351–364.

Widdowson, M. (2012a). Perceptions of psychotherapy trainees of psychotherapy research. *Counselling and Psychotherapy Research*, 12(3): 178–186.

Widdowson, M. (2012b). TA treatment of depression: a hermeneutic single-case efficacy design study – 'Peter'. *International Journal of Transactional Analysis Research*, 3(1): 3–13.

Widdowson, M. (2012c). TA treatment of depression: a hermeneutic single-case efficacy design study – case two: "Denise". *International Journal of Transactional Analysis Research*, 3(2): 3–14.

Widdowson, M. (2012d). TA treatment of depression: a hermeneutic single-case efficacy design study – case three: "Tom". *International Journal of Transactional Analysis Research*, 3(2): 15–27.

Widdowson, M. (2013). *The Process and Outcome of Transactional Analysis Psychotherapy for the Treatment of Depression: An adjudicated case series.* Unpublished doctoral thesis, University of Leicester.

Widdowson, M. (2014a). TA therapy for a case of mixed anxiety and depression: a pragmatic adjudicated case study. *International Journal of Transactional Analysis Research*, 5(2): 66–76.

Widdowson, M. (2014b). Avoidance, vicious cycles, and experiential disconfirmation of script: two new theoretical concepts and one mechanism of change in the psychotherapy of depression and anxiety. *Transactional Analysis Journal*, 44(3): 194–207.

Williams, D.C. & Levitt, H.M. (2007). Principles for facilitating agency in psychotherapy. *Psychotherapy Research*, 17(1): 66–82.

Wisco, B.E. (2009). Depressive cognition: self-reference and depth of processing. *Clinical Psychology Review*, 29: 382–392.

Wissink, L.M. (1994). A validation of transactional analysis in increasing self-esteem among participants in a self-reparenting program. *Transactional Analysis Journal*, 24(3): 189–196.

Woollams, S. & Brown, M. (1979). *Transactional Analysis.* Dexter: Huron Valley Institute.

Young, J., Klosko, J. & Weishaar, M. (2003). *Schema Therapy: A practitioner's guide.* New York: Guilford Press.

Zinbarg, R., Lee, J.E. & Yoon, L. (2007). Dyadic predictors of outcome in a cognitive-behavioral program for patients with generalised anxiety disorder in committed relationships: a 'spoonful of sugar' and a dose of non-hostile criticism may help. *Behaviour Research and Therapy*, 45, 699–713.

Zuroff, D.C., Blatt, S.J., Sotsky, S.M., Krupnick, J.L., Martin, D.J., Sanislow, C.A. & Simmens, S. (2000). Relation of therapeutic alliance and perfectionism to outcome in brief outpatient treatment of depression. *Journal of Consulting and Clinical Psychology*, 68(1): 114–124.

찾아보기

[ㄱ]

각본결단 9, 14

각본 메시지 262

각본분석 13

각본시스템(script system) 10, 11, 36, 52, 63

각본신념 11, 34, 47, 61, 63

각본 준거틀 153

각본 중심감정 65

각본치유(script cure) 14

갈등회피 47

감정고조기법(heighteners) 79

감정 작업 155

감정조절장애 35

감정회로(emotional circuit) 52

강박장애 220

개인화 59

게임 11, 47

게임분석 13

결과 계약(outcome contracts) 81

결합 네트워크(associative networks) 35, 36, 67, 267

결합 모델 55

경감(remission) 220

경조증 229

경험적 역동 증강치료 67

경험적 학습 91

경험하는 자기(experiencing self) 127

공존이환 42

공존이환 주요우울증(comorbid MDD) 44

공포 - 추동시스템(fear - driven system) 68

과도한 안도감 197

과잉 세부화 59

과잉 일반화 59

과잉 재확인(reassurance) 46

과장(grandiosity) 35, 58

과정 계약(process contracts) 81

과정 측정지 111

관계기아(relationship hunger) 12, 128

관찰하는 자기(observing self) 127

교류(transactions) 7

교류의 분석 13

교착상태 181

구원자 264

구조기아(structure hunger) 9, 12

구조분석 4, 13

글루타메이트(glutamate) 206

금지된 감정 67

금지령(injunctions) 53, 62, 262

급성증상 24

기분부전증(dysthymia) 23

기분 안정화 약물 229

기분장애 23, 31, 64

기억 시스템 87

기억의 강화 89

기억의 재강화   89
기억증진효과(memory enhancement effect)   88
기억편향   36
기질적 증상   24
깨달음 연습(awareness exercises)   140

[ㄴ]

내면화   174
내부대화   255
내사(introjection)   56, 174
내사적 전이(introjective transference)   174
내재화 장애(internalizing disorder)   28
내적 수치심   196
노르아드레날린(noradrenaline)   207
노출(exposure)   64
뇌유래신경영양인자(腦由來神經營養因子,
    brain-derived neurotrophic factor, BDNF)   207
뇌의 엽   209
능력(potency)   110, 134

[ㄷ]

다시 부모 되어 보기   176
대재앙적 상상(catastrophic fantasies)   194
도파민(dopamine)   207
도피구의 폐쇄(escape hatch closure)   162
독심술   59
동반이환성 불안(同伴罹患性,
    comorbid anxiety)   101
동반이환성 외상후 스트레스 장애(comorbid
    posttraumatic stress disorder)   102
동반이환적 성격장애   102
동반장애(comorbid disorders)   102
두려움   194
두정엽   209
둔감화(desensitisation)   64
드라마 삼각형   54, 189
드라이버   264

디스카운팅(discounting)   34, 35, 47, 56, 58, 259

[ㄹ]

라이트 박스 치료법(light-box therapy)   226
라켓(racket)   10
라켓감정(racket feeling)   52, 64
라켓분석   10, 13
라켓시스템(racket system)   52

[ㅁ]

마음챙김   177
만성증상   24
메타 커뮤니케이션   80
명료화   78
명세화   74
문제해결 치료(Problem-Solving
    Therapy, PST)   181
문해력 작업   155, 172
미국정신의학협회(APA)   22
미해결 과제   196

[ㅂ]

박해자   264
반론   171
반추(反芻, rumination)   32, 37, 149
발병률   20
범불안장애(Generalised Anxiety
    Disorder, GAD)   44
변연계   210
보호(protection)   15, 110, 135
복측선조체   210
본질적 조절   31
부모 인터뷰   176
부모자아(P)   54, 56
부모자아상태(P: Parent)   4, 254
부분적 회복   23

부정적 귀인과정(attribution process)   35
부정적 피드백   198
부조화   91
부호화(encoding)   87
불안장애   31, 34, 220
비상사태 관리기법(contingency management technique)   79
비판적 부모자아(CP)   54

[ㅅ]

사고장애(thought disorder)   57
사례 공식화   136
사회망(social network)   46
사회적 통제(social control)   14
삼환계 항우울제   223
삽화(episodes)   22
상보성 원리(principle of complementarity)   46
상보성 이론   130
상태 – 의존적 기억(state‑dependent memory)   67, 88, 267
설명   76
섭식장애(eating disorder)   102, 220
성격의 3중 구조   4
성격 이론   4
성격장애(Personality Disorder, PD)   45
성격적 병리   102
세로토닌   207
세로토닌 길항제   223
수면장애   193
수치심   195
순응적 어린이자아(AC)   54
슈퍼비전   104
스키마(schemas)   8, 11
스트로크(stroke)   12, 47, 256
스트로크 처방   189
스트로크 필터   189, 258
승리자의 삼각형(Winner's Triangle)   190
시냅스   205

시상   210
시상하부   210
신경교세포   205
신경세포   205
신경이완제   226
신경인성 가설   212
신경전달물질   206
신경증 척도(neuroticism scale)   194
신체화 증상   24
실연   131
심리적 기아이론   12

[ㅇ]

아세틸콜린(acetylcholine)   207
안와전두엽피질   210
암묵적 각본결단   89
애착대상   29
애착표상   29
약물 금단 증상   225
양극성장애   229
양육적 부모자아(NP)   55
어른자아(A)   54, 56
어른자아상태(A: Adult)   4, 255
어린이자아(C)   54
어린이자아상태(C: Child)   4, 255
역전   7
역전이   55, 90
예시   77
예언하기   59
오염   55
오염된 자아   34
오염의 제거(decontamination)   16
옥시토신(oxytocin)   207
왜곡된 사고패턴(distorted thinking pattern)   58
외적 수치심   196
외적 조절   31
우울적 성격장애(Depressive Personality Disorder, DPD)   45

우울증 척도   24

우울취약성   27, 29, 33, 45, 68

우유부단   194

위로   80

유병률   19, 20

유효량(effective dose)   24

의사소통 이론   7

이중오염   56

이중 자각   80

인덱스 카드   174

인생각본   7, 61, 260

인생태도(life position)   8, 52

인슐라   211

인정기아(recognition hunger)   12, 258

인정단위(a unit of recognition)   12

인지부조화   47

인지적 모순   153

인지적 왜곡   58

인지적 재평가(cognitive reappraisal)   36

인지 – 정서 모순모델(cognitive-affective crossfire model)   47

인출(retrieval)   87

[ㅈ]

자각(awareness)   15

자극기아(stimulus hunger)   12

자기돌보기 계약(self-care contract)   140

자기성찰(self-reflection)   37

자기 재양육(self-reparenting)   40

자기주장   198

자기주장 코칭   189

자기충족적 예언(self-fulfilling prophecy)   60

자기 탓하기   171

자기효능감   85

자발성(spontaneity)   15

자아상태   4, 253

자아상태 다이어그램   7

자아상태 대화   54

자아의 3중 구조 이론   5

자아 – 이질화(ego-dystonic)   78

자율성(autonomy)   15

작업 동맹 인벤토리(Working Alliance Inventory)   111

재결단(redecision)   14, 16, 90

재발률   23

재앙으로 생각하기   58

재양화   197

재흡수 억제제(SARI)   223

저장(storage)   87

전두대상피질   211

전두엽   209

전두엽피질   208

전이   7

전이치유(transference cure)   14

전전두피질   210

전조증상   23

전측대상회   210

정서장애   31

정서적 각성   92

정서조절(affect regulation)   113

정서조절장애(emotional dysregulation)   30, 31, 32, 64, 171

정서중심치료(Emotion-Focused Therapy)   67

정서 – 통제 개입(affect-regulating interventions)   127

정신운동 지체(psychomotor retardation)   21

정신운동 초조증(psychomotor agitation)   21

정신장애진단 및 통계편람(DSM-IV)   19

조증   229

주요우울삽화   20

주요우울장애(MDD)   19

주요우울장애(MDD) 환자   44

주의전환(attentional shifting)   38

주의편향   35

준거틀(frame of reference)   34, 58, 60

중복이환   25

증세완화(symptomatic relief)   14

증폭   79

직관   90

직면 75
직접적 도전 153
진단 14
진단기준 23
진실 감정(authentic feeling) 52, 64
질문 74
집단치료(group therapy) 7

[ㅊ]

체계적 반증경험(systematic experiential
  disconfirmation) 87
체계적인 경험적 반증 91
총 장애보정 인생손실 연수(Disability Adjusted
  Life-Years, DALY) 19
최상의 자기(best self) 125
측두엽 209
측위신경핵 210
치료계약 14
치료계획 14, 55
치료목표 15
치유 14
치유의 단계 14
친구 전략 175
친밀감(intimacy) 15

[ㅋ]

쾌감상실(anhedonia) 30

[ㅌ]

터널 시각 60
통증장애 220

[ㅍ]

편도 210
편도체(amygdala) 87, 208
폐쇄(withdrawal) 63

프로락틴(prolactin) 207
프로토콜(protocol) 9, 91
필터 56
필터링 47

[ㅎ]

항우울제 220
항정신병 치료제 226
해마(hippocampus) 88, 208, 210
해석 77
핵심 각본주제 86
허가(permission) 15, 110, 135
혼란의 제거(deconfusion) 10, 16, 64, 78
혼재성 불안 19
확인 77
회기 평가 질문지(the Session Evaluation
  Questionnaire) 111
회기 평가 척도(the Session Rating Scale) 111
회복(recovery) 220
회피(avoidance of activities) 63
후두엽 209
흑백논리 58
흑백 사고 197
희생자 55, 264

[기타]

1차 감정(primary emotion) 52, 64, 266
2차 감정(secondary emotion) 52, 64, 266
Generalised Anxiety Disorder-7(GAD-7:
  일반불안장애) 119
Patient Health Questionnaire-9(PHQ-9) 119
REM 수면(rapid-eye-movement sleep) 207
SMART 목표설정 185
TA(Transactional Analysis, 교류분석) 3

| 지은이 |

Mark Widdowson

교육 및 슈퍼비전 자격을 가진 교류분석 전문가(Teaching and Supervising Transactional Analyst, TSTA)로서 영국심리치료협회(United Kingdom Council for Psychotherapy, UKCP)에 등록된 심리치료사이다. 현재 샐퍼드대학교에서 상담과 심리치료에 대한 강의를 하고 있으며, 맨체스터에 살면서 심리치료 사무실을 운영하고 있다.

| 옮긴이 |

송희자

한국교류분석상담연구원 원장
예명대학원 대학교 상담심리학과 겸임교수
교류분석상담사 슈퍼바이저
중앙신학대학원대학교 상담학 박사

이성구

한국교류분석상담연구원 이사장
교류분석상담사 슈퍼바이저
서울대학교 상과대학 학사
캐나다 월프리드로리에대학교 경영학 석·박사

김석기

한국교류분석상담연구원 상임이사
교류분석상담사 슈퍼바이저
하모니 심리상담연구소 전문상담연구원
서울신학대학교 상담대학원 상담학 석사

노병직

노동교육개발원 대표
한국교류분석상담연구원 상임이사
교류분석상담사 슈퍼바이저
서울대학교 상과대학 학사
서울대학교 경영대학원 경영학 석·박사